DU

CONTRAT D'ASSURANCE

SUR LA VIE

266. — Abbeville, imp. P. Briez.

DU

CONTRAT D'ASSURANCE

SUR LA VIE

EN PRÉSENCE DE LA LOI CIVILE, DE LA LOI COMMERCIALE,

ET DES LOIS SUR L'ENREGISTREMENT

PAR

JULES ROME

(DE REIMS)

DOCTEUR EN DROIT

—

OUVRAGE COURONNÉ PAR LA FACULTÉ DE DROIT DE PARIS

MÉDAILLE D'OR. CONCOURS DE DOCTORAT. ANN. 1867-1868

—

PARIS

GUSTAVE RETAUX, LIBRAIRE-ÉDITEUR

RUE CUJAS, 15

—

1868

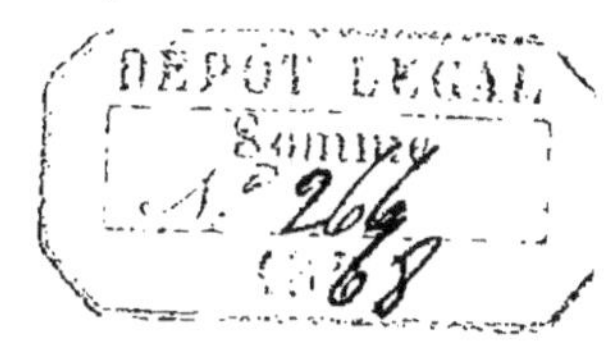

PRÉFACE

Avant de livrer à la publicité ce mémoire qui a eu l'heureuse chance d'être couronné par la Faculté de Droit de Paris, j'ai tenu à demander les conseils de juges en l'expérience desquels je pouvais avoir toute confiance.

Certaines personnes m'ont reproché avec une bien-veillance qui m'a vivement touché, de n'avoir pas indiqué d'une façon assez nette et assez précise quelle est à mon avis la nature du contrat d'assurance sur la vie. « Reprenez, m'a-t-on dit, votre travail sur ce point, complétez-le par cette étude, et remaniez-le ensuite dans son ensemble afin de le mettre en rapport avec cet ordre nouveau. »

D'autres personnes m'ont donné l'avis contraire, et je l'ai suivi par une raison qui m'a semblé décisive. « Si vous voulez, m'a-t-on fait remarquer, vous prévaloir de la récompense qui vous a été décernée, il faut présen-ter au public votre ouvrage tel que vous l'avez présenté à vos juges. »

Toutefois, je crois pouvoir dans cette courte préface indiquer sommairement quelle est mon opinion sur la nature du contrat d'assurance sur la vie, opinion qui du reste me paraît ressortir implicitement des différentes solutions que j'ai dû donner dans le cours de ce travail.

Je n'entrerai pas au surplus dans des développements qui nécessiteraient de ma part des redites.

L'assurance sur la vie ordinaire est-elle un véritable contrat d'assurance? Est-ce un prêt ? Est-ce un contrat particulier ?

Et d'abord, est-ce un véritable contrat d'assurance ? L'affirmative m'a toujours paru impossible à soutenir.

En effet, l'assurance proprement dite a pour but de réparer le dommage matériel causé par la survenance d'un risque que les parties ont eu en vue lors du contrat. Ainsi dans l'assurance contre l'incendie, contre la grêle, dans l'assurance maritime, l'assuré veut se mettre à l'abri des différentes causes de destruction par le feu, la grêle ou les flots, qui peuvent faire périr sa maison, sa récolte ou ses marchandises. Il y a là risque véritable, car il y a cas fortuit.

Dans l'assurance sur la vie, quel est le risque? Le décès? Mais il n'y a pas risque là où il n'y a que l'application nécessaire d'une loi naturelle. Toute maison *court le risque* d'être détruite par l'incendie, tandis que nous sommes *tous bien sûrs* de mourir.

Nous pouvons, il est vrai, succomber d'une façon prématurée, périr victimes d'un accident, mais tout cela fait-il que la mort soit un cas fortuit? Évidemment non.

La condition essentielle de l'assurance, c'est-à-dire le risque, fait donc complétement défaut.

La seconde raison qui est pour moi tout aussi déci-

sive que la première se tire de la nature même de l'ob—
jet assuré.

Quand j'assure ma maison contre l'incendie et que je
force le chiffre de la valeur réelle, ou quand, après
l'avoir estimée d'une façon exacte, elle diminue par une
cause quelconque, il n'y a rien d'immoral à voir ensuite,
lorsque le risque s'est réalisé, des contestations surgir,
et des experts être nommés pour estimer la valeur de
l'immeuble au moment du sinistre.

Mais quand il s'agit d'assurance sur la vie, comment
admettre qu'on vienne ainsi, après chaque décès, criti—
quer la valeur matérielle et pécuniaire de l'objet assuré,
de l'homme? N'y aurait-il pas là une source intarissable
de procès pénibles et scandaleux? Sans doute les Com—
pagnies se garderaient bien dans leur propre intérêt de
soulever des questions qui ruineraient leur crédit et dis—
perseraient leur clientèle, mais il s'agit d'examiner quel
serait leur droit et non pas seulement quelle serait leur
manière de l'exercer.

Si notre législation reconnaît la validité du contrat
d'assurance sur la vie, ce qui aujourd'hui ne peut plus
être révoqué en doute, il est bien certain qu'elle n'a pas
entendu souffrir la possibilité d'un pareil spectacle, et
qu'elle ne s'est pas contentée de prendre pour sauve—
garde le sentiment plus ou moins bien entendu chez
l'assureur de ses propres intérêts.

La loi est muette, il est vrai, mais est-il besoin d'un
texte de loi quand les bonnes mœurs sont en jeu? [1]

Je n'ajouterai qu'un mot sur ce point. Autoriser les
assurances sur la vie en les soumettant à la possibilité

[1] Voir aussi n° 127.

d'une pareille discussion, c'est, tout en en reconnaissant l'utilité considérable, les condamner à un échec certain.

Si ce n'est pas un contrat d'indemnité, ne serait-ce pas du moins un prêt à cause de mort ? Je sais que cette opinion existe, mais elle est nouvelle, je ne l'ai pas entendu développer d'une façon suffisante, et je ne puis pas entrer à cet égard dans un examen complet.

Toutefois je dois dire que cette opinion, si grave qu'elle soit, ne m'a pas séduit.

Il faut en effet prendre le contrat tel qu'il est, avec les intentions respectives des parties, et ne pas se borner à faire des suppositions fort ingénieuses sans doute, mais contraires à la réalité des faits.

Or un contrat de prêt ne se comprend qu'avec un prêteur et un emprunteur.

Peut-on dire que la personne qui s'assure prête son argent à la Compagnie ? Est-il un seul assuré qui contracte dans cette pensée ? Je ne le crois pas.

Et la Compagnie, est-ce qu'elle a l'intention d'emprunter lorsqu'elle reçoit l'argent des primes ? En aucune façon, elle entend faire une spéculation, et rien autre chose.

Du reste, la nature du prêt répugne à mon sens à une pareille assimilation. Dans ce contrat l'emprunteur s'engage en effet à rendre ce qu'il a reçu ; telle est l'idée fondamentale en cette matière. Les Romains partant de ce principe arrivèrent à cette conséquence exagérée, que l'emprunteur ne devant rendre que ce qu'il avait reçu, ne pouvait pas être assujetti à payer des intérêts. Il y avait là bien certainement une erreur que l'expérience a démontrée, et que les usages prétoriens avaient corrigée. Mais cette idée ramenée dans des limites plus étroites n'en est pas moins juste. On ne comprend pas que le débiteur, en vertu d'un véritable contrat de prêt, puisse être contraint à donner une somme peut-être dix fois plus considérable que celle qu'il a reçue. Et cependant c'est ce qui a lieu tous les jours en matière d'assurance sur la vie.

Enfin si le contrat d'assurance sur la vie est un prêt, que deviendra-t-il en présence de la loi de 1807 sur le taux de l'intérêt ? Si on lui applique cette loi, c'est l'anéantir, et cependant comment l'y soustraire ?

Ainsi il me semble également impossible d'assimiler ce contrat à un prêt. L'intention réciproque des parties, la nature même du contrat, et la loi de 1807 me paraissent élever à cette théorie un triple obstacle devant lequel je crois devoir m'arrêter.

Je ne vois pas pour moi la nécessité de rattacher l'assurance sur la vie à d'autres contrats. C'est un contrat particulier, un contrat *sui generis*, qu'il nous faut prendre tel que l'ont fait et les usages, et les besoins et les conventions.

Pour la personne qui s'assure, c'est un placement aléatoire qui peut être, ainsi que nous le verrons, avantageux ou désavantageux, suivant les circonstances ; pour l'assureur de profession, c'est une spéculation commerciale.

Pourquoi vouloir lui imposer, en l'assimilant à tel ou tel contrat, des règles qui ne peuvent s'appliquer à lui sans compromettre son existence, et sans tromper l'intention des parties ?

Prenons-le tel qu'il est, tel que nous le présentent les

volontés des contractants, et si ces volontés ne blessent ni les lois, ni les bonnes mœurs, respectons-les avec l'art. 1134 du Code Napoléon.

Or je crois que ces volontés sont licites, et qu'elles ne s'accordent ni avec les principes de l'assurance proprement dite, ni avec ceux du prêt ; il y a là des conventions particulières, dont j'ai cherché dans le cours de ce travail à étudier la légalité et les conséquences juridiques.

Je ferai une dernière remarque. J'ai consacré aux principes généraux une place importante, et qui paraîtra peut-être trop considérable. Mais si on veut bien se rappeler que le sujet est absolument nouveau, et que les secours étrangers font à peu près défaut, on comprendra sans peine, je l'espère, que j'aie dû dans une matière aussi neuve chercher dans les principes mêmes les points d'appui dont j'avais besoin pour justifier tant à mes propres yeux qu'aux yeux des autres les solutions que j'ai cru devoir donner.

Il m'a paru utile de rappeler la théorie générale avant d'en faire l'application aux différentes espèces que soulève cette étude.

Sans doute il y a dans ce mémoire bien des inexactitudes et des lacunes, ces fautes doivent retomber sur l'élève ; mais s'il contient quelques pages utiles, s'il peut contribuer à jeter quelque lumière sur un contrat destiné à tenir avant peu une si grande place dans les habitudes de notre pays, je tiens à en rapporter tout l'honneur à ces maîtres éminents dont les savantes leçons et le sympathique intérêt ont excité en moi la plus vive reconnaissance.

DU CONTRAT D'ASSURANCE

SUR LA VIE

EN PRÉSENCE DE LA LOI CIVILE, DE LA LOI COMMERCIALE

ET DES LOIS SUR L'ENREGISTREMENT

INTRODUCTION

Utilité des Assurances sur la vie. — Aperçu historique. — Bases de calcul. · Caractères de ce contrat. — Définition. — Est-ce un contrat licite ? — Comparaison avec le contrat de rente viagère. — Des assurances sur la tête d'autrui. — Assurances temporaires. — Division du travail.

1. — Ce n'est pas tout d'acquérir, il faut encore savoir et pouvoir conserver. L'homme intelligent et actif réussit presque toujours par le travail à vaincre les difficultés qu'il rencontre et à amasser une fortune, ou à grossir celle qu'il possède déjà.

Mais il se trouve exposé à des accidents, que toute prudence humaine est la plupart du temps impuissante à conjurer, et qui menacent d'engloutir en un jour, en une heure, tous les résultats d'un travail incessant. C'est l'incendie qui détruit sa maison, la tempête, l'inondation qui dévore sa fortune. Avec les éléments, la lutte est souvent dérisoire.

2. — S'il est impossible d'éviter d'aussi cruels malheurs, ne peut-on pas du moins en atténuer les effets?

Le remède est dans les Assurances.

Grâce à ce contrat, l'homme prudent, le bon père de

famille peut conserver pour lui-même et transmettre à ses enfants le patrimoine qu'il a amassé.

Aujourd'hui presque tous les propriétaires font assurer leurs maisons, et cependant il en est peu sur la masse qui soient atteints par l'incendie. On se garantit donc contre les résultats d'un malheur véritablement peu probable.

Mais il y a une loi, à laquelle tous nous sommes soumis, et qui peut entraîner pour ceux qui nous touchent du plus près les conséquences les plus désastreuses.

3. — Supposons un homme, sans fortune patrimoniale, mais doué d'un grand talent, jouissant d'une position qui lui procure chaque année des revenus considérables, — ou, sans même monter si haut, supposons un homme qui soit le soutien de sa famille, — sans doute, si Dieu lui prête une longue vie, il pourra réaliser des économies considérables ou au moins suffisantes, mais qu'il meure au début de sa carrière, dans quelle situation va-t-il laisser sa femme, ses enfants, ses parents? Hier c'était l'opulence, aujourd'hui c'est peut-être la misère, misère d'autant plus cruelle qu'on y sera moins préparé.

N'y a-t-il aucun moyen d'éviter ce terrible changement? Sans doute, il est impossible d'échapper à la mort, mais, si la mort cause d'inconsolables douleurs, ne peut-on pas du moins garantir à ceux qui restent une situation meilleure?

Ici encore le remède est dans l'Assurance; au lieu d'assurer sa maison, on assure sa vie.

4. — Moyennant une somme fixe payée d'avance, ou, ce qui convient mieux aux hypothèses que nous avons posées, et à la nature même de ce contrat, moyennant

des versements annuels, on acquiert pour sa famille un droit de créance. Cette créance est à terme et devient exigible lors du décès de l'assuré [1].

De cette façon, pourvu que la partie qui a assuré soit solvable, ou qu'on ait pris pour garantir le paiement des suretés suffisantes, telles qu'une hypothèque, les tristes conséquences, que nous prévoyions un peu plus haut, seront conjurées.

5. — Il ne faut pas croire cependant que l'assurance produise toujours des résultats pécuniaires favorables à la personne qui l'a contractée, c'est un point que nous démontrerons dans un instant. Ce contrat n'est utile qu'au cas de décès prématuré, l'assureur gardant toujours pour lui plus de chances favorables qu'il n'en abandonne à l'assuré.

6. — D'après ce qui précède, il est aisé de voir à quelle classe de personnes s'adresse plus spécialement ce contrat. Ce ne sont pas les gens ayant une fortune acquise qui y auront recours; pour eux, mieux vaut sans aucun doute administrer sagement leur patrimoine, que s'abandonner aux chances inégales d'une assurance ; ils courraient trop de risques de perdre sans grande utilité pour leur famille au cas de gain.

Mais il est véritablement utile aux personnes qui n'ont d'autres ressources pour soutenir leur famille, que le produit de leur travail et de leur industrie.

7. — La première Compagnie, qui se soit fondée dans ce but, a été créée en Angleterre en 1706, sous le règne de la reine Anne, elle existe encore aujourd'hui.

---

[1] Je n'entends pas définir ici le contrat d'assurance, mais seulement en faire comprendre le but principalement utile.

Depuis cette époque, beaucoup de sociétés se sont formées, et leur nombre tend encore à s'accroître.

Dans ce pays éminemment commerçant et industriel, où on est habitué à tout estimer, l'assurance sur la vie est très-appréciée.

8. — En France, au contraire, elle a rencontré de grandes résistances, et elle commence à peine à entrer dans les habitudes. Certains auteurs prétendent même encore de nos jours, que c'est un contrat défendu par la loi, nous examinerons cette question dans un instant. Toutefois si en théorie la question reste intacte, en pratique elle est tranchée en faveur des Assurances, et il est permis de se demander pourquoi ce contrat est-il relativement rare, tandis que les assurances contre l'incendie sont si universellement répandues.

Il y en a, je crois, deux raisons: la première est, comme nous l'avons fait remarquer, que ce contrat ne s'adresse véritablement qu'à une classe de personnes ; la seconde qu'il exige de la part de l'assuré des sacrifices considérables, tandis que les primes en matière d'assurance contre l'incendie sont toujours relativement minimes. Enfin nous ferons remarquer que l'homme a souvent une répugnance instinctive à s'occuper de son propre décès.

Depuis une certaine période d'années, ces contrats sont devenus beaucoup plus fréquents chez nous, et il y a lieu de croire que leur nombre grandira rapidement, car ils répondent à un besoin véritable.

9. — Toute personne peut jouer le rôle d'assureur, mais on s'adresse d'ordinaire à des sociétés ou compagnies constituées à cet effet, et autorisées par le gou-

vernement (art. 66 de la loi des 24—29 juillet 1867).

10. — Quelles sont les chances de l'assureur et sur quelles bases s'appuie-t-il pour contracter ? Le système est bien simple. Rien n'est plus aisé que de dresser des tables de mortalité au moyen des registres de l'état civil, une fois ces tables dressées, il ne s'agit plus que d'un calcul de probabilités [1].

Ainsi supposons plusieurs personnes âgées de quarante ans, et qui veulent se faire assurer; en nous reportant à la table, nous verrons que les hommes âgés de quarante ans parviennent en moyenne à l'âge de soixante neuf ans, c'est-à-dire qu'en additionnant l'âge de chacune de ces personnes au moment de son décès, et en divisant le total par le nombre des sujets, on arrive à un quotient qui indique une vie moyenne de soixante-neuf ans. Si la Compagnie se bornait à réclamer de chacun de ces assurés le paiement d'une prime annuelle qui, au bout de vingt-neuf, ans reconstituât avec les intérêts les sommes qu'elle doit payer au décès de de chacun des assurés, elle ferait tout simplement un placement, et même un mauvais placement, puisqu'elle rendrait sans profit d'une main ce qu'elle recevrait de l'autre. Or tel n'est pas son but, son intention parfaitement avouée étant de réaliser des bénéfices.

Mais, si au lieu de prendre cette moyenne exacte de vingt neuf ans de survie, elle retranche quelques années, si de plus elle veut reconstituer dans ce laps de temps réduit le capital qu'elle doit payer lors du décès des assurés, le résultat change. Nous avons sous les yeux

---

[1] Les tables de mortalité les plus connues sont celles de Deparcieux (1746), Duvillard (1806), Montferrand (1838) et M. Quetelet (1849).

une multiplication, dont le produit reste constant, et dont un facteur est diminué, il faut nécessairement augmenter le second facteur, c'est-à-dire le chiffre de la prime, et la Compagnie va ainsi réaliser un bénéfice évident[1].

Telle est en résumé la base sur laquelle repose le système des Assurances sur la vie.

11. — Cherchons maintenant quels sont les caractères de ce contrat au point de vue du droit :

D'après ce que nous avons exposé, il est facile de conclure tout d'abord que ce contrat est synallagmatique ou bilatéral et aléatoire.

Il est synallagmatique, puisqu'il fait naître chez les deux parties des obligations réciproques (art. 1102 C. N.) — de la part de l'assuré qui s'engage au paiement des primes — et de la part de l'assureur qui s'engage à verser à une certaine époque le capital convenu.

En second lieu il est aléatoire. L'article 1104 Code Nap. *in fine* dit en effet : « Lorsque l'équivalent consiste dans la chance de gain ou de perte pour chacune des parties, d'après un événement incertain, le contrat est *aléatoire*. »

Ce caractère ressort bien évidemment de tout ce que nous avons vu. Si l'assuré meurt peu après le contrat, il y aura gain pour ses héritiers et perte pour l'assureur, mais s'il vit longtemps, le résultat inverse va se produire.

Nous dirons donc que le contrat d'assurance sur la vie est tout à la fois synallagmatique et aléatoire.

---

[1] Bien plus, ce bénéfice qui varie d'année à année produit au bout de certaines périodes des résultats qui changent avec le chiffre des affaires, mais qui restent fixés eu égard à leur proportion. Grâce à ce calcul, les sociétés peuvent n'appeler et ne conserver en caisse qu'une portion du capital social, laissant le surplus comme garantie.

12.—Le contrat d'assurance sur la vie est, *en général*, la convention par laquelle une personne (l'assure ur), moyennant une somme fixe, ou plus ordinairement des primes périodiques, s'engage envers une autre, (l'assuré), à payer au décès de ce dernier un capital ou une rente.

13. — L'écrit qui constate ce contrat d'assurance se nomme *police*.

14.—Ce capital ou cette rente doit être payé à la personne ou aux personnes désignées dans le contrat, à défaut d'indication de ce genre, à la succession. Le ti ers ainsi désigné se nomme le *bénéficiaire*.

A côté du contrat principal que nous venons de définir, se place donc souvent un contrat accessoire, contrat de bienfaisance, mais qui, en général sera valable en vertu de l'article 1121 Code Nap., si le contrat principal lui-même reste debout.

15.—Ici se présente tout naturellement la question de savoir si le contrat d'assurance sur la vie est possible, s'il est permis par la loi.

C'est là, on le comprend, un point capital ; car, si les assurances sur la vie sont défendues, cette étude n'a pas lieu d'être. Toutefois, il faut l'avouer, cette question a considérablement perdu de son importance, en face de la jurisprudence constante qui s'est établie sur ce point.

16. — Dans une opinion, on dit que de pareilles conventions sont illicites et prohibées [1]. Et on prétend s'appuyer à la fois sur l'ancienne jurisprudence et sur le

---

[1] Boulay Paty, tome III, p. 366 et suiv. *Cours de droit commercial et maritime. — Répertoire de législation*, de M. Favard de Langlade, v° Assurance. — Dans l'ancien droit : Guidon de la Mer. Ch XVI. V. Emerigon, Ch. VIII. sect. 1re. — Pothier, n° 27. — Valin, art. 10 titre des Assurances.

Code de Commerce, en même temps qu'on invoque les plus hauts principes de morale.

En effet, dit-on, l'ordonnance sur la marine de 1681 défendait positivement de faire assurer la vie des hommes (art. 10ᵉ Titre des Assurances), et le Code de Commerce dans son article 334, en permettant d'assurer « toutes autres choses ou valeurs estimables à prix d'argent », a entendu certainement confirmer la défense portée par l'Ordonnance.

Du reste, comment pourrait-il en être autrement, cette décision n'est-elle pas commandée par les plus hautes considérations ? L'assurance sur la vie n'est-elle pas absolument contraire à l'ordre public ? Depuis quand la vie humaine est-elle dans le commerce ? Cette raison paraît être d'autant plus forte aujourd'hui que la traite des noirs est abolie. Il est impossible d'admettre la validité d'un pareil contrat, la loi, l'ordre public le condamnent.

Reportez-vous au droit romain, s'il n'a plus cours aujourd'hui comme texte de loi, du moins il doit être respecté quand il énonce un principe de morale, parce que la morale doit nous régir tous, et qu'elle est éternellement vraie.

Que disait-on à Rome ? « *Liberum corpus œstima-tionem non recipit.* »

Tel est en résumé l'exposé de ce système, qui n'est plus guère défendu aujourd'hui, et à bon droit ce me semble. Examinons en effet la valeur des arguments qu'on nous oppose.

[1] L. 3. §§. *Si quadrupes paup.*

17. — Nos adversaires invoquent tout d'abord la pro-hibition de l'Ordonnance de 1681 qu'ils retrouvent dans l'article 334 du Code de Commerce. Mais, comme l'a fait remarquer M. E. Vincens [1], il ne faut pas étendre cette prohibition de l'Ordonnance au delà de la matière des Assurances maritimes. Le législateur avait seule-ment voulu s'opposer par là à ce qu'on traitât les hommes comme les marchandises, assimilation dégra-dante et vraiment contraire aux bonnes mœurs. C'est dans cet esprit qu'il faut entendre l'ordonnance.

A l'appui de notre interprétation, nous pouvons citer deux arrêts du Conseil du Roi des 3 octobre 1787 et 27 juillet 1788, lesquels ont autorisé la création d'un établissement destiné à faire de véritables assurances sur la vie [2].

Mais comment répondre à l'argumentation tirée de la morale, de l'ordre public, des bonnes mœurs et appuyée sur le droit romain. L'embarras n'est pas grand, car il y a de la part de nos adversaires une confusion évidente.

La vie, nous dit-on, est inappréciable, on ne peut en faire l'objet d'une loterie, d'une spéculation. Ce raisonnement est très-juste, mais porte à faux ; l'homme

---

[1] Exposition raisonnée de la Législation commerciale et Examen critique du Code de Commerce.

[2] Ces arrêts ont autorisé la formation d'un établissement sous le nom de — Remboursement de capitaux, assurés à l'extinction des revenus viagers et autres usufruits, — dans lequel « des individus de tout sexe et de tout âge trouveraient la facilité de faire assurer, sur leur vie ou sur des termes de leur vie, des rentes ou des capitaux, soit pour eux-mêmes dans leur vieillesse, soit après eux en faveur des survivants à qui ils voudraient assurer des rentes ou des bienfaits. »

Il était permis aussi de stipuler l'assurance • d'un capital au décès d'un tiers, *pourvu que ce fût en sa présence et de son consen-tement.* •

qui s'assure n'a jamais entendu aliéner quoi que ce fût de lui-même, et l'assureur n'a jamais rien voulu acheter. Dès lors, que devient ce texte de loi romaine ? Il ne s'agit pas de vendre sa vie, mais d'éviter autant que possible les désordres et embarras *pécuniaires*, qui suivent un décès prématuré. Qu'y a-t-il là de contraire à la dignité humaine ?

Tous les jours nous voyons les tribunaux en cas de mort, de blessures, causées soit volontairement, soit par imprudence, accorder des dommages-intérêts à la victime ou à sa famille. Y a-t-il là rien qui blesse l'ordre public ?

Ces indemnités n'ont pas pour but d'éteindre la douleur causée par la mort d'un mari, d'un enfant, d'un père. Une demande qui ne reposerait que sur un pareil motif devrait certainement être repoussée. Le but unique de la condamnation est de réparer, autant que faire se peut, le dommage pécuniaire, qui accompagne presque toujours ces tristes événements. Il n'y a rien là évidemment qui choque nos principes de morale.

Si les tribunaux ont ce pouvoir, pourquoi l'homme ne pourrait-il pas par un contrat d'assurance réparer d'avance le dommage pécuniaire que causerait son décès prématuré ? Si on admet cette jurisprudence fondée sur l'article 1382 du Code Nap., il me paraît impossible de prohiber une pareille convention.

Qui ne louera la sage prévoyance du père de famille qui n'hésite pas à sacrifier ses plaisirs, son bien-être, peut-être, pour assurer à sa femme, à ses enfants, une existence aisée après sa mort ? Est-il rien de plus moral ?

Je crois donc que nos adversaires font fausse route, lorsqu'ils invoquent ces principes d'ordre public. Il est impossible d'assimiler au jeu, au pari, le contrat d'assurance tel que nous l'avons envisagé jusqu'à présent, et tel que nous l'avons défini.

Une fois ces raisons écartées, nous invoquerons, comme dernier argument, la liberté des conventions, que notre législation a cru devoir garantir par une disposition spéciale (art. 1134, Code Nap.).

Aujourd'hui, la loi du 5 juin 1850 ayant soumis au timbre les polices d'assurance sur la vie, la question peut être considérée comme définitivement tranchée.

18. — La forme la plus fréquente du contrat d'assurance est celle qui consiste à servir des primes annuelles, moyennant quoi l'assureur doit à l'époque du décès payer une somme fixe, soit à la succession, soit à telles personnes désignées par le contractant.

19. — Il est difficile de considérer le contrat sous cette forme, surtout lorsque le capital doit être versé à la succession de l'assuré, sans le rapprocher du contrat de rente viagère.

Tous deux sont des contrats synallagmatiques, tous deux sont des contrats aléatoires, tous deux sont li‑cites, mais une différence essentielle les sépare, les rôles sont intervertis. Le crédi-rentier de l'assurance est le débi-rentier de la rente, et *vice versâ*.

La nature et le but de ces deux contrats mettent aussi entre eux une grande distance. La constitution de rente viagère est la plupart du temps le fait d'un égoïste [1],

---

[1] J'en excepte le cas de l'homme qui n'a pas de famille proche, et qui se voit à l'âge du repos gêné par l'exiguité de ses revenus.

qui, pour satisfaire à ses goûts dispendieux, prive sa famille d'une fortune sur laquelle elle pouvait compter. Le contrat d'assurance sur la vie, au contraire, est le fait d'un homme honnête et dévoué, qui s'oublie, se sacrifie pour les autres.

Le premier est un acte de dissipation fâcheux à tous, et que le législateur ne peut voir de bon œil, parce qu'il favorise la paresse, le luxe exagéré, les folles dépenses; — le second est un acte, je ne dirai pas d'administration, mais de consolidation; il pousse au travail et à l'économie.

L'un commence par où l'autre finit, l'acquisition d'un capital.

Toutefois, et abstraction faite de ces différences essentielles, il est impossible de ne pas reconnaître entre ces deux contrats une grande analogie.

Cette comparaison, toute en faveur du contrat d'assurance, nous fournit encore au besoin un argument à opposer à nos adversaires sur la question de validité de ce contrat.

20. — Le contrat d'assurance sur la vie n'a pas toujours pour but de grossir la succession de l'assuré ; le plus souvent, le bénéficiaire est telle personne déterminée. Cette disposition au profit d'un tiers est-elle valable? L'affirmative me paraît ressortir d'une façon évidente des articles 1121 et 1973 du Code Napoléon. Cette dernière disposition, qui ne fait qu'appliquer la première, me semble trop formelle, pour que la question puisse être un seul instant douteuse.

21. — Peut-on stipuler valablement une assurance sur la tête d'une autre personne? Les lois anglaises ont

décidé d'une façon affirmative mais sous certaines distinctions. Il nous faut étudier la question sous l'empire de la législation française.

Lorsqu'il y a intérêt pécuniaire certain, l'assurance est sans aucun doute possible. Tel est le cas d'un créancier qui met une assurance sur la tête de son débiteur pour garantir ce qui lui est dû. Il s'agit, par exemple d'un débiteur qui n'a d'autre ressource que son traitement, ou bien des rentes ou pensions viagères.

Nous en trouvons des exemples assez fréquents en Angleterre. Marshall cite notamment un carrossier à qui Pitt devait une somme d'argent, et qui fit ainsi assurer sa créance sur le Ministre [1].

Mais l'assurance n'est pas possible sans restriction. Un créancier de dix mille francs ne peut pas assurer une somme plus forte, c'est à ce chiffre que se borne son intérêt pécuniaire, et il ne peut pas le dépasser, car tel est bien évidemment le but du contrat, et l'intention des parties; hors de ces limites, le créancier n'aurait pas d'action pour réclamer le surplus.

En vertu de ces principes, nous déciderons encore, que si le créancier s'adresse à deux Compagnies pour faire assurer à chacune d'elles le montant intégral de sa créance, le premier seul de ces deux contrats est valable.

Une autre conséquence de ce système est que, si le créancier est remboursé totalement ou en partie par son débiteur ou ses héritiers, il n'a plus d'action contre la Compagnie que dans la limite de ce qui lui reste dû ; le créancier a dans ce cas contracté une véritable assurance, et n'a droit qu'à une indemnité pour le pré-

[1] Marshall. Chapitre III.

judice qu'il subit. S'il a obtenu satisfaction complète, tant mieux pour lui et pour la Compagnie. Les tribunaux anglais n'ont pas hésité à faire l'application de ce principe dans l'affaire du créancier de Pitt dont nous avons parlé plus haut.

Dans cette espèce il y a assurance véritable, et il faut suivre les règles ordinaires et fondamentales en cette matière.

22. — L'assureur a-t-il le droit de contraindre l'assuré à discuter avant tout son débiteur, ou bien doit-il payer le montant de l'assurance ?

Il me semble que l'assureur, sauf conventions contraires, a parfaitement le droit d'opposer le bénéfice de discussion. N'est-ce pas toujours en effet, au demandeur à faire la preuve de son droit ? Or, quel a été le rôle de la Compagnie ? Elle a dit : « J'assure votre créance contre les risques de perte, comme j'assure votre maison contre les risques de l'incendie. Pour toucher l'indemnité, vous devriez prouver que votre maison a péri en totalité ou en partie, démontrez-moi de même que votre créance a péri, et quel est le préjudice que vous avez souffert. » Or, l'assuré ne peut le faire qu'en prouvant l'insolvabilité de son débiteur, et pour cela n'est-il pas obligé de le discuter ?

L'assureur peut-il recourir contre le débiteur dont il a ainsi payé la dette en totalité ou en partie ? Je ne vois pas de raison suffisante pour lui refuser cette satisfaction ; car, s'il a payé sa dette, il a payé celle d'autrui, et il serait singulier de voir le débiteur principal libéré, sans qu'il lui en coûtât un centime, et sans remise de dette ; mais l'assureur ne pourra pas souvent en tirer grand profit.

23. — On ne peut pas du reste faire assurer toute espèce de créance. Les dettes qui n'ont pas une cause licite, celles que la loi ne reconnaît pas, comme les dettes de jeu, ne peuvent être ainsi garanties. Le contrat serait nul comme reposant sur une cause prohibée. *Accessorium sequitur principale.*

24. — Demandons-nous maintenant, si, d'une façon générale, il est possible de constituer une assurance sur la vie d'un tiers?

Nous ferons plusieurs distinctions.

25. — La personne qui contracte l'assurance a-t-elle pour mobile, sinon un droit de créance, du moins un intérêt pécuniaire certain? Soit une femme qui a pour principale ressource l'industrie de son mari, un père qui est soutenu par son enfant, sans même supposer qu'il ait droit à une pension alimentaire.

En pareil cas, la question ne me paraît pas douteuse, elle présente une analogie très-grande avec l'hypothèse que nous venons d'examiner, en remplaçant le créancier ordinaire par la femme, le mari, etc... Cette modification rendra du reste inapplicables plusieurs des solutions précédentes.

26. — Supposons maintenant que le mobile n'existe plus. Il n'y a aucun intérêt pécuniaire entre la personne qui contracte l'assurance, et celle dont la mort doit fixer l'échéance du paiement. Ainsi Primus contracte une assurance moyennant laquelle la Compagnie devra verser une certaine somme à Secundus lors du décès de Tertius, et Primus n'est à aucun titre créancier de Tertius. Je crois nécessaire de faire encore des sous-distinctions.

1° De la part de Primus en effet, le contrat est toujours

de bienfaisance ; mais supposons que Secundus soit intéressé à la vie de Tertius, son débiteur, ou que par exemple
il en reçoive des secours viagers ; en cas pareil, il y a
véritable assurance à l'égard de Secundus. Tous les éléments nécessaires pour la constituer se trouvent réunis.

2° Supposons maintenant que Secundus n'ait aucun
intérêt pécuniaire attaché à la vie ou à la mort de Tertius, que faut-il décider? On paraît disposé à admettre
d'une façon générale, qu'à défaut d'intérêt pécuniaire,
l'intérêt d'affection suffit à servir de base à un véritable
contrat d'assurance. C'est un point sur lequel nous reviendrons dans un instant.

3° Il n'existe aucun intérêt appréciable entre Secundus et Tertius, le contrat est-il valable ?

A mon avis, il est parfaitement licite de stipuler une
assurance sur la tête d'un tiers, même en l'absence de
tout intérêt pécuniaire, et de tout sentiment d'affection ;
peu importe même que le tiers intervienne ou non pour
donner son consentement.

La jurisprudence, bien qu'on ne puisse faire encore
que la soupçonner, ne paraît pas vouloir entrer dans
cette voie. Elle semble exiger toujours qu'il y ait, soit
un intérêt pécuniaire, soit un sentiment d'affection pour
ainsi dire légale, une affection de famille, et que le tiers
donne son consentement ; lorsque le tiers veut bien
donner son consentement, il est même inutile de prouver
l'intérêt pécuniaire [1].

Je ne puis pas comprendre ce système, abstraction faite
naturellement des statuts particuliers des Compagnies.

[1] Notamment Cour de Limoges, 1er décembre 1836. — Cour de Paris,
13 décembre 1851. — Cour de Cassation, 14 décembre 1853.

Qu'on exige toujours l'intérêt pécuniaire au nom des principes ordinaires en matière d'assurances, je comprends ce système. Mais qu'on supplée à cet intérêt pécuniaire par le sentiment d'affection, et qu'on s'arrête là, c'est ou faire un pas de trop, ou s'arrêter en route, car jamais un pareil sentiment n'est susceptible d'appréciation ; et par suite, on ne comprend pas une réparation pécuniaire.

J'en dirai autant du consentement du tiers. En quoi en effet ce consentement peut-il faire naître un intérêt pécuniaire qui n'existait pas ? Et pourquoi faire dépendre la validité d'un contrat de l'intervention d'une personne, qui est complétement étrangère tant aux conventions en elles-mêmes qu'à leurs résultats ? Ou bien forcera-t-on un créancier à obtenir le consentement de son débiteur, lorsqu'il veut faire assurer ses droits ?

Bien plus, le tribunal de la Seine a, par un jugement du 2 mai 1850, annulé un pareil contrat comme *immoral*. En quoi le consentement du tiers détruit-il la prétendue immoralité d'une pareille convention ? N'est-il pas défendu aujourd'hui de pactiser sur une succession future même avec le consentement de la personne? Ce jugement a été réformé par arrêt de la Cour de Paris du 13 décembre 1851 ; nous en conclurons donc qu'il n'est pas immoral de faire de pareilles conventions, et cela, même sans le consentement du tiers, et nous le prouverons dans un instant.

Les tribunaux paraissent avoir subi l'influence de deux idées principales, — celle des arrêts du Conseil du Roi des 3 octobre 1787 et 27 juillet 1788, que nous avons cités précédemment, — et celle des principes ordinaires en matière d'assurances.

1.º Celle des arrêts du Conseil du Roi. — Ils autorisaient, ainsi que nous l'avons vu, à stipuler l'assurance d'un capital « *au décès d'un tiers, pourvu que ce fut en sa présence et de son consentement.* »

Mais ces arrêts n'ont aujourd'hui aucune force de loi, et du reste ils avaient été écrits en vue d'un établissement spécial. Enfin cette disposition se comprenait alors bien plus aisément qu'aujourd'hui. Le droit romain en effet permettait les pactes sur succession future à condition que la personne y donnât son consentement. Sans doute, il ne s'agit nullement dans notre espèce de convention de ce genre, mais on comprend néanmoins que cette décision ait eu une certaine influence sur les conditions de l'autorisation donnée à cet établissement.

Aujourd'hui, la même raison d'analogie n'existe plus (art. 1130 Code Nap.), ces arrêts ne peuvent donc être invoqués à aucun titre.

Il y a bien encore un avis du Conseil d'État du 11 juillet 1818 déclarant « *qu'il ne doit pas être permis d'assurer sur la vie d'autrui sans son consentement* » et une instruction du ministre de l'intérieur en ce sens. Mais, depuis quand une instruction ministérielle et un avis du Conseil d'État de 1818 ont-ils force de loi? Qu'on oblige les Compagnies à insérer cette clause dans leurs statuts, qu'on ne les autorise qu'à cette condition, rien de mieux ; mais telle n'est pas l'hypothèse que nous envisageons. Nous supposons qu'aucune violation des statuts n'a été commise, ils sont muets sur ce chef; ou bien l'assureur est un simple particulier, il est évident que ce vœu du Conseil d'État, que cette instruction ministérielle ne peuvent avoir aucune espèce de valeur.

2° Les principes ordinaires en matière d'assurances.

L'assurance, dit-on, a pour but essentiel la réparation d'un dommage éventuel et appréciable. Or, où est le dommage, puisque le tiers est un étranger quelconque? Il est nul évidemment, dès lors il ne peut être question d'assurance sur la vie, pas plus qu'il n'est possible d'assurer une maison qui n'appartient pas au contractant.

Sans doute, c'est là un principe ordinaire en matière d'assurances, mais ces principes sont souvent inapplicables aux assurances sur la vie. Et d'abord la jurisprudence ne peut nous faire ce reproche, car il est bien évident, ainsi que nous l'avons vu plus haut, que le consentement pur et simple du tiers ne peut créer un intérêt pécuniaire qui n'existe pas.

Il est aisé de prouver du reste que les principes généraux en matière d'assurances doivent souvent rester à l'état de lettre morte, quand il s'agit d'assurances sur la vie.

Une règle fondamentale, en effet, est que le contrat d'assurances ordinaire est essentiellement réparateur, et ne peut être une source de gain pour l'assuré. Or, est-ce que cette règle est applicable? Voici un homme qui ne sait pas administrer sa fortune, qui la dissipe peut-être ; il contracte une assurance, moyennant laquelle telle somme lors de son décès devra être versée à sa succession ; il meurt prématurément, et sa mort, loin de causer un dommage pécuniaire à sa famille, est un véritable bienfait pour elle. L'assureur qui se trouve en perte peut-il invoquer la règle que nous citions tout à l'heure? Peut-il dire : L'intérêt pécuniaire était nul, le dommage est nul, *je ne dois rien réparer*? Quel est le tribunal qui autoriserait un pareil système de défense?

Cette règle ne peut donc pas recevoir application dans notre espèce; donc, alors même que l'intérêt pécuniaire n'existe pas, l'assurance est valable (abstraction faite toujours des statuts particuliers) ; donc l'objection tirée des principes ordinaires en matière d'assurances n'a aucune espèce de valeur.

Sans doute, il n'y a pas là assurance dans le sens véritable du mot, mais c'est le propre des assurances sur la vie.

On nous objectera encore avec le tribunal de la Seine qu'une pareille convention est immorale ; il est contraire à l'ordre public qu'une personne ait intérêt non à la vie, mais à la mort de son semblable. Cette objection ne peut pas nous arrêter. Nous répondrons à la jurisprudence : si tant est qu'une pareille convention soit immorale, le consentement du tiers n'y peut rien changer. Tel est évidemment l'esprit de notre législation qui prohibe les pactes sur succession future, même avec l'assentiment de la personne intéressée.

Et à nos adversaires plus logiques qui ne tiennent pas compte du consentement du tiers, nous dirons : il n'y a rien là d'immoral. Est-il défendu de limiter un usufruit, le service d'une rente viagère, l'exécution d'un contrat à la mort d'une personne tierce ? Évidemment non, il ne faut pas se montrer plus exigeant, car le danger sera le même.

Supposons que Primus vende à Secundus sa maison moyennant le paiement d'une rente viagère, qui devra lui être servie pendant toute la vie de Tertius, personne étrangère, et qu'il soit convenu de plus que Primus restera en possession jusqu'au jour de ce décès. Une pareille convention est bien certainement licite, elle n'est condamnée ni par la morale, ni par la loi. Remplacez la maison par le paiement d'une somme convenue, le contrat n'en sera pas moins très-valable, ce sera pourtant le contrat d'assurance tel que nous l'avons supposé. Devient-il immoral en changeant de nom ?

C'est donc une pure question de mots ; ce serait permettre de faire indirectement ce qu'il serait défendu de faire directement; ce serait forcer les parties à changer les expressions qu'elles ont l'habitude d'employer, et voilà tout. Une pareille législation serait vicieuse parce qu'elle serait contradictoire, et à défaut de texte formel, je ne vois pas la nécessité de la supposer, ni de l'introduire.

Enfin nous avons pour nous l'article 1134 du Code Napoléon, nous avons pour nous la grande règle de la liberté des conventions.

En résumé, je pense qu'il est parfaitement permis de stipuler une assurance dont le terme repose sur l'époque du décès d'un tiers, et cela, sans qu'il soit nécessaire que ce tiers ait donné son consentement au contrat.

27. — Toutefois, nous venons de raisonner purement en droit, en supposant que l'assureur soit parfaitement libre de traiter à sa guise. Mais les Compagnies anonymes d'assurances sur la vie sont obligées de demander l'autorisation du Gouvernement, et de soumettre leurs statuts à son examen. Les statuts, une fois approuvés, doivent être observés par la Compagnie, ils lui tracent la route qu'elle ne peut pas quitter, puisque l'autorisation ne lui a été accordée qu'à cette condition. Or ces statuts, à tort ou à raison, exigent en général que le tiers donne son consentement par

écrit dans l'hypothèse que nous venons d'étudier [1].

28.—Mais, et j'insiste sur ce point, en droit la question ne me paraît pas douteuse. Quand donc des jugements ou des arrêts annulent des contrats de ce genre, sous prétexte que le tiers n'y a pas donné son consentement, ils ne peuvent invoquer ni la loi, ni les principes de morale et d'ordre public, ni les règles ordinaires en matière d'assurance, mais seulement les statuts de la société. Si les statuts sont muets sur ce point, pas de nullité.

29. — Nous pouvons encore citer une autre espèce de contrat, l'assurance temporaire. Primus se fait assurer pour dix ans par exemple. S'il meurt dans cette période, la Compagnie paiera telle somme déterminée, soit à sa succession soit à la personne indiquée, et tout se passe comme dans le contrat d'assurance sur la vie ordinaire. Mais s'il survit au terme fixé, la Compagnie garde les primes, et ne verse aucun capital.

C'est ce mode qui se rapproche le plus de l'Assurance proprement dite. Pour qu'il y ait lieu à assurance, en effet, il faut qu'il y ait des risques à courir ; or, à ce point de vue, on peut soutenir que l'assurance sur la vie pure et simple ne peut pas être considérée comme une véritable assurance, puisque tous, nous devons certainement mourir [2].

Quand l'assurance est limitée à un nombre d'années restreint, il y a risque véritable puisque l'époque de notre décès est tout à fait indéterminée (en supposant toutefois

---

[1] Depuis la loi des 24-29 juillet 1867 les sociétés anonymes peuvent se constituer sans l'autorisation du gouvernement (art. 21) ; mais lorsqu'il s'agit d'assurances sur la vie, l'art. 66 de la même loi maintient la nécessité de cette autorisation.

[2] J'ai indiqué avec plus de développements dans la préface quelle est mon opinion sur ce point.

qu'on ne prenne pas un laps de temps trop étendu).

Cette combinaison offre une analogie assez grande avec l'assurance contre l'incendie (toutefois il existe des différences capitales).

Elle est licite, et présente une utilité réelle. C'est plutôt un mode particulier s'appliquant aux différentes hypothèses, que nous avons étudiées jusqu'à présent, qu'une assurance proprement dite.

30. — Ainsi un créancier peut assurer sa créance pendant un certain laps de temps seulement. De même, toute personne peut, à notre avis, constituer une assurance sur la tête d'un tiers, et la limiter à un certain nombre d'années. Toutes les remarques que nous avons faites, en traitant les différentes suppositions que nous avons passées en revue, recevront donc encore ici leur application.

31. — Il y a aussi l'assurance de survie, contrat moyennant lequel l'assureur doit payer au bénéficiaire la somme convenue, au cas où ce dernier survit à l'assuré.

32. — Nous ne parlerons pas du contrat de rente viagère immédiate, de rente viagère différée, de capital différé. Ces dernières hypothèses ne rentrent pas à proprement parler dans notre étude. Il s'agit là de contrat de rente viagère ordinaire ou avec quelques modifications, ce n'est pas un contrat d'assurance. Les règles en sont posées par le Code Napoléon, et notre but n'est pas de faire une étude du contrat de rente viagère.

Maintenant que nous avons donné une idée générale du contrat d'assurance sur la vie, que nous avons indiqué les principales modifications qu'il a reçues dans la pratique, nous allons le mettre en présence des prin—

ipes, et de certaines dispositions de nos lois et nous verrons quelles sont les conséquences qui en résultent.

33. — Nous diviserons notre travail en dix chapitres :

Chapitre premier. — Qui peut contracter une assurance ?

Chapitre deuxième. — Obligations auxquelles donne naissance le contrat d'assurance.

Chapitre troisième. — Formes et preuve du contrat d'assurance sur la vie.

Chapitre quatrième. — Qui peut être institué bénéficiaire ?

Chapitre cinquième. — Nullité, rescision, extinction du contrat d'assurance. — Leurs effets.

Chapitre sixième. — Cession.

Chapitre septième. — Influence de l'absence sur le contrat d'assurance sur la vie.

Chapitre huitième. — Examen du contrat d'assurance sur la vie au point de vue de la donation qui peut y être contenue.

Chapitre neuvième. — Juridiction et compétence.

Chapitre dixième. — Timbre et enregistrement.

CHAPITRE PREMIER.

QUI PEUT CONTRACTER UNE ASSURANCE ?

Mineur. — Mineur émancipé. — Interdit. — Personne munie d'un conseil judiciaire. — Femme mariée.

34. — Toute personne peut, en règle générale, contracter une assurance sur la vie. Mais nous savons que nos lois ont reconnu ou établi certaines incapacités ; il

loi l'induit même du silence gardé pendant un certain laps de temps. L'action en nullité ne peut être intentée que pendant dix ans à partir d'une certaine époque (art. 1304 Code Nap.).

Le mineur devenu majeur peut donc ratifier le contrat d'assurance, soit par un acte spécial conforme aux prescriptions de l'art. 1338 du Code Nap., soit par l'exécution même du contrat, c'est-à-dire le paiement des primes, soit enfin par l'expiration du délai de dix ans à compter de sa majorité.

Le premier et le troisième mode de ratification peuvent se présenter au cas où l'assurance est constituée moyennant l'aliénation immédiate et définitive d'un capital, mais cette combinaison est peu fréquente.

Supposons donc que l'assurance soit alimentée par le paiement de primes annuelles. Dans cette espèce le dernier mode de ratification ne se présentera probablement jamais, il faudrait supposer en effet que les primes restassent impayées pendant dix années consécutives. Le premier mode peut se rencontrer, mais le second sera certainement le plus fréquent.

Faisons maintenant différentes hypothèses :

41. — Supposons que Primus, mineur, ait constitué sur sa tête une assurance moyennant laquelle telle somme devra être payée lors de son décès à ses héritiers ou ayant-cause. Ce contrat est simple dans sa nature, on peut dire que Primus a stipulé pour lui, pour son propre patrimoine (V. cep. un arr. de la C. de Paris en note n° 205).

Il y a nullité relative, mais Primus, une fois devenu majeur paie les primes, ou une prime, car le versement d'une seule prime suffit à ratifier le contrat ; dès lors, tout est fini, les choses se passent comme s'il s'agissait d'une assurance constituée par un majeur.

42. — Maintenant, modifions l'espèce. Primus, mineur, a constitué une assurance sur sa tête, assurance moyennant laquelle une somme fixe devra lors de son décès être payée à telle personne déterminée, son frère par exemple.

Il y a là un double contrat, d'abord le contrat d'assurance, qui est principal, puis une donation, contrat accessoire. L'assurance a eu pour effet de faire naître un droit de créance, qui est immédiatement entré dans le patrimoine du frère. Nous supposons du reste que le frère a accepté.

Si Primus, devenu majeur, se prévaut de la nullité relative, et fait tomber le contrat d'assurance, la donation qu'il a faite à son frère disparaît en même temps, cela est de toute évidence.

D'un autre côté, si Primus par un acte exprès ratifie le contrat dans son entier, tant à l'égard de l'assureur qu'à l'égard du bénéficiaire, il me paraît encore certain que l'acte sera parfaitement valable (sauf les cas de révocation pour cause de survenance d'enfants, etc., dont nous parlerons plus tard).

Mais supposons que Primus, au lieu d'employer ce mode de ratification, paie une prime, quelle conséquence allons-nous en tirer? Dirons-nous que le contrat primitif et complexe est ratifié dans son ensemble? ou bien dirons-nous qu'il faut distinguer le contrat d'assurance du contrat de donation?

Pour moi je me range à cette dernière opinion.

Il ne faut pas croire, en effet, qu'un pareil contrat

forme un tout indivisible. Non. Je pourrais dire d'abord : ce qui prouve qu'il n'y a pas unité, c'est qu'aux termes de l'article 1122 du Code Napoléon, je puis avant l'acceptation du tiers donataire supprimer la clause qui le concerne. Mais ce raisonnement n'aurait rien de rigoureux, on me répondrait avec raison : Tant que le tiers n'a pas accepté, il n'y a pas encore de contrat vis-à-vis de lui, il n'y a qu'une simple offre. Or il est impossible de conclure de la pollicitation à la donation formée, il n'y a aucune analogie, la pollicitation n'étant pas un contrat. Cette objection est, je crois, très-fondée.

Mais nous pouvons opposer un meilleur argument. Nous verrons que la disposition ainsi faite au profit d'un tiers est soumise aux règles ordinaires de la révocation des donations. Elle peut donc être annulée sans que le contrat principal, l'assurance, en souffre, donc il n'y a pas indivisibilité, mais bien deux contrats connexes, l'un principal, l'autre accessoire. L'assurance peut parfaitement subsister, alors que tombe la disposition en faveur du bénéficiaire.

Revenons maintenant à notre question, et demandons-nous ce que produira le paiement des primes. Aussitôt le premier versement effectué, le contrat d'assurance intervenu entre l'ex-mineur et l'assureur sera ratifié en ce sens que l'assuré ne pourra plus exciper de son incapacité pour se refuser au paiement des primes, et pour demander le remboursement de ce qu'il a versé.

Mais que deviendra la disposition en faveur du tiers, disposition que nous supposons toujours avoir été acceptée par lui ? Dirons-nous qu'elle a été ratifiée en même temps que le contrat principal ? En aucune façon,

il est impossible à mon avis de tirer une pareille conclusion du versement effectué. Voyez quelles précautions
a prises la loi, lorsqu'elle a indiqué dans l'article
1338 du Code Nap. les différentes conditions que
doit réunir l'acte exprès de ratification. Cette disposition
légale doit nous servir de guide. Il faut se montrer au
moins aussi rigoureux à l'égard de la ratification tacite,
qu'à l'égard de la ratification expresse. Or, tout ce qu'on
peut induire d'un pareil paiement, c'est que l'ex-mineur
a entendu ratifier le contrat principal d'assurance. Et
cela me paraît d'autant plus certain que l'assuré n'a
peut-être cédé qu'à des menaces de poursuites judi-
ciaires que l'assureur n'aurait pu exercer qu'en son nom.

J'ajouterai un dernier mot. Supposons que l'assuré
paie sa prime depuis sa majorité, et que le lendemain, le
jour même, il demande aux tribunaux de prononcer la nullité de la disposition au profit du tiers, dira-t-on que le
versement l'a rendu non recevable à proposer la nullité de
ce contrat accessoire? Un pareil système me semble tout
à fait insoutenable. J'en conclus qu'on ne peut tirer du
paiement d'une prime aucune fin de non-recevoir en ce
qui touche la disposition accessoire au profit du tiers.

Quand donc, à défaut de ratification expresse, le tiers
pourra-t-il arguer du paiement des primes pour repousser l'action en nullité? C'est, je crois, le cas d'appliquer l'article 1304 du Code Napoléon. Lorsque dix
ans se seront écoulés depuis sa majorité, l'ex-mineur ne
pourra plus se prévaloir du vice résultant de son incapacité pour faire tomber cette disposition.

43. — *Interdit*. Du mineur non émancipé, rapprochons l'interdit.

Quelle différence y a-t-il entre eux au point de vue de la validité des contrats qu'ils passent seuls?

Cela dépend du système qu'on adopte à l'égard du mineur. Les auteurs qui pensent que le simple état de minorité suffit à rendre annulable le contrat ne doivent faire aucune distinction. Mais ceux qui, comme nous, pensent que le contrat fait par un mineur ne peut être attaqué que pour cause de lésion (sauf les hypothèses exceptionnelles dont nous avons parlé) reconnaissent qu'il existe entre ces deux cas une grande différence. L'interdit en effet n'a pas à prouver de lésion pour faire tomber l'acte qu'il attaque. Et cette distinction produit des résultats graves. Rappelons-nous en effet que la lésion doit s'estimer, non au moment où on intente l'action, mais au moment où le contrat a été fait. Dès lors, il est aisé de voir que l'interdit se trouve dans une situation bien plus avantageuse que le mineur, puisqu'il peut être restitué contre les conséquences même indirec- tes d'un acte, que ce dernier est obligé de respecter.

L'interdit redevenu maître de ses droits, son tuteur, ses héritiers peuvent donc demander la nullité de l'as- surance par lui contractée, en se conformant toujours aux règles prescrites par l'article 1304 du Code Napoléon.

44. — Quant à la ratification, nous n'avons rien à ajou- ter à ce que nous venons de dire relativement au mineur.

45. — Mais si le mineur non émancipé, l'interdit ne peuvent pas valablement contracter une assurance, le tuteur ne peut-il pas le faire pour eux? Cette question ne paraît pas faire doute dans l'esprit de certains auteurs [1].

---

[1] V. M. Merger. *Des assurances terrestres,* n° 90.

L'assurance est, dit-on, un simple acte d'administration, on invoque même en ce sens l'autorité de Pardessus.

Je ne puis me ranger à cette opinion. Il faut faire une grande distinction dans les assurances. De quelle nature d'assurance entend-on parler? Est-ce des assurances contre l'incendie, la grêle, les risques maritimes ; nous sommes parfaitement d'accord, et c'est en ce sens que Pardessus autorise le tuteur à contracter des assurances. Si le tuteur agissait autrement, s'il refusait de garantir au moyen d'une indemnité légère les biens, peut-être toute la fortune de la personne confiée à ses soins, ce serait le fait d'un homme négligent et imprudent. En prenant de pareilles précautions, il agit en bon père de famille.

Tout autre est l'assurance sur la vie. Voilà un mineur, qui par le fait de son tuteur va se trouver pendant toute sa vie privé d'une partie de ses revenus, et cela pourquoi? pour grossir son patrimoine à l'époque de son décès ; on ne voit là qu'un acte de pure administration ! Supposons que le mineur ait vingt mille livres de rente, le tuteur pourra le forcer à payer toute sa vie quinze mille francs de primes, par exemple, afin de procurer à ses héritiers une fortune considérable. Osera-t-on aller jusque-là? Accordera-t-on un pareil pouvoir à l'administrateur, qui n'a pas le droit de faire des baux de plus de neuf ans? Mais c'est méconnaître complétement le devoir du tuteur. Pour qui doit-il administrer, est-ce pour le mineur ou pour ses héritiers? Car c'est là la question qu'il faut résoudre. Ainsi posée, elle ne me paraît pas douteuse. Il est certain que le tuteur doit administrer pour le mineur et non pour sa succession.

En constituant une assurance sur la vie au nom de son pupille, le tuteur fait donc à mon avis un acte annulable, et qui tombe encore sous l'application de l'article 1304 Code Nap.

Le même raisonnement doit être répété pour le tuteur de l'interdit. Nous avons même dans cette hypothèse une disposition légale particulière, qui ajoute une grande force à notre opinion, c'est l'article 510 du Code Napoléon : « Les revenus d'un interdit doivent être essentiellement employés à adoucir son sort, et à accélérer sa guérison. »

Et on permettrait au tuteur de consacrer une portion peut-être considérable des revenus à améliorer la situation pécuniaire des héritiers de l'interdit; une pareille opinion me semble tout à fait inadmissible.

46. — Il faut du reste appliquer ici les articles 503 et 504 du Code Napoléon, mais nous n'avons rien de particulier à noter sur eux au sujet de l'assurance.

47. — *Mineur émancipé.* Le mineur émancipé peut-il contracter une assurance sur la vie ?

48. — Le mineur émancipé est incapable de donner, il faudra donc déclarer annulable la clause du contrat d'assurance, par laquelle le bénéfice en serait attribué non à la succession de l'assuré, mais à telle personne déterminée. Cette question ne peut donner matière à controverse.

49. — Mais le contrat d'assurance en lui-même est-il valable, ou bien est-il entaché de nullité relative? Il faut distinguer suivant que le mineur acquiert ce droit au moyen d'un capital une fois versé ou au moyen de primes annuelles. S'il s'agit d'un capital que le mineur vient de toucher, l'assistance de son curateur est indis-

pensable, la loi en fait un devoir (art. 482, Code Nap.) ; à défaut de cette assistance, le contrat est annulable, parce qu'il présente pour le mineur, vu l'inégalité des chances, une lésion véritable.

Supposons maintenant qu'il ait stipulé l'assurance moyennant le paiement de primes annuelles qu'il prend sur ses revenus. Ce contrat me semble parfaitement valable. Le mineur émancipé peut en effet disposer de ses revenus ; or, en les employant de cette façon on ne peut pas dire qu'il dissipe sa fortune. Il fait un placement chanceux, il est vrai, mais dont beaucoup de pères de famille prudents lui ont donné l'exemple. Le mineur émancipé peut faire des dépenses de luxe, l'article 484 *in fine* le prouve, puisqu'il ne déclare ces dépenses réductibles qu'en cas d'excès.

Si le mineur émancipé peut disposer de ses revenus, s'il peut même en employer une partie à des dépenses de fantaisie, faut-il lui refuser le droit d'augmenter au moyen des mêmes sacrifices le patrimoine de sa famille ?

50. — *Personne munie d'un conseil judiciaire.*

Supposons d'abord que cette personne ait contracté une assurance dont le profit doive appartenir à un tiers. Cette dernière clause, ou plutôt ce contrat accessoire de donation devra évidemment tomber à mon sens, car le demi-interdit est incapable d'aliéner, même à titre onéreux, sans l'assistance de son curateur[1]. A supposer donc que le contrat principal soit valable, cette clause est frappée de nullité relative.

[1] La portée de cette prohibition est, il est vrai, l'objet de controverses graves.

51. — Que dirons-nous du contrat d'assurance en lui-même ? Est-il complétement valable, ou frappé de nullité relative ?

Il faut, je crois, décider comme à l'égard du mineur émancipé, et dire qu'un pareil contrat est valable.

La situation du demi-interdit et celle du mineur émancipé ne sont certainement pas identiques ; mais elles présentent néanmoins une grande analogie.

Du reste, pour le demi-interdit la capacité est la règle, l'incapacité l'exception. S'il touche un capital, le conseil doit l'assister et en surveiller l'emploi, telle est du moins l'opinion généralement suivie, il ne pourra donc dans ces circonstances contracter une assurance sur la vie qu'avec le concours de son conseil.

Mais s'il s'agit d'une assurance constituée moyennant le paiement de primes annuelles, il est, je crois, parfaitement habile à faire seul un pareil contrat. Il serait fort à désirer que tous les demi-interdits plaçassent ainsi leurs revenus, ou du moins partie de leurs revenus.

Et en effet, quel est le but de la loi, lorsqu'elle autorise les tribunaux à prononcer cette incapacité partielle ? Elle veut empêcher que les *prodigues*, les faibles d'esprit ne *dissipent* leur fortune par des actes inconsidérés. Elle veut éviter qu'ils ruinent ainsi non-seulement eux-mêmes, mais leurs enfants, leur famille, qu'ils jettent au vent un patrimoine, qui a peut-être coûté tant de peines à acquérir. Or, en consacrant chaque année une partie de ses revenus à cet emploi, le demi-interdit ne fait pas acte de prodigalité, de dissipation, il grossit, au contraire, le patrimoine que la loi tient à conserver. Il place donc sagement les revenus qu'il a droit d'administrer seul ; il faudrait plutôt pousser le demi-interdit sur cette pente, que l'arrêter.

Arrivons maintenant à la dernière classe d'incapables reconnus par la loi.

52. — *Femme mariée.*

Cette incapacité repose sur deux motifs: — protection de la femme, — respect dû au mari. Toutefois le pouvoir du mari variant avec les différents régimes, il est bon de les étudier séparément.

53. — Règle générale, la femme mariée est absolument incapable de contracter seule. Peu importe, qu'il y ait ou non lésion, le simple état de femme mariée suffit à rendre annulables les actes qu'elle a passés sans autorisation. Deux actions sont ouvertes, l'une au profit du mari, l'autre au profit de la femme.

La femme ne peut pas, tant que dure le mariage, ratifier seule le contrat annulable, elle ne peut le faire qu'après la dissolution du mariage, ou avec l'assistance de son mari.

Quant à celui-ci, il peut parfaitement renoncer à l'action en nullité qui lui appartient, mais quel sera l'effet de cette ratification postérieure ? Rendra-t-elle le contrat absolument inattaquable ? Éteindra-t-elle aussi l'action en nullité qui compète à la femme, ou bien n'aura-t-elle pour résultat que d'éteindre l'action en nullité du mari, en laissant intact le droit de la femme?

Cette question est très controversée, les deux opinions sont soutenues, et ce n'est pas le lieu de les développer. Il nous suffit de rappeler la situation ordinaire de la femme mariée, et le sort des contrats qu'elle passe sans l'assistance de son mari.

54. — Sous le régime de la communauté, et sous le régime sans communauté, la femme n'ayant même pas l'administration des biens qui peuvent lui appartenir en propre, il suffit d'appliquer les principes généraux que nous venons de poser. Nous dirons donc que la femme sous ces régimes ne peut évidemment contracter seule une assurance sur la vie ; si elle le fait, le contrat est entaché d'une nullité relative, qui peut être invoquée par elle après la dissolution du mariage suivant l'article 1304 du Code Napoléon, et pendant le mariage par elle ou son mari.

55. — La même solution s'applique à la femme mariée sous le régime dotal, mais qui n'a pas de biens paraphernaux.

56. — *Séparation de biens.* Passons maintenant à la femme séparée de biens, soit par son contrat de mariage, soit par suite de décision judiciaire. Ce que nous dirons s'appliquera de même à la femme mariée sous le régime dotal, mais ayant des biens paraphernaux.

La femme séparée de biens a (art. 1449 Code Napoléon) la libre administration de ses biens. C'est dire que, dans la limite de ses pouvoirs, elle peut agir sans avoir besoin de l'assistance de son mari.

57. — Peut-elle contracter valablement une assurance sur la vie ?

Traitons d'abord deux questions qui ne peuvent pas, ce me semble, présenter grande difficulté.

Supposons tout d'abord que la femme ait constitué sur sa tête une assurance, moyennant laquelle une somme déterminée devra être payée lors de son décès à telle personne indiquée dans la police. Il y a là une clause accessoire de donation qui dépasse les pouvoirs de la femme séparée de biens (art. 217, Code Napoléon). Si donc la femme a contracté sans l'assistance de son mari, cette clause devient annulable.

Supposons en second lieu que la femme ait pour débiteur un homme qui n'a d'autres ressources que son traitement annuel, que des revenus viagers, renouvelons l'hypothèse du créancier de Pitt. Il n'y a pas moyen de se faire donner de sûretés réelles, de plus, la créance est peut-être à terme, et il est impossible d'en exiger le paiement immédiat; la femme fait assurer sa créance, cette assurance est-elle valable ? Je le crois, c'était probablement le seul moyen pour elle de garantir le recouvrement d'une créance gravement compromise.

Ce peut être un acte d'administration mal entendue, mais enfin c'est un acte d'administration, de conservation. Quoiqu'il en soit, cette hypothèse ne se présentera pas fréquemment dans la pratique.

58. — Reprenons maintenant notre question principale :

La femme séparée de biens peut-elle contracter valablement une assurance sur la vie indépendamment de toute idée de donation? Elle stipule que moyennant un capital versé immédiatement, ou telle prime annuelle, la Compagnie devra verser à sa succession une somme déterminée. Cette convention sort-elle des limites du pouvoir de la femme, est-elle annulable, ou doit-elle être respectée?

D'après ce que nous avons déjà dit, la solution de cette question ne peut pas nous paraître douteuse. La femme séparée a un bien plus grand pouvoir que le mineur émancipé ; ainsi elle peut recevoir un capital, en donner décharge et le placer sans avoir besoin de l'autorisation maritale ; elle a, non pas la pure, mais la libre administration de ses biens ; aussi l'article 484 *in fine* du Code Napoléon ne lui est-il pas applicable.

Elle peut disposer à sa guise de ses revenus, à condition toutefois de ne pas en faire des donations ; mais elle peut les employer en dépenses de luxe.

On a été jusqu'à permettre à la femme de placer ses capitaux à fonds perdus, et de convertir ainsi sa fortune en rentes viagères. Cette opinion est soutenue par les plus graves autorités. MM. Troplong et Aubry et Rau n'hésitent pas à l'admettre, et elle est sanctionnée par la jurisprudence [1]. Toutefois M. Demolombe repousse énergiquement ce système [2], et je me range avec empressement à l'avis du savant doyen.

Il est impossible à mon sens de voir dans un pareil contrat autre chose qu'un acte de dissipation. Ce n'est pas là un placement véritable, mais une aliénation. La femme mariée est de droit incapable de contracter sans l'assistance de son mari; par exception la loi donne à la femme séparée de biens un certain pouvoir, elle lui permet d'administrer librement ses biens; mais ce pouvoir *exceptionnel* d'administration dégénérerait en singulier abus, si on lui permettait de dissiper ainsi sa fortune en l'aliénant à fonds perdus. Je crois que le système de la jurisprudence appuyé sur l'autorité de ces savants jurisconsultes met le législateur en contradiction évidente avec lui-même; l'article 217 du Code Napoléon le prouve.

Quoiqu'il en soit, cette controverse nous montre jus—

---

[1] MM. Troplong, II, n° 1422. — Aubry et Rau sur Zach., IV, § 516, note 58. — C. de Paris, 17 mai 1834. — C. de Caen, 17 juillet 1845.

[2] M. Demolombe, IV, 158.

qu'à quelle limite s'étend le pouvoir qu'a la femme séparée de biens d'administrer sa fortune. En présence de
cette faculté si large, il me semble impossible de lui refuser le droit d'employer chaque année une portion de ses
revenus, ou même portion du capital, dont elle a la libre
disposition, à l'alimentation d'une assurance sur la vie.

Je crois donc que la femme séparée de biens peut faire
valablement un pareil contrat sans l'assistance de son
mari. Le même droit appartient, ainsi que je l'ai dit, à
la femme mariée sous le régime dotal, et qui a la jouis-
sance de biens paraphernaux.

59. — Qui peut jouer le rôle d'assureur?

D'après les principes que nous venons d'exposer, il est
aisé de conclure :

60. — 1° Que le mineur non émancipé ou même
émancipé ne peut pas jouer le rôle d'assureur. En effet,
il y a là un contrat aléatoire présentant par conséquent
des chances de perte à côté de chances de gain, et qui
ne peut pas être valablement contracté par le mineur
non émancipé. Le contrat serait du reste non pas
absolument nul, mais annulable. Il en est de même
à l'égard du mineur émancipé, car le contrat d'assurance
n'est pour l'assureur ni un acte d'administration ni un
acte de conservation, mais un acte de spéculation.

Ainsi que nous le verrons plus tard (n° 421) l'assureur
de profession fait des actes de commerce. Le mineur
peut être commerçant, il peut dès lors être assureur de
profession, à condition qu'il soit émancipé, et que les
formalités prescrites par l'art 2 du Code de Commerce
aient été observées.

61. — 2° Que la personne munie d'un conseil judi-

ciaire est pour les mêmes raisons incapable de contracter comme assureur.

62. — 3° Que l'interdit ne peut pas évidemment jouer ce rôle puisqu'il est incapable de contracter.

63. — 4° Que la femme même séparée de biens ne peut pas assurer sans l'autorisation maritale, car il ne s'agit pas là, je le répète, d'un acte d'administration, mais d'un acte de spéculation et qui du reste intéresse non—seulement les revenus, mais les capitaux.

Dans tous ces cas, l'action en nullité est ouverte au profit de l'incapable, sous les conditions posées par la loi.

Toutefois la femme mariée peut, comme le mineur émancipé, faire le commerce, elle peut donc prendre la profession d'assureur, mais il faut qu'elle ait obtenu pour cela l'autorisation de son mari (art. 4 du Code de Com.).

64. — Nous ferons remarquer en terminant que le rôle d'assureur est toujours joué dans la pratique par des Compagnies et même par des Compagnies anonymes. Ce n'est pas le lieu d'étudier les conditions essentielles à la constitution des sociétés commerciales, il suffit de faire l'application des principes généraux.

CHAPITRE DEUXIÈME

OBLIGATIONS AUXQUELLES DONNE NAISSANCE LE CONTRAT D'ASSURANCE.

Contractant. — Assuré. — Bénéficiaire. — Assureur.

65. — Il peut y avoir quatre parties intéressées dans une assurance sur la vie : 1° le Contractant, — 2° l'Assuré, — 3° le Bénéficiaire, — 4° l'Assureur.

La même personne peut jouer à la fois plusieurs rôles. Ainsi le contractant sera en général l'assuré. Supposons une assurance temporaire, le contractant peut être, de plus, assuré et bénéficiaire. Enfin, il est un cas où la même personne joue à la fois ces quatre rôles : qu'il s'agisse d'une assurance mutuelle contractée entre plusieurs personnes, chacune d'elles joue le rôle d'assureur à l'égard des autres ; il est dès lors possible, en reprenant la dernière hypothèse, d'imaginer une espèce qui réunisse les quatre rôles sur la tête d'une même personne. Toutefois ces cas seront rares ; le plus ordinairement trois rôles au moins seront bien distincts, et joués par des parties différentes, le premier, le troisième et le quatrième.

Étudions successivement les obligations qui incombent à chacune de ces quatre parties. Nous aurons ainsi une division toute naturelle de notre chapitre.

§ I. — *Obligations du contractant* [1].

66. — Du fait de l'assurance, il ne résulte en réalité à la charge du contractant qu'une seule obligation, le paiement des primes ou de la prime.

On ne peut considérer comme une obligation résultant de l'assurance le devoir pour le contractant, lorsqu'il est en même temps l'assuré, de ne pas attenter à ses jours. C'est une loi que la religion et la morale font à tout homme honnête, et qui existe indépendamment de l'idée de contrat d'assurance.

---

[1] Cette dénomination est impropre en ce sens qu'elle peut appartenir au même titre à l'assureur. Nous la maintenons cependant afin d'éviter des circonlocutions ; une fois cela posé, la confusion n'est guère possible.

Le paiement des primes, telle est donc la seule obligation mise à la charge du contractant.

67. — Mais, dira-t-on peut-être, n'est-il pas tenu de faire des déclarations particulières, n'est-il pas obligé d'indiquer l'âge de l'assuré, de donner un bulletin exact de sa santé ?

Nous répondrons tout d'abord que le contrat d'assurance se comprend parfaitement sans tous ces détails. Les Compagnies, il est vrai, prennent leurs précautions, ce sont de véritables renseignements qu'elles demandent à la partie intéressée elle-même, et qu'elles inscrivent dans leurs polices ; ces renseignements sont fort importants, aussi les Compagnies en font-elles la base du contrat. Mais il n'y a rien là qui soit de l'essence de l'assurance, et elle serait tout aussi valable, si on n'avait parlé ni de l'âge, ni de la santé de l'assuré.

Nous ajouterons que le contrat d'assurance n'intervient qu'à la suite de toutes ces déclarations. C'est une nécessité, à laquelle il faut d'ordinaire se soumettre avant de contracter, puisque telle est l'exigence des Compagnies, mais au moment où ce contrat intervient, les déclarations sont faites, on ne peut donc encore voir dans ces déclarations l'accomplissement d'une obligation découlant pour le stipulant du contrat d'assurance.

68. —Quoiqu'il en soit, donnons quelques moments à l'examen de ces déclarations, qui ont dans la pratique une importance capitale sur la validité du contrat en lui-même.

Le contrat d'assurance a pour but un certain paiement à effectuer par l'assureur. Ce paiement doit avoir lieu en général lors du décès de telle personne déterminée, le stipulant ou même un tiers.

69. — La première chose que l'assureur ait intérêt à savoir, c'est donc l'âge de la personne assurée. Une fois ce point connu, il se reportera aux tables de mortalité, et y verra aisément quelle est la durée probable d'un homme quelconque arrivé à ce degré de la vie. Ainsi que nous l'avons expliqué au commencement de ce traité, il semble qu'il n'ait plus dès lors qu'à diminuer de quelques années la période de vie probable, et à calculer sur cette base ainsi réduite le chiffre des primes à réclamer (n° 10). Ce travail peut être du reste fait une fois pour toutes, il consultera son tarif, et devra, à ce qu'il paraît, faire en moyenne une spéculation très-heureuse, puisqu'il aura conservé pour lui bien plus de chances qu'il n'en laisse aux contractants.

Il semble donc à première vue que les Compagnies d'assurance ne doivent demander qu'une chose : Quel est l'âge de l'assuré ?

Mais elles ne se bornent pas là dans leur interrogatoire. Les chances de mortalité varient beaucoup en effet avec l'état de santé, la profession, le lieu habituel de résidence. La personne qui demeure à la campagne, le cultivateur, ont chance de vivre plus longtemps que l'homme qui passe son temps dans les bureaux ou les ateliers, que le médecin qui se trouve continuellement en lutte avec des maladies contagieuses.

Or, quelles sont les personnes qui, d'après la logique du raisonnement, devront le plus souvent recourir aux assurances ? Il est bien certain que l'homme, qui voit vieillir autour de lui ceux qui partagent ses occupations, ne sera pas porté à faire un placement aussi chanceux ; il n'en verra que les inconvénients, sans même en soupçonner les avantages. Il est tout aussi évident que l'homme, qui voit succomber à chaque instant ses semblables, frappés dans toute la force de la jeunésse par des dangers auxquels il est lui-même fréquemment exposé, aura toujours l'attention éveillée, l'œil ouvert sur les tristes conséquences d'un décès prématuré. Il sera tout disposé à conclure un contrat qui lui promet garantie pour sa famille en cas de pareil malheur.

Mais alors, si les Compagnies ne s'appuient que sur les tables de mortalité, le calcul qu'elles feront sur cette base se trouvera complétement faux. En effet, sur un certain nombre d'hommes du même âge pris au hasard dans toutes les classes de la société, et dans différents lieux, il y a une proportion à peu près fixe de sujets bons dépassant la vie moyenne, et de sujets mauvais qui meurent avant cette limite. Mais, d'après ce que nous avons dit, il est évident que cette proportion ne se retrouve pas dans la masse des personnes qui viendront solliciter une assurance. Le nombre des sujets bons sera beaucoup moindre, et par conséquent le chiffre des sujets mauvais bien plus considérable. D'où il est facile de conclure que la durée moyenne de la vie à certaines périodes, calculée sur la généralité des hommes, n'est pas du tout la même que la durée moyenne de la vie des solliciteurs.

Si les Compagnies veulent conserver pour elles la majorité des chances favorables, et tel est évidemment leur but unique, elles sont donc dans la nécessité de ne pas s'en tenir à la connaissance de l'âge ; il faut rétablir la proportion qui se trouve détruite, il faut éliminer autant que possible les sujets mauvais, ou augmenter pour eux la quotité des primes.

70. — C'est pour arriver à ce résultat que les Compagnies multiplient leurs questions. Au lieu de prendre par elles-mêmes les renseignements dont elles ont besoin, ce qui entraînerait des dépenses, causerait des embarras considérables, et aboutirait souvent à des impossibilités, les Compagnies s'adressent au contractant lui-même.

Les polices contiennent aussi cette clause, qui sert de garantie à l'exactitude des déclarations : « Toute réticence, toute fausse déclaration de la part soit du contractant, soit du tiers assuré, qui diminuerait l'opinion du risque, ou en changerait le sujet, annule l'assurance. »

Il ne faut pas croire néanmoins que les personnes atteintes de maladie ne peuvent pas se faire assurer. La maladie pas plus que le grand âge n'est un obstacle à ce contrat, seulement les Compagnies exigeront une prime plus élevée, puisqu'elles courront de plus grands risques.

En cas de fausse déclaration, ou de réticence, l'assurance peut donc être annulée sur la demande de la compagnie.

71. — Cette clause qui se trouve universellement reproduite dans les polices demande quelques explications.

72. — Que faut-il entendre par une fausse déclaration ? Voici une personne qui se sent atteinte d'une grave maladie de cœur, elle a des palpitations, des crises qui ne laissent aucun doute sur la nature de son état : elle a de plus consulté des médecins qui ne lui ont pas caché la situation compromise dans laquelle elle se trouve. Assurément si cette personne se fait assurer, et qu'elle ne mentionne pas dans la police la maladie dont elle est attaquée, sa déclaration est fausse, elle a tu en effet une cause incurable de destruction.

Mais s'il s'agit de simples douleurs de rhumatisme, par exemple, douleurs violentes, fréquentes même, mais qui ne mettent pas l'assuré en danger, dans ce cas on ne peut pas dire qu'il y ait eu réticence, fausse déclaration, car ce point n'intéresse pas la Compagnie. Peu lui importe que le sujet souffre ou non, pourvu que la durée de sa vie ne soit pas compromise .

Supposons maintenant que le contractant qui se fait assurer soit affecté d'une de ces maladies qui menacent d'abréger l'existence, qui condamnent même à un décès prochain et à peu près inévitable ; par exemple d'une maladie de cœur, d'une phthisie, d'un cancer ; mais il ignore lui-même la gravité de son état, il se fait illusion, il se croit anémique, ou sous le coup d'une simple oppression temporaire. Dans cette ignorance, il ne fait pas mention dans la police d'une maladie qu'il ne soupçonne pas, sa déclaration est-elle fausse ? Évidemment non. Un homme ne peut dire que ce qu'il sait, que ce qu'il pense ; il est impossible de lui faire reproche. Le médecin qui est moins intéressé, et plus instruit que le malade, se trompe bien quelquefois. Tout ce qu'on peut demander au contractant, c'est qu'il ne cherche pas à tromper la Compagnie par des renseignements qu'il sait être mensongers.

Nous dirons donc en pareil cas que la déclaration n'est pas fausse.

Que décider quand le contractant connaît la nature de sa maladie mais s'illusionne sur ses résultats ? Ainsi, il

---

¹ Nous raisonnons dans l'hypothèse où le contractant est en même temps assuré ; nous examinerons plus tard le cas où ces deux rôles sont séparés.

est atteint d'une affection cancéreuse, et le sait ; néanmoins il a la conviction qu'une opération qu'il croit sans danger le débarrassera à jamais de cette maladie. Il se fait assurer et déclare qu'il jouit d'une bonne santé, cette déclaration est-elle fausse ? Sans aucun doute ; une pareille question ne souffre pas l'examen. S'il fallait ainsi tenir compte de l'état d'esprit des malades, et de leurs espérances insensées, cette clause de la police resterait toujours à l'état de lettre morte. Il est impossible d'admettre des illusions aussi grossières.

Toutefois la validité de cette déclaration soulèvera une grande quantité de questions de fait, dont l'examen échappera par conséquent au pouvoir de révision de la Cour suprême.

73. — Ainsi donc la déclaration ne sera fausse que quand la personne aura tu sciemment une maladie grave, de nature à accélérer la mort, ou lorsqu'elle aura menti sur un fait dont le résultat peut être d'abréger l'existence ; ainsi elle a déclaré faussement qu'elle avait été vaccinée ou qu'elle avait eu la petite vérole.

74. — Quelles sont les maladies qui rentrent dans cette catégorie ? Faut-il y comprendre, comme le font les assureurs anglais, la goutte, l'asthme, etc. ? Ce point est abandonné à l'appréciation des tribunaux, qui devront évidemment consulter des hommes de l'art.

75. — Il ne faut pas croire du reste que les Compagnies se bornent à ces renseignements ; elles exigent en général un certificat du médecin de l'assuré, et ont des médecins attitrés qu'elles chargent aussi d'examiner les sujets.

76. — Supposons maintenant que le contractant assuré, dont la déclaration est fausse, meure, mais par une

cause tout à fait étrangère à la maladie qu'il a cachée.
C'est par exemple un phthisique qui est tué par accident.
Que faut-il décider? Dirons-nous que la clause de résiliation n'a pas lieu d'être appliquée, puisque la Compagnie
ne souffre aucun préjudice à raison de cette déclaration
mensongère? Dirons-nous au contraire que la résiliation
doit être prononcée sur la demande de la Compagnie?

C'est, je crois, à cette dernière opinion qu'il faut se
ranger. Et d'abord la Compagnie a un intérêt évident à
faire annuler le contrat pour se soustraire ainsi au paiement de la somme promise. De plus, les Compagnies
font de la sincérité de cette déclaration la base du contrat ; elles le disent dans leurs polices, et les explications que nous avons données plus haut ont prouvé du
reste l'importance légitime qui s'attache à cette déclaration. Elles stipulent formellement dans des conventions acceptées du contractant le droit de faire prononcer
la résiliation au cas de fausse déclaration. La fausse déclaration a donc fait naître au profit de la Compagnie
une action en résolution, l'intérêt est certain, comment
la mort de l'assuré par une cause étrangère pourrait-
elle faire perdre à la Compagnie le droit de l'intenter?

Il n'est pas exact non plus de dire que la fausse déclaration n'a causé dans cette hypothèse aucun dommage
réel à l'assureur. Il eut en effet, s'il eût été mieux
instruit, réclamé des primes plus considérables,
ou peut-être même refusé de consentir l'assurance.

77. — Nous avons supposé jusqu'à présent que le
contractant était en même temps l'assuré. Que décider si
l'assuré est une tierce personne?

Les Compagnies n'assurent ainsi sur la tête d'une

tierce personne que moyennant son consentement ; c'est à elle qu'elles s'adressent pour avoir les différents renseignements dont nous avons parlé, et elles attribuent à sa fausse déclaration les mêmes conséquences. Nous appliquerons à cette déclaration les principes que nous venons de poser.

78. — Toutefois nous avons pensé que le consentement du tiers n'était, en théorie du moins, aucunement essentiel à la validité du contrat d'assurance (Voir nᵒˢ 24 et suiv.). Supposons qu'un assureur veuille bien et puisse contracter dans ces conditions, et qu'il exige une déclaration, non pas de l'assuré, mais du stipulant. Quand une pareille déclaration devra-t-elle être considérée comme fausse ? Et quelle influence devra-t-elle avoir sur le contrat d'assurance ?

Ce sont là des questions purement pratiques, et qu'il nous est impossible de traiter ici. Elles varieront à l'infini, avec les faits, avec les circonstances. Ce sera pour les tribunaux, une affaire d'appréciation et d'interprétation.

79. — Il n'est pas nécessaire qu'on complète cette déclaration dans la suite, lorsque les risques augmentent. La déclaration avant la convention est une chose très-importante, puisque la Compagnie décide d'après elle et les autres renseignements qu'elle a pu prendre, si elle doit ou non consentir l'assurance, et à quelles conditions. Mais une fois le contrat conclu, tant pis pour la Compagnie, si les risques augmentent, tant mieux pour elle, s'ils diminuent. Des déclarations postérieures ne se comprendraient pas, elles seraient sans objet [1].

---

[1] Toutefois, on comprend les déclarations postérieures, qui ont pour but de corriger la déclaration primitive, en ce qu'elle peut avoir de

80. — Mais si l'assuré prenait plus tard du service militaire, ou faisait des voyages lointains sur mer, il modifierait ainsi gravement et volontairement les conditions du contrat. Aussi les polices imposent-elles en pareils cas à l'assuré l'obligation d'avertir la Compagnie de la décision qu'il a prise, afin qu'elle puisse examiner si elle doit, moyennant augmentation des primes, continuer ou non l'assurance.

81. — Toutefois, nous le répétons, cette déclaration n'est nullement nécessaire pour la validité du contrat d'assurance. Si donc la Compagnie avait oublié de demander ces renseignements, le contrat n'en serait pas moins parfait.

Il est impossible de voir dans cette déclaration une obligation résultant du contrat d'assurance ; si nous en avons dit quelques mots, c'est qu'en pratique cette déclaration a une importance capitale.

82. — Le contrat d'assurance n'engendre pour le stipulant qu'une seule obligation : *le paiement des primes.*

Quelquefois l'assurance est constituée moyennant le versement d'un capital unique; une fois ce versement effectué, le contractant est libéré, à la condition toutefois que le paiement ait été fait valablement.

Le plus ordinairement, le contrat d'assurance est stipulé moyennant le paiement de primes périodiques, de primes annuelles.

83. — Où doit se faire le paiement? L'article 1247 du Code Napoléon répond à cette question : au domicile

mensonger, de frauduleux. Si la Compagnie accepte la rectification, elle renonce par cela même, le cas échéant, à son action en résiliation.

du débiteur. Lorsque la police est muette sur ce point, ou qu'elle se conforme à la loi, on dit que la prime est *quérable*. Mais il est permis de déroger à cette disposition légale par conventions, et c'est ce qu'on ne manque pas de faire dans les polices ; il y est déclaré que le paiement devra avoir lieu au domicile de l'assureur ou de son mandataire ; dans ce cas la prime est *portable*.

Toutefois l'usage peut déroger à la convention, et l'abroger tacitement. Si la Compagnie qui a stipulé les primes portables a pris néanmoins l'habitude de les envoyer toucher au domicile du débiteur, elle ne sera pas admise plus tard à se prévaloir de la convention afin d'en tirer des conséquences fâcheuses pour le contractant. On lui répondrait avec raison qu'elle a renoncé temporairement au moins, à son droit. Le stipulant a compté sur les anciens usages. Tant que la Compagnie ne lui a pas fait connaître l'intention de réformer ses habitudes pour s'en tenir au droit que lui confère le traité, le contractant n'est pas en faute, lorsqu'il attend pour payer qu'on vienne lui réclamer les primes. La Compagnie ne peut tirer contre lui aucun avantage d'un retard qu'elle a elle-même autorisé.

En pareil cas, la prime stipulée portable est devenue, jusqu'à nouvel ordre, quérable par l'usage.

84. — Qu'arrive-t-il si le contractant n'acquitte pas les primes mises à sa charge ? L'article 1184 du Code Napoléon répond à cette question.

En effet, le contrat d'assurance est, comme nous l'avons vu, un contrat synallagmatique, et par conséquent la clause résolutoire est sous-entendue, lorsque l'une des parties n'exécute pas les obligations qui lui incombent.

Le stipulant qui ne paie pas les primes, s'expose donc à une action en résolution de la part de l'assureur. Toutefois, ce n'est pas une nécessité pour ce dernier qui est libre de poursuivre l'exécution du contrat, ou d'en demander la résolution en justice.

Si la police est muette, nous appliquerons donc l'article 1184 du Code Nap., et nous dirons que le contractant peut jusqu'au jour du jugement ou de l'arrêt, éviter la résiliation en payant les primes, plus les accessoires et les frais occasionnés par son injuste résistance

Il faudrait aussi décider, toujours aux termes du même article, que les tribunaux ont un certain pouvoir d'appréciation. Ils pourront, suivant les circonstances, et en usant de cette faculté avec les plus grands ménagements, accorder au débiteur de bonne foi un léger délai de grâce. Ainsi, supposons que la prime doive être payée au premier janvier de chaque année, mais que l'assureur soit dans l'habitude de ne la réclamer que vers le premier mars. Au bout de plusieurs années, l'assureur usant de son droit se présente au domicile du débiteur le jour même de l'échéance, premier janvier, les tribunaux devront certainement en pareille occurrence accorder un sursis au défendeur. Et nous le déciderons ainsi, alors même que l'assureur aurait averti le stipulant qu'il renonçait à ses anciens usages, à condition toutefois que cet avertissement eut été donné peu de temps avant l'échéance ; car s'il y a eu négligence de la part du débiteur, la plus grande faute provient en réalité de son adversaire.

85. — Mais ces solutions ne seront pas souvent applicables en pratique. Les Compagnies n'ont pas, en

effet, pour habitude de s'en rapporter purement et simplement à la loi en pareille matière. Les polices contiennent cette clause :

« La prime doit être acquittée d'avance au domicile
de la Compagnie, aux échéances fixées dans la présente
police, ou au plus tard dans les trente jours qui suivent. » (Elles accordent donc elles-mêmes, en général,
un délai de grâce.)

« *A défaut de paiement dans ce délai, la police est
annulée de plein droit.* »

Il ne s'agit plus d'une simple clause de résolution
tacite, mais d'une clause de résolution expresse, et l'article 1184 cesse d'être applicable.

86. — Quelle est la portée de cette clause ? Rappelons avant tout les principes généraux.

La clause de résolution expresse n'est encourue
que lorsque le débiteur est en demeure, c'est-à-dire
en retard. Or, quand le débiteur est-il en demeure ? On
est à peu près d'accord sur la solution de cette question. Si les parties se contentent de dire que la convention, à défaut d'exécution dans tel délai, sera résiliée de
plein droit, la seule échéance du terme ne constitue pas
le débiteur en retard [1], il faut de plus l'interpeller dans
la forme légale. Mais une fois cette interpellation faite,
le contrat est résolu si le contractant veut user de son
droit. Les tribunaux n'ont aucun pouvoir d'appréciation,
la convention faisant loi entre les parties (art. 1134,
Code Nap.), ils sont obligés non de prononcer la résolution du contrat, mais de la *reconnaître*, et d'en tirer

---

[1] Il est du reste très douteux que la maxime : *Dies interpellat pro
homine* — ait été admise en droit romain. Des commentateurs du plus
grand poids protestent contre cette interprétation.

les conséquences. Ceci résulte d'une façon très–nette de l'article 1139 Code Nap., et le législateur a fait l'application pure et simple de cette doctrine au cas de vente (art. 1656, C. N.).

87. — Toutefois, il est permis aux parties contractantes de stipuler que l'échéance même du terme mettra le débiteur en demeure. C'est ce qui a lieu lorsqu'il est convenu que, faute de paiement par le débiteur au jour fixé, le contrat sera résolu de plein droit, et *sans qu'il soit besoin de sommation*. Il n'y a pas du reste de termes sacramentels, mais l'intention des parties doit ressortir d'une façon bien nette pour qu'on puisse en donner une interprétation aussi grave, interprétation que la loi considère évidemment comme exorbitante.

En cas pareil, il n'est pas même besoin de sommation ni d'interpellation analogue; une fois le terme arrivé sans exécution de la part du débiteur, le contrat est résolu de plein droit, et nous répéterons tout ce que nous venons de dire dans l'espèce précédente.

88. — Toutefois, nous ferons une remarque générale, c'est que cette clause étant *ordinairement* écrite dans l'intérêt exclusif du créancier, il est libre ou de s'en prévaloir, ou de demander l'exécution pure et simple du contrat.

En supposant que le créancier préfère cette dernière voie, les tribunaux auront à examiner si la clause a été insérée dans l'intérêt des deux parties, ou dans l'intérêt exclusif du créancier. La question ne sera pas souvent douteuse.

89. — Revenons au contrat d'assurance, et voyons si les différentes solutions, que nous avons données suivant les conventions des parties, sont applicables.

Nous avons dit que la clause ordinaire est ainsi con—
çue : « A défaut de paiement dans ce délai, *la police
sera résiliée de plein droit.* »

Que décider pour le cas où le débiteur ne paie pas
au terme convenu? Quelle est la portée de cette clause?

Dans un système on distingue suivant que la prime
est quérable ou portable. Est-elle portable, le contrat
est résolu par la seule échéance du terme; si elle est
quérable soit par l'effet même de la convention, soit
par les usages de la Compagnie, une mise en demeure
est nécessaire, mais dans l'opinion de certains auteurs,
il n'est pas même besoin pour cela d'acte d'huissier,
ou de reconnaissance écrite de la part du débiteur, il
suffit par exemple d'une simple lettre chargée.

Je ne puis pas admettre cette doctrine.

90. — Parlons d'abord de la prime portable. Sans
doute, s'il a été dit que la mise en demeure résulterait
de la seule échéance du terme, *sans qu'il fût besoin
d'autre chose*, la résolution est encourue de plein droit.
Mais telle n'est pas notre hypothèse, telle n'est pas la
clause ordinaire. Les parties se sont bornées à dire,
qu'à défaut de paiement aux dates fixées, la résolution
aurait lieu de plein droit. Or, que dit l'art. 1139, que
dit l'art. 1656 du Code Nap.? Ces articles décident
qu'une pareille convention ne peut suffire, il faut de
plus une mise en demeure régulière. Le débiteur s'est
obligé, il est vrai, à porter la prime au domicile du
créancier, mais le législateur n'a pas distingué, or, il
savait pourtant que cette dérogation à l'article 1247 du
Code Napoléon est fréquente. Souvent l'acheteur s'o—
blige à payer son prix, soit au domicile du vendeur,

soit en l'étude du notaire, est–ce que dans cette hypothèse l'art. 1656 du Code Nap. cesse d'être applicable?
Je ne puis le croire, ce serait introduire dans la loi une
distinction qu'elle n'a pas faite. Je ne vois pas pour
quelle raison on accorderait un pareil privilége aux
Compagnies d'assurances. C'est là une distinction qui
repose sur une faveur véritable, elle est donc contraire
à la loi, et il faut la repousser.

94. — Lorsque la prime est quérable, ou lorsqu'elle
l'est devenue par les usages de la Compagnie, on ne peut
pas se refuser à reconnaître la nécessité d'une mise en
demeure, mais certains auteurs sont, relativement au
mode à employer, d'une facilité qui me paraît tout à
fait contraire aux principes.

La loi, en effet, a déclaré implicitement dans l'art.
1139, expressément dans l'art. 1656, Code Nap., qu'il
ne suffit pas aux parties de stipuler la résolution de
plein droit, faute d'exécution dans un certain délai; en
cas pareil, il faut une mise en demeure *régulière*. A
défaut de reconnaissance de la partie, il faut une sommation, un commandement ou un autre acte équivalent,
en un mot un acte d'huissier, et il ne suffit pas de présenter la quittance ou d'envoyer une lettre qu'on fera
charger *pour fixer la date* [1]. La loi est partie de ce
principe parfaitement vrai : les débiteurs sont souvent
gênés pour payer ce qu'ils doivent, pour faire face à
leurs engagements. Si le créancier se borne à leur rappeler même sévèrement que l'époque de l'échéance est
arrivée, ils peuvent, tout en étant de bonne foi, espérer
encore un léger répit; mais ils ne sont plus excusables

[1] Dans la pratique, la lettre même est imprimée.

lorsqu'ils persévèrent dans leur inaction en présence d'un acte d'huissier. L'emploi de cet officier a un caractère de gravité particulière, et que personne n'est disposé à mettre en doute.

Tel est le motif qui a dicté la disposition générale contenue dans l'article 1139, et que nous voyons appliquée de la façon la plus nette dans l'article 1656. Pourquoi se montrer plus favorable à l'assureur? Est-ce pour lui permettre de profiter plus aisément des clauses pénales qu'il ne manque jamais d'insérer à son profit dans les polices?

92. — Le contrat d'assurance présente, comme nous l'avons vu, une analogie qu'on ne peut méconnaître avec le contrat de rente viagère. Refusera-t-on aussi d'appliquer la disposition protectrice de l'article 1139 du Code Nap. au cas où le débi-rentier ne paie pas exactement au terme convenu? Il faudrait certainement en arriver là, en supposant toujours évidemment que les parties aient inséré dans leurs conventions la clause ci-dessus rappelée.

93. — Toutefois, les auteurs qui prétendent que la simple présentation de la quittance au domicile du débiteur, ou l'envoi d'une lettre chargée suffisent à donner ouverture à la clause de résolution, s'appuient sur une considération pratique, à laquelle il nous faut répondre.

Nous verrons plus tard que les Compagnies accordent en général le droit aux contractants de demander au bout d'un certain temps le rachat de leurs polices, et de se soustraire ainsi au paiement des primes. Le paiement des primes constitue donc, dit-on, non une obligation, mais une faculté pour le stipulant, et dès lors une mise en demeure ne se comprend pas. Ce raisonnement est faux. En vertu du contrat d'assurance, en effet, le stipulant s'oblige bien certainement au paiement des primes ; s'il se réserve la faculté de renoncer au bénéfice de l'assurance en demandant le rachat de sa police, il est tout à fait contraire aux principes de faire découler de cette clause, *que seul il peut faire valoir*, des conséquences funestes pour le contractant, en le privant des garanties de droit commun. Nous ajouterons que cette mise en demeure, loin d'être inutile, aboutira à un résultat considérable, puisqu'elle lui fera perdre, si la compagnie l'exige, le bénéfice de l'assurance.

94. — Je m'en tiens donc aux principes généraux que j'ai exposés, parce que je ne vois aucun motif de faire de dérogation dans notre espèce. Et je dirai : Il n'y a pas à distinguer entre la prime portable et la prime quérable ; et en prenant la clause ordinaire, telle qu'elle est ci-dessus transcrite, la mise en demeure ne résultera, à défaut de reconnaissance formelle, que d'un acte d'huissier, sommation, commandement, assignation en justice, etc. Jusque-là, bien qu'on soit venu lui présenter la quittance, bien qu'on lui ait envoyé une lettre chargée, le contractant peut valablement payer la prime, ou faire des offres réelles en cas de refus de recevoir, et par là, il évitera la résolution du contrat. Tous ces avertissements ne sont en effet qu'officieux, et la loi veut quelque chose de plus [1].

---

[1] Voir sur cette importante question : Paris, 27 janvier 1837 (*Journal du Palais*, t. I, 1838, p. 389). — Bordeaux, 11 mai 1840 (*J. d. P.*, II, 1840, p. 186). — Rouen, 28 mai 1841 (*J. d. P.*, II, 1844, p. 401). — Colmar, 17 mai 1843 (*J. d. P.*, II, 1843, p. 751). — Paris, 29 mai 1844 III, 1844, p. 400. — Paris, 10 mai 1849 (II, 1849, p. 67) — Grenoble, 13 janvier 1852 (*J. d. P.*, II, 1852, p. 601). — Bordeaux, 25 mars 1852.

95. — Supposons que la résolution soit prononcée pour cette cause, l'assureur aura droit certainement à des dommages-intérêts et cela pour deux motifs : 1° Jusque-là, il a couru des risques. — 2° Cette résolution lui fait perdre l'espérance de gain légitime, qui l'a poussé à contracter.

Mais nous parlerons dans un chapitre postérieur des conséquences de cette résolution. (Chap V).

96. — Les primes sont ordinairement stipulées payables d'avance, la première se verse au moment du contrat, les autres se paient à la même date des années suivantes ; mais ces conditions sont souvent modifiées. Supposons que l'assuré décède dans le courant d'une année, la compagnie devra-t-elle rendre une partie de la prime, proportionnée au temps qui restait à courir jusqu'au versement de la prime suivante ? C'est là une question de fait. Toutefois il est peu probable que cette restitution doive avoir lieu. Quand le contrat se forme, telle n'est pas d'ordinaire l'intention des parties. L'obligation du contractant se compose d'une suite indéterminée d'obligations conditionnelles. L'assuré vivra-t-il à telle époque de l'année 1868 ? S'il vit, la condition s'est réalisée, et il faut payer la prime. Même question pour l'année suivante, et ainsi de suite. Si tel est l'esprit du contrat, ce qui est infiniment probable, le stipulant n'a droit à aucune restitution proportionnelle. Mais, en théorie du moins, la convention contraire peut très-bien se produire.

97. — Nous avons dit qu'au lieu d'une prime an-

nuelle, on pouvait convenir de paiements périodiques, tous les trois mois, tous les mois par exemple. Faisons une espèce : Primus a contracté une assurance sur la vie, et paie le premier janvier, le premier avril, le premier juillet et le premier octobre ; il décède en février. Faut-il payer les sommes exigibles aux mois d'avril, juillet et octobre suivants, ou bien l'assureur n'a-t-il droit à rien réclamer? C'est encore là une question d'interprétation. Qu'est-ce que les parties ont entendu faire? A-t-il été convenu que Primus paierait quatre primes par an aux échéances fixées? Dans ce cas rien n'est dû. A-t-on eu au contraire l'intention de stipuler une prime annuelle, mais payable par trimestres; dans cette hypothèse les trois autres trimestres sont dus. Il n'y a plus là en effet des dettes différentes, mais une dette conditionnelle, unique pour chaque année, avec modalité quant au paiement. Primus vivant au premier janvier, la condition s'est réalisée, il faut payer la dette complète. Ce sera là le cas le plus fréquent dans la pratique. Les Compagnies acceptent assez volontiers cette combinaison qui leur permet d'étendre le cercle de leurs affaires en accordant de plus grandes facilités pour le paiement des primes.

98. — Qui doit en pareil cas payer le montant des autres trimestres? Si l'assurance est constituée au profit d'un tiers bénéficiaire, est-ce ce tiers qui devra acquitter la dette, ou bien est-ce la succession du contractant? Cette question ne peut pas faire de doute. Il s'agit d'une dette du contractant, elle est donc à la charge des continuateurs de sa personne, et le tiers ne peut pas en être tenu, au moins en sa qualité de bénéficiaire.

Nous en tirerons cette conséquence que l'assureur ne peut pas opposer au tiers bénéficiaire la compensation, puisque ce dernier ne lui doit rien.

Si l'assurance est constituée *impersonaliter*, ou au profit des ayants-droit du contractant, la compensation peut-elle être opposée? Sans aucun doute. On dira peut-être que la compensation est impossible puisque la dette de la succession envers l'assureur est à terme, qu'elle n'est pas exigible. Cette objection est sans valeur. Pourquoi les Compagnies en effet permettent-elles souvent de fractionner ainsi le versement de la prime? C'est afin d'en faciliter le paiement. Cette raison n'existe plus à l'époque du décès puisque la Compagnie est tenue de verser une somme bien supérieure à la prime. Refuser la compensation en pareil cas, c'est à mon avis faire produire à cette clause des conséquences pour lesquelles elle n'a pas été écrite, et aller contre l'intention certaine des parties. Il y a là une sorte de délai de grâce (article 1292, Code Nap.), qui ne met pas obstacle à la compensation.

99. — Quant au paiement, nous n'avons qu'à appliquer les règles fondamentales qui se trouvent écrites dans le Code (art. 1235 etc.).

A qui le paiement doit-il être fait pour être valable? A l'assureur ou à son mandataire.

Si on paie à l'assureur lui-même, il ne peut pas y avoir de difficulté; mais supposons qu'on paie entre les mains d'un agent, le débiteur ne doit payer que lorsqu'il connaît bien la portée et l'étendue des pouvoirs dont l'agent est investi. Si ces pouvoirs permettent de recevoir les primes et d'en donner quittance, le paiement est aussi valable que s'il avait été fait dans les mains de l'assureur lui-même; au cas contraire le paiement est nul. Toufefois, si l'assureur a reçu le montant de la prime ainsi versée, la nullité est couverte.

Le débiteur qui paie à un agent de la Compagnie sans s'assurer de l'étendue de ses pouvoirs, ou sans y être autorisé par la police, commet donc une grave imprudence. Si en effet cet agent ne rend pas à la Compagnie les sommes reçues, le contractant pourra bien agir en répétition contre lui, mais il n'en sera pas moins tenu de payer intégralement sa prime à la Compagnie.

En dehors des pouvoirs à lui conférés, le mandataire n'agit pas plus valablement qu'un étranger, il parle en son nom propre, et nullement au nom de son mandant.

100. — Toutefois les tribunaux ne devront pas annuler le paiement ainsi fait, sur la seule inspection de la police et des pouvoirs écrits donnés à l'agent, ils devront consulter aussi les usages de la Compagnie. De même qu'une prime stipulée portable peut néanmoins devenir quérable, ainsi que nous l'avons vu, de même les pouvoirs du mandataire peuvent avoir été considérablement élargis dans la pratique. Si donc la Compagnie était, contrairement aux actes écrits, dans l'habitude de faire ou de laisser toucher les primes par certains agents, il en résulterait pour ces derniers une extension réelle de leurs pouvoirs qui ne permettrait pas à la Compagnie d'attaquer pour cette cause les paiements par eux reçus.

101. — Il y a lieu évidemment d'appliquer aussi l'article 2005 du Code Napoléon. En cas de révocation des pouvoirs conférés à un agent, les paiements faits de bonne foi dans les mains de cet ancien mandataire ne

pourront pas être annulés, pourvu que le débiteur ait eu juste raison d'ignorer cette révocation. Les Compagnies feront donc bien en pareille hypothèse de prévenir directement les personnes qui ont l'habitude de payer entre les mains de cet agent. C'est une précaution qui leur sera du reste facile.

§ II. — *Obligations de l'assuré.*

102. — Le plus ordinairement le contractant joue en même temps le rôle d'assuré. Il devra, comme contractant, payer exactement les primes, ainsi que nous venons de le voir.

103. — La qualité d'assuré ne lui impose-t-elle pas d'autres obligations? Nous avons fait remarquer déjà que le devoir de tout homme est de laisser à Dieu le soin de fixer le terme de son existence ; dans le langage des assurances, Dieu se nomme le hasard, mais l'idée est toujours la même. S'il y a là un devoir pour toute créature humaine, on ne peut pas évidemment le considérer comme une obligation mise à la charge de l'assuré.

Toutefois on peut dire que le stipulant, qui est en même temps assuré, contracte en cette qualité une certaine obligation. Les polices défendent en effet à l'assuré sous certaines peines, voire même la résiliation, de faire de longs voyages sur mer, de prendre du service militaire, etc. Sans doute l'assurance se comprend parfaitement en dehors de cette clause, il n'y a rien là qui soit de l'essence du contrat, mais dans la pratique cette clause est si universellement insérée dans les polices, que le stipulant assuré sera toujours en fait astreint à cette obligation de ne pas faire.

104. — Passons au cas où l'assuré est un tiers. Nous distinguerons deux hypothèses :

1° Le tiers a donné son consentement à l'assurance, il a signé la police

2° Il est resté totalement étranger au contrat.

Nous supposons toujours bien évidemment que la police contienne la défense de faire de longs voyages sur mer, de prendre du service militaire, etc.; à défaut de cette clause en effet, aucune obligation ne résulte du contrat d'assurance à la charge de l'assuré.

105. — 1° Le tiers assuré a donné son consentement, il a signé la police.

Dans cette hypothèse, le tiers s'est soumis à l'obligation dont nous avons parlé plus haut. Il ne peut ni faire de longs voyages maritimes, ni prendre la carrière militaire. Qu'arrive-t-il s'il contrevient à cet engagement? Les peines prononcées par la police seront sans aucun doute encourues, mais le bénéficiaire aura en vertu de l'article 1382 du Code Nap. une action en dommages-intérêts contre l'assuré, qui lui aura causé préjudice.

106. — Nous avons décidé dans le premier chapitre (n°s 24 et suiv.) qu'on pouvait valablement constituer une assurance sur la tête d'un tiers sans son consentement. Il n'y a pas là assurance dans le sens vrai du mot, mais le contrat n'en doit pas moins être respecté. C'est notre seconde hypothèse :

2° Le tiers assuré est totalement étranger au contrat.

Dans ce cas, le tiers n'est évidemment tenu d'aucune espèce d'obligation. La clause de la police doit être exécutée dans les rapports des parties contractantes, en ce sens que l'assureur pourra réclamer les avantages qu'il s'est réservés; mais quant à l'assuré, ces conventions sont pour lui *res inter alios acta,* il n'en peut pas souffrir. Il a plu aux parties de faire tel contrat qu'elles ont voulu, elles étaient à mon avis dans leur droit, mais elles n'ont certes pas pu le priver en agissant ainsi du libre exercice de son indépendance.

§ III. — *Obligations du bénéficiaire.*

107. — Le terme est arrivé, l'assuré par exemple est mort, le bénéficiaire se présente pour toucher la somme promise, quelles sont ses obligations ? Il doit prouver deux choses :

A. Que l'heure de l'échéance a sonné.

B. Qu'il a droit de réclamer la somme fixée.

108. — A. Le bénéficiaire doit prouver que le moment est venu pour l'assureur de payer.

Comment fera-t-il cette preuve ? Il est d'abord un cas qui ne présente aucune difficulté. L'assuré est un tiers dont la vie a servi de terme d'exigibilité, il est du reste demeuré tout à fait étranger au contrat. (Nous examinerons plus bas la question de savoir si le suicide de cette tierce personne assurée est une cause de résolution du contrat.) Dans cette hypothèse le bénéficiaire n'a bien évidemment qu'une chose à prouver, le décès de l'assuré.

109. Arrivons au cas le plus ordinaire. Le contractant s'est fait assurer lui-même, que doit prouver le bénéficiaire ? D'abord et avant tout le décès. Cette preuve lui sera en général facile grâce aux actes de l'état civil. A défaut d'actes de l'état civil, il y a encore la ressource de l'article 46 du Code Napoléon, la preuve pourra être faite tant par titres que par témoins. Cela peut ne pas

suffire, il faut démontrer en effet non-seulement que telle personne est morte, mais encore que cette personne était l'assuré. En cas de contestation on pourra recourir à l'acte de naissance, à des actes de notoriété, à tous les moyens qu'on jugera nécessaires pour établir l'identité du décédé et de l'assuré.

110. — Faut-il s'arrêter là, ou bien exigerons-nous que le tiers bénéficiaire prouve de plus que l'assuré n'a pas succombé à un de ces genres de mort qui délient l'assureur de son engagement?

C'est là une question grave. Plusieurs auteurs parmi lesquels M. Alauzet (n° 559) sont d'avis que le bénéficiaire doit faire cette seconde preuve. Cette opinion, à mon avis, est mal fondée, et j'admets sans hésiter la négative.

Pour le décider ainsi, je ne m'appuierai pas sur cette raison qu'une négation ne se prouve pas. Ce principe est faux, car toute négation a pour corrélatif nécessaire une affirmation. Ainsi le tiers bénéficiaire pourrait aisément prouver dans la plupart des cas au moins que l'assuré est mort de telle ou telle maladie, et démontrerait par cela même qu'il n'a ni péri par suicide, ni succombé aux suites d'un duel. Il faut donc rejeter cette raison qui est contraire aux véritables règles du droit.

Mais il me paraît bien plus conforme aux principes de notre législation, de ne pas mettre ce surcroît de preuve à la charge du bénéficiaire demandeur. Quel est le but ordinaire du contrat d'assurance? C'est de rendre une certaine somme exigible à l'époque du décès de l'assuré. Règle générale donc, lorsque cette mort arrive, le capital convenu doit être versé par l'assureur; cette obligation cesse, il est vrai, lorsque la mort a été causée par certains accidents, mais outre que de pareils événements sont fort rares, sur quel motif repose cette exemption ? Sur un motif de *fraude*. L'assureur est déchargé de son obligation parce que l'assuré a manqué à son devoir, parce qu'il a forfait à son engagement en usurpant le rôle du hasard, en avançant *frauduleusement* le terme de l'échéance. Or la fraude ne se présume pas ; on peut la faire valoir par voie d'exception, mais on ne peut pas exiger que le demandeur prouve non-seulement son droit, mais l'absence de fraude. C'est faire une part trop large à l'assureur, c'est faire brèche en sa faveur aux vrais principes du Code en matière de preuve.

Notre raisonnement est bien simple ; le demandeur est obligé de prouver son droit, mais la bonne foi des parties contractantes est toujours présumée ; ce qu'on doit prouver, c'est la fraude. Je crois donc que le bénéficiaire n'a à démontrer qu'une chose, *le décès de l'assuré*. Si la Compagnie prétend que l'assuré s'est suicidé, qu'il a succombé dans un duel, dans un voyage lointain sur mer, etc., toutes circonstances bien peu fréquentes, bien peu probables, elle soutient par cela même que l'assuré a manqué à ses engagements, elle invoque la fraude pour se soustraire à son obligation, elle invoque en un mot une exception dont elle doit fournir la preuve: *reus in excipiendo fit actor*.

111. — Et qu'on ne croie pas que cette question soit purement théorique. Elle peut avoir des conséquences pratiques des plus importantes.

Sans doute, et c'est là un argument qu'on ne manque pas de faire valoir dans le système contraire, le bénéficiaire pourra *en général* connaître aisément la maladie à laquelle l'assuré aura succombé, il en fera facilement la preuve au moyen du certificat donné par le médecin chargé de constater le décès. Mais, de ce qu'une preuve soit facile, faut-il en conclure que les règles posées par la loi, et dictées par les principes les plus élevés de morale, doivent être interverties ?

Ce raisonnement du reste se trouvera quelquefois en défaut, et alors les conséquences seront tout à fait différentes suivant l'opinion qu'on aura adoptée. Le médecin constate par exemple que la mort provient de la strangulation, de l'asphyxie par immersion, d'une blessure faite par une balle ou un instrument tranchant, etc ; nous voilà fixés sur la cause immédiate de la mort, mais quel en est l'auteur ? Y a-t-il eu suicide, accident, ou assassinat ? Les indices sont insuffisants, la justice hésite, que faire, que décider ? Nos adversaires devront trancher la question en faveur de l'assureur, car le bénéficiaire sera dans l'impossibilité de prouver qu'il y a eu accident, ou assassinat ; dans notre opinion, au contraire, le bénéficiaire aura gain de cause, il aura prouvé le décès, et l'assureur ne pourra pas prouver qu'il provient d'un suicide.

Le bénéficiaire, en dehors de son propre droit, n'a donc jamais, à notre avis, à prouver qu'une seule chose, le décès de l'assuré.

112. — Il y a cependant un cas où le bénéficiaire doit faire une autre preuve. Nous avons dit en effet qu'un créancier peut faire assurer la créance qu'il possède contre un tiers. Cette espèce se rapproche beaucoup des assurances contre l'incendie, la grêle, etc., on assure un corps certain dont l'appréciation est

fixe, aussi y a-t-il lieu d'appliquer les règles générales, qu'on est obligé de laisser de côté, lorsqu'il s'agit des assurances sur la vie ordinaires. De cette ressemblance, nous avons conclu entre autres choses que le créancier ne peut en pareil cas réclamer à la compagnie que ce qui lui reste dû sur sa créance, et s'il a été totalement remboursé, il n'a droit à aucune espèce d'indemnité.

Le créancier doit donc dans cette hypothèse non-seulement prouver le décès de son débiteur (si tel est le terme convenu), mais encore établir le montant de ce qu'il avait droit d'exiger, de même que l'assuré, victime d'un incendie, doit établir l'importance du préjudice qu'il a souffert. La question ne peut pas faire de doute. Le contractant est devenu créancier de l'assureur, mais tout créancier doit prouver son droit et la portée de ce droit, nous ne faisons qu'appliquer à notre espèce les principes généraux de la loi.

Dans ce cas unique, le bénéficiaire aura donc deux choses à prouver : 1° que son débiteur est mort ; 2° qu'il lui doit encore telle somme.

113. — Nous ferons remarquer de plus que le bénéficiaire est ordinairement astreint à faire connaître dans un délai assez bref le décès à la Compagnie. Faute d'obéir à cette stipulation, il encourt des dommages-intérêts, à moins qu'il ne justifie d'un cas fortuit ou de force majeure.

B. — LE BÉNÉFICIAIRE DOIT ENCORE PROUVER SON PROPRE DROIT.

114. — En effet, l'assureur peut ne pas connaître du tout la personne à laquelle il est tenu de verser l'indemnité promise. Telle est même la première preuve

que le bénéficiaire doive faire ; car, avant d'établir l'exigibilité de son droit, il faut évidemment démontrer que ce droit existe au moins d'une manière conditionnelle et qu'on a qualité pour l'exercer.

115. — Il se peut que le contractant soit en même temps le bénéficiaire. Tel est le cas d'une assurance constituée sur la tête d'un tiers au profit du stipulant ou de ses ayants-droit. L'assuré meurt, et le constituant, qui lui survit, vient réclamer lui-même la somme promise.

Tel peut être encore le cas où le contractant a fait assurer une créance.

Dans ces hypothèses, il est peu probable que l'assureur soulève de grandes difficultés. Comment admettre en effet qu'il ne connaisse pas la personne dont il a touché régulièrement les primes ?

Toutefois, comme le créancier s'inquiète en général assez peu de la personne de son débiteur, pourvu qu'il en soit payé aux échéances, le doute, l'ignorance même sur ce point est admissible, et la Compagnie peut, sans cesser d'être de bonne foi, et vu la gravité de la situation, désirer des garanties particulières afin de ne pas être exposée à payer deux fois. En pareil cas, le contractant doit prouver son identité ; comment s'y prendra-t-il en l'absence de clause spéciale de la police ? Le moyen le plus simple sera de faire dresser un certificat par devant notaire, comme le font les anciens fonctionnaires de l'État pour toucher leurs pensions de retraite. Ou bien encore, il produira un acte de notoriété dressé par devant le juge de paix de son domicile.

Si, en présence de ces preuves, la Compagnie, sans autres motifs légitimes, persiste dans son refus, le contractant bénéficiaire la fera assigner, et condamner au paiement du capital promis, avec dépens et intérêts aux termes de la loi.

116. — Arrivons au cas général. Le bénéficiaire n'est probablement pas intervenu lors du contrat, il est désigné dans la police par ses nom, prénoms, profession, domicile, etc. ; mais l'assureur ne le connaît que sur le papier. La personne, qui se présente pour toucher le capital, doit donc démontrer qu'elle est bien celle indiquée dans l'acte.

Supposons aussi que le contractant ait stipulé au profit de ses ayants-droit ; il faudra justifier de cette qualité.

De même encore, si le bénéficaire est mort avant l'assuré, il faudra prouver qu'on est l'héritier unique ou pour partie de cette personne.

Nous pouvons enfin supposer que le bénéficiaire primitif ait cédé son droit, soit par la voie ordinaire, soit même par voie d'endossement, si la police est cessible de cette manière.

117. — Il y aura donc lieu à des justifications, qui pourront, sinon soulever de graves difficultés pratiques, au moins exiger de la part de l'assureur de grandes précautions, afin de ne pas être obligé de payer deux fois.

Les actes de décès, de naissance, les actes de notoriété seront fréquemment employés, et pourront suffire dans la plupart des cas ; mais dans d'autres, les Compagnies feront bien d'attendre un ordre du juge.

Il se peut en effet que le bénéficiaire n'ait laissé que des héritiers indirects fort éloignés, que parmi ceux-ci, les uns aient renoncé à la succession et que d'autres soient inconnus. Les demandeurs seront sans doute obligés de

prouver leur droit, mais des vérifications de ce genre
sont souvent très-délicates et par suite l'erreur est facile.

118. — Si l'assureur a ainsi payé en vertu d'une décision judiciaire, est-il à l'abri de tout recours de la part
d'autres héritiers survenants? Cela me paraît certain
à condition qu'il n'y ait eu de sa part ni fraude, ni collusion. Comment pourrait-on en effet le contraindre à
payer une seconde fois ? Il n'y a aucune faute à lui reprocher, il a payé le tout à de prétendus héritiers qui
n'avaient peut-être aucun droit, ou qui, dans tous les cas,
n'avaient qu'un droit particl, mais il était condamné à le
faire et aurait pu y être contraint *manu militari*. Les héritiers survenants n'ont donc à mon sens aucun recours à
exercer contre l'assureur, eux seuls sont en faute, eux
seuls ont été négligents. Ils n'ont que le droit d'attaquer
les personnes qui ont touché toute l'indemnité, pour leur
en demander soit le partage, soit la restitution complète.

119. — Supposons que le tiers bénéficiaire ne puisse
pas représenter la police, elle a été perdue. Quelle
conséquence en tirerons-nous ? La police en elle-même
n'est, ainsi que nous le verrons, rien qu'un signe,
qu'un moyen de preuve du contrat d'assurance, sa perte
ne peut donc influer en aucune façon sur la validité du
contrat en lui-même.

Toutefois nous reviendrons sur ce point lorsque nous
étudierons les différents modes de cession applicables à
la police. Nous examinerons notamment si, en cas de
perte de la police cessible par voie d'endossement, les
principes écrits dans le Code de Commerce pour le cas de
perte de la lettre de change ou du billet à ordre (article
150 et suivants) sont applicables ? (N° 302 et suivants).

Nous avons successivement passé en revue les principales obligations du contractant, de l'assuré et du bénéficiaire, il ne nous reste plus maintenant à examiner qu'un seul rôle, celui de l'assureur.

§ IV. — *Obligations qui incombent à l'assureur.*

120.— Tant que vit l'assuré, ou dans certains cas tant que le laps de temps fixé par la convention n'est pas écoulé, l'assureur n'a rien à faire, il reçoit les primes et attend.

Mais lorsque cette époque est arrivée, l'assureur doit à son tour payer la somme promise.

121. — Telle est la seule obligation qui découle du contrat d'assurance à la charge de l'assureur. Toutefois, et bien que le moment du paiement semble venu pour lui, et que les conditions apparentes se soient réalisées, il est possible que l'assureur soit dégagé de cette obligation. Nous avons fait pressentir en effet que l'assureur n'est pas tenu de garantir toute espèce de risques. Il pourra donc opposer certaines exceptions qui le dispenseront, s'il triomphe, de payer la somme convenue.

122. — Nous subdiviserons ce paragraphe en deux points :

Dans le premier A, nous étudierons la seule obligation qui soit mise à la charge de l'assureur.

Dans le second B, nous verrons quelles exceptions l'assureur peut faire valoir.

A. — OBLIGATION DE PAYER LA SOMME CONVENUE.

123. — On est tenté de croire que l'obligation de l'assureur est toujours une obligation à terme. Il n'en est rien. En général, il est vrai, cette obligation de payer est une obligation à terme incertain, l'époque de l'exigibilité variant avec celle du décès de l'assuré.

Mais il peut arriver aussi qu'elle soit conditionnelle, c'est ce qui a lieu dans le contrat d'assurance temporaire, l'assureur ne doit payer en effet que si l'assuré décède dans le laps de temps convenu. Il en est de même, d'après ce que nous avons dit, du cas où une personne fait assurer sacré ance sur un débiteur; dans cette hypothèse, il est très-possible que l'assureur n'ait rien à payer du tout : c'est ce qui arrive lorsque le créancier a été satisfait.

Laissons de côté ces hypothèses exceptionnelles pour nous attacher au cas général.

124. — L'assuré est mort, toutes justifications ont été faites, qu'arrive-t-il?

La dette de l'assureur est devenue exigible au moment même où l'assuré a rendu le dernier soupir. Quant aux justifications, elles n'ont pas produit l'exigibilité de la dette, elles l'ont seulement mise en lumière, elles l'ont démontrée à l'assureur.

L'assureur va donc payer. Nous appliquerons les règles générales posées par le Code en cette matière. Ainsi nous dirons que le paiement doit être fait au domicile de l'assureur (art. 1247 du Code Nap.), que le bénéficiaire ne peut pas être contraint à recevoir la somme par fractions (art. 1244 du même Code), etc.

125. — Les juges peuvent-ils accorder un délai de grâce? En théorie la question ne me semble pas douteuse, l'art. 1244 ne distingue pas; si les conditions exigées par la loi se rencontrent, je ne vois rien qui s'oppose à ce qu'on accorde un léger délai à l'assureur. Nous avons vu que le contractant peut obtenir cette faveur en ce qui

touche le paiement des primes, il n'y a aucune raison de se montrer plus rigoureux à l'égard de l'assureur.

Toutefois, en pratique, ce privilége ne devra, ce me semble, être accordé que dans des cas excessivement rares. Et en effet, les polices stipulent en général qu'on devra faire connaître le décès de l'assuré dans un court délai, ensuite on procèdera aux vérifications qui prendront un temps d'autant plus long que l'assureur sera plus gêné pour se procurer la somme nécessaire ; à cela joignons les retards souvent considérables de l'instance ; comment admettre que l'assureur, qui a dû s'inquiéter de l'état de santé de l'assuré, et préparer dans tous les cas ses mesures d'avance, soit pris au dépourvu de bonne foi ? Ajoutons que le rôle d'assureur est toujours joué par une Compagnie qui, si elle est bien administrée, doit connaître à très-peu de choses près le fonds de roulement nécessaire pour faire face à toutes les exigences des situations, une Compagnie dont l'unique occupation est de faire des contrats d'assurance, *dans la certitude de réaliser sur la masse des bénéfices considérables.* — Il y a loin de là à la supposition d'un débiteur malheureux et de bonne foi, dont la situation est si pénible, que le législateur permet aux tribunaux d'exercer dans une limite étroite, il est vrai, mais d'exercer néanmoins *le droit de grâce,* aux dépens des conventions, aux dépens des principes (art. 1434 du Code Nap.), aux dépens de la justice elle-même.

Que conclure de tout cela? D'abord et avant tout qu'une Compagnie bien administrée saura, comme un banquier, conserver en caisse les capitaux nécessaires pour faire face à tous ses engagements. En second lieu

je pense que les tribunaux n'auront presque jamais en
pratique à faire usage du délai de grâce accordé au débiteur aux termes de l'art. 1244 du C. N.

Toutefois ce droit existe, et par conséquent dans
certaines circonstances tout à fait exceptionnelles, les
juges pourront l'exercer. C'est une épidémie terrible,
qui envahit le pays, le choléra par exemple ; chaque
jour des milliers de victimes disparaissent, et les Compagnies sont assaillies de demandes en paiement ; ce cas,
elles n'ont pas pu le prévoir, leur fonds, maintenu toujours à un niveau plus que suffisant pour éteindre les réclamations, est épuisé en un instant, il faut faire un nouvel
appel aux actionnaires. En pareille hypothèse, il n'y a véritablement pas de négligence, pas de faute à reprocher,
et il y aura lieu d'accorder un délai. Il en sera de
même si nous supposons que le numéraire, par suite
de craintes paniques, ait fui en grande quantité la
circulation.

Mais, je le répète, sauf dans des circonstances tout à
fait exceptionnelles, je ne crois pas que les tribunaux
puissent accorder aux Compagnies le délai de grâce de
l'art. 1244 du Code Napoléon.

126. — Lorsqu'il s'agit d'assurance contre l'incendie,
la grêle, etc., la somme due par l'assureur n'est pas toujours celle qui a été fixée dans la police. Ce capital est un
maximum, la Compagnie n'est jamais tenue à payer plus
forte somme, mais si, au lieu de perte totale, la ruine
n'est que partielle, l'indemnité, elle aussi, n'est due que
pour partie.

Il en est de même, ainsi que nous l'avons fait remarquer, au cas où un créancier fait assurer ce qui lui est

dû; on comprend en effet qu'il y ait seulement avarie, perte partielle de l'objet assuré.

Mais dans le contrat d'assurance ordinaire sur la vie, une pareille supposition n'est pas possible, puisqu'il n'a pas pour but de garantir la santé des causes qui peuvent la détériorer, ou la détruire complétement, mais la vie même. Il ne peut donc jamais y avoir qu'une perte totale, et par suite paiement intégral du prix de l'assurance.

127. — L'assureur ne peut-il pas au moins critiquer le chiffre fixé, et le faire réduire en justice? En aucune façon; il faut observer la convention qui fait la loi entre les parties (art. 1134 C. N.), puisque nous avons pensé que l'assurance sur la vie est licite (n° 17).

Et pourtant l'indemnité peut être bien supérieure au dommage réel, ce qui est contraire au sens même du mot, et à la nature du contrat d'assurance. Il est de principe en effet que l'assurance ne peut pas être pour l'assuré une source de gain, mais ce principe n'est pas applicable en matière d'assurance sur la vie, et avec toute raison. Sur quelle base s'appuierait-on pour réduire le chiffre ainsi fixé par la convention? Sur le dommage réel? mais, outre les difficultés que présenterait une évaluation de cette nature, il y aurait là une grave injustice. Primus s'assure aujourd'hui pour une somme considérable, jusqu'à présent il ne gagnait pas beaucoup d'argent et se contentait d'administrer sa fortune, mais il se dispose à entrer dans l'industrie, et espère réaliser chaque année de gros bénéfices, dans cette pensée, il veut éviter à sa famille le brusque changement que pourrait produire même dans sa position actuellement aisée la survenance d'un décès prématuré. S'il meurt après avoir commencé une exploitation heureuse, certes on n'osera pas critiquer le chiffre déterminé dans la convention. Si au contraire l'entreprise ne réussit pas, ou si le contractant meurt avant de l'avoir commencée, ou bien si après nouvel examen il a renoncé à son projet, est-on plus fondé à demander la réduction du prix de l'assurance? Évidemment non.

Les conséquences de mon décès peuvent être ruineuses pour ma famille, comme elles peuvent ne lui causer qu'un préjudice pécuniaire minime, je n'en sais rien, je les suppose considérables, et j'offre des primes en conséquence, vous acceptez; le contrat est aléatoire, mais il est parfait. Si vous venez ensuite critiquer le chiffre de mon assurance et si vous le faites réduire en justice, *les conditions du contrat sont changées et j'ai fait un marché de dupe.*

Cette question ne se présentera probablement jamais dans la pratique. Outre qu'une prétention de ce genre est mal fondée, la Compagnie qui voudrait user de pareils moyens perdrait immédiatement tout crédit en affirmant ainsi sa mauvaise foi.

Si l'assureur trouve le chiffre de l'assurance trop considérable, il doit faire ses observations au moment du contrat, mais une fois la convention adoptée, le marché est conclu; il ne peut plus être question que de l'exécuter.

128. — L'assureur a payé ce qu'il devait, mais l'assuré a succombé sous les coups d'un assassin ou par suite des blessures qu'il en a reçues; l'assureur peut-il recourir contre le coupable et réclamer de lui une indemnité? Si l'assureur, en payant la somme convenue,

s'est fait subroger aux droits que le bénéficiaire pouvait avoir, il pourra sans aucun doute faire valoir ces droits.

Même en dehors de toute subrogation formelle, l'assureur peut agir. Il invoquera l'article 1382 du Code Napoléon, l'assassin a causé par sa faute un dommage à l'assureur, il en doit réparation. Le système contraire ne pourrait vraiment pas se concevoir (Cour de cass., 22 décembre 1852).

129. — Il ne faut pas croire que l'action de la Compagnie empêche forcément toute autre action en dommages-intérêts de se produire. Cela est de toute évidence au cas où l'assuré n'était pas aussi contractant.

A supposer même que l'assuré soit en même temps contractant, l'action de l'assureur ne fait pas obstacle à d'autres actions en dommages-intérêts, mais à cet égard il faut distinguer.

1° Le contractant n'a pas stipulé au profit de ses héritiers, mais au profit de telle personne déterminée. L'action de la famille, du conjoint, reste parfaitement entière. Toutefois, il faut qu'il existe un préjudice pécuniaire réel, et nous n'oublierons pas que si la mort a tari une source de revenus, elle a mis fin également au service des primes. Les tribunaux auront à apprécier.

2° Le contractant a stipulé au profit de sa succession, et l'assureur en payant s'est fait subroger aux droits des héritiers. Ceux-ci ne pourront plus bien certainement réclamer des dommages-intérêts, mais rien n'empêchera la femme du défunt par exemple d'exercer un recours, si elle peut prouver que cette mort lui a causé un préjudice pécuniaire réel.

Faisons la même hypothèse en supposant qu'il n'y ait

pas eu subrogation. Le droit de la femme et des autres intéressés indirects est évidemment toujours le même ; mais les héritiers ne pourront-ils pas en pareille circonstance réclamer eux aussi des dommages-intérêts ? Bien certainement, s'ils peuvent prouver le préjudice, et le préjudice peut être considérable.

La mort de l'assuré aura causé une perte à l'assureur en le forçant à payer plus tôt le capital fixé, et aux enfants, et aux héritiers du défunt, en leur enlevant celui qui peut-être les faisait vivre. Deux parties sont lésées, toutes deux ont droit de demander réparation.

Toutefois les tribunaux auront à examiner en pareil cas avec soin, s'il y a pour les héritiers du défunt une perte pécuniaire réelle. Si ces héritiers ne peuvent plus en effet profiter du travail de leur auteur, d'un autre côté ils n'ont plus à payer de primes, et reçoivent un capital. Il y aura donc là lieu à appréciation pour les juges. Il s'agit de faire une soustraction. Du préjudice *brut* causé par la mort de l'assuré, il faut retrancher le montant de l'assurance et la diminution de charges provenant de l'extinction des primes périodiques. Le reste constitue le préjudice *net*, si je puis m'exprimer ainsi, celui dont les héritiers peuvent demander réparation. Mais ce reste, on le comprend sans peine, peut être nul, il peut même être négatif. Dans ces deux cas, le préjudice net n'existe pas, et l'action des héritiers doit être rejetée.

C'est une pure question de fait ; et les décisions rendues sur ce point échappent par conséquent à la censure de la Cour de cassation.

B. – QUELS SONT LES RISQUES QUE L'ASSUREUR NE GARANTIT PAS ?

130. — La *Revue pratique* a publié[1] une consultation de M. Eugène Reboul dans l'affaire des mineurs de Pauw. Nous en tirons cette phrase, dont le style imagé fait parfaitement ressortir la responsabilité qui pèse sur l'assureur, et les exceptions qu'il peut faire valoir :

« Le hasard seul a droit de tirer à vue sur les Compagnies d'assurances. En d'autres termes, les Compagnies souscrivent au profit de l'assuré une lettre de change dont l'échéance est en blanc, et le hasard seul a droit de remplir ce blanc....... On ne peut prendre le rôle de hasard sans être un *faussaire*. »

Parlons d'abord du cas où l'assuré succombe à une maladie, dont il était affecté déjà lors du contrat. Cette question ne nous arrêtera pas longtemps, car elle nous a déjà occupé.

131. — Considéré en lui-même et indépendamment de toutes les conventions qui peuvent le modifier, le contrat d'assurance sur la vie, à supposer du reste que les parties soient de bonne foi, ne souffre pas ces sortes de distinctions. Mais nous avons vu que dans la pratique, les Compagnies exigent toujours une déclaration de la part de l'assuré. Cette déclaration est une des bases du contrat; les Compagnies y attachent une importance que nous avons essayé de faire comprendre, aussi annoncent-elles dans leurs polices que les fausses déclarations entraîneront la résiliation du contrat à leur profit.

Quand donc l'assuré sera mort, la question se sou-

---

[1] Revue pratique, tome XXII, p. 179.

lèvera de savoir si la maladie à laquelle il a succombé avait déjà pris naissance lors de la conclusion du contrat.

Nous avons étudié plus haut cette matière (n°s 72 et suiv.), et nous avons expliqué quelles conditions sont à notre avis nécessaires pour que la résiliation portée dans la police soit encourue.

En premier lieu la maladie devait exister lors de l'assurance avec un caractère de gravité suffisante.

En second lieu l'assuré devait en avoir connaissance, il savait ou devait savoir dans quelle situation il se trouvait, et la déclaration est muette ou mensongère sur ce point.

Ce sont là des questions d'une appréciation délicate pour les tribunaux et qui échapperont toujours au contrôle de la Cour de cassation.

132. — Qui devra faire la preuve ? Il faut appliquer la règle : *Reus excipiendo fit actor*. C'est donc aux Compagnies d'assurances qu'incombe ce fardeau, avec d'autant plus de raison du reste qu'elles n'ont pas pour habitude de s'en rapporter purement et simplement à la déclaration du sujet; elles prennent d'autres renseignements, et le font visiter par un médecin spécial.

Ne suffit-il pas que les Compagnies prouvent que la maladie existait au moment du contrat ? Peut-être sera-t-on tenté de dire : une fois ce fait prouvé, la présomption doit être que l'assuré a connu le mal dont il était atteint, à lui donc de démontrer le contraire ; et puis comment les Compagnies pourraient-elles prouver que l'assuré connaissait son état ? Cette objection n'est pas suffisante. La preuve sera en général bien plus facile à la Compagnie, que ne serait la preuve contraire au bénéficiaire. Elle montrera par exemple que l'assuré suivait un traitement énergique, qu'il avait été consulter des médecins sur la nature de sa maladie ; elle fera entendre des témoins auxquels il avait fait part de ses craintes sérieuses au sujet de son état ; d'autres fois la preuve résultera presque évidemment de l'existence même du mal. Quoi qu'il en soit, du reste, il ne suffit pas qu'une preuve soit difficile pour qu'on doive en dispenser une partie contrairement à la loi.

Que doit prouver la Compagnie ? Elle doit prouver que la déclaration est fausse ; or, pour le faire, il faut démontrer, ainsi que nous l'avons vu, et le *fait*, et l'*intention*, ou du moins une illusion inadmissible. Ce sont les deux conditions essentielles, et auxquelles il faut nécessairement se soumettre.

Laissons maintenant de côté cette hypothèse.

133. — Peu importe que la mort provienne de maladie ou d'un accident, l'assureur est tenu dans tous les cas.

134. — Toutefois l'assuré contractant doit laisser à Dieu le soin de son existence ; s'il en abrége le cours, il y a fraude de sa part, et l'assureur a droit de refuser la somme promise. Ainsi que je l'ai fait remarquer, je ne puis pas voir dans le fait de l'homme qui se suicide, la violation d'une obligation découlant du contrat d'assurance, car cette obligation existe indépendamment de tout contrat ; en s'assurant, l'homme ne peut donc pas abdiquer un droit qu'il n'avait pas auparavant. Cependant il est permis de dire qu'en attentant à ses jours le contractant assuré viole non-seulement la loi divine imposée à tout homme, mais aussi la loi particulière sous les auspices de laquelle la convention a été conclue. En cas pareil le contrat d'assurance peut donc être résilié au profit de l'assureur.

Les polices prévoient toutes les cas de suicide et stipulent d'une manière formelle dans cette hypothèse la résiliation du traité au profit de la Compagnie, mais cette clause est parfaitement inutile, elle est commandée par la nature même du contrat; suivant l'expression énergique de M. Reboul, le contractant assuré qui se suicide est un faussaire.

Jusqu'à présent nous avons parlé du contractant assuré, c'était afin d'écarter le cas où l'assuré est non pas le contractant, mais un tiers.

135. — Supposons maintenant que le tiers assuré se donne la mort, l'assureur doit-il garantie? Cette question a peu d'intérêt pratique; car, ainsi que nous l'avons dit, les polices prévoient toutes cette hypothèse, et déclarent sans distinction que le contrat sera résilié. Que décider néanmoins si la police est muette? La solution variera-t-elle suivant que le tiers assuré a donné ou non son consentement au contrat? Je pense que dans tous les cas, l'assureur est déchargé. Sans doute l'assureur répond des causes fortuites, de la mort par accident, de l'assassinat, mais jamais du suicide, car il n'y a pas là cas fortuit, mais volontaire.

De plus l'assureur garantit la mort produite par accident cu par assassinat, et le contractant a droit de réclamer la somme promise, parce que ces malheurs ont été réciproquement prévus. Le contrat d'assurance ayant surtout pour but de réparer les dommages pécuniaires causés par un décès prématuré, on peut même dire que ces cas ont été pris spécialement en considération. Mais le suicide? Le stipulant osera-t-il prétendre qu'il croyait le tiers assuré capable d'une pareille action? Et s'il l'ose, quel tribunal écoutera jamais sa réclamation ? On fera peut-être cette objection : Pourquoi se montrer si rigoureux à l'endroit du suicide, tandis qu'on n'hésite pas à étendre sa responsabilité au cas d'assassinat ? Est-ce que l'assassinat peut plus se supposer que le suicide ? Sans aucun doute. Il n'y a rien d'immoral à supposer qu'un homme puisse mourir assassiné, à condition qu'on n'impute d'avance à aucune personne déterminée la responsabilité de ce crime possible. Il n'y a rien là qui soit contraire à l'ordre public ou aux bonnes mœurs.

Mais, prévoir le suicide, c'est tout à la fois prévoir le crime, et nommer le coupable. Voilà la supposition impossible à admettre parce qu'elle est immorale. Il est permis de supposer qu'un homme puisse être *victime* d'un assassinat, il est immoral de supposer qu'il puisse être *assassin* de lui-même.

Nous déciderons donc sans distinction aucune, et en dehors de toute clause formelle des polices, que l'assureur ne répond jamais du suicide (toutefois nous ne parlons que du suicide commis en puissance de raison ; nous examinerons dans un instant l'hypothèse contraire, n° 137).

136. — Revenons au cas général.

Qui doit faire la preuve ? Est-ce au bénéficiaire à prouver qu'il n'y a pas eu suicide, mais mort naturelle, ou accidentelle mais fortuite ? Est-ce au contraire à l'assureur à prouver le suicide ? Nous pouvons considérer cette question comme tranchée d'après les principes que nous avons rappelés plus haut (n° 135). L'assureur invoque la fraude, le crime même, pour se dispenser d'exécuter son obligation, de pareils arguments ne s'affirment pas, ils se prouvent.

137. — Supposons maintenant que le suicide soit bien établi, s'ensuit-il par voie de conséquence nécessaire que l'assureur soit dispensé de payer la somme convenue ? Non ; il faut distinguer.

L'assuré était par exemple atteint de la monomanie du suicide, ou bien, il a dans tous les cas agi sous l'influence de la folie ; en pareils cas, l'assureur doit payer. Cette solution me paraît incontestable. Quelle est en effet la cause véritable de la mort ? C'est la folie, c'est-à-dire une maladie dont l'assureur doit garantir les risques.

Le fou n'est pas responsable de ses actes ; s'il fait tort à autrui, on ne peut pas lui en demander réparation ; si dans un moment d'aberration il blesse une personne, il n'est qu'un instrument sans conscience, comme la tuile qui, en tombant d'un toit, le pot de fleurs qui, en tombant d'une fenêtre, cassent le bras d'un passant.

Il n'est pas plus coupable lorsqu'il tourne sur lui-même ses intentions homicides. En réalité, il ne s'est pas tué, il a été tué par la folie, comme le malade succombe à la phthisie qui le mine, ou au cancer qui le dévore.

138. — Mais si le pot de fleurs est innocent de l'accident qu'il cause, l'habitant de la maison n'est pas toujours à l'abri des actions en dommages-intérêts. S'il n'a pas pris toutes les précautions nécessaires, s'il y a eu négligence de sa part, il doit réparer, autant que faire se peut, le dommage qu'il aurait dû empêcher.

Cette solution est encore, je crois, applicable dans notre espèce. Si l'assuré avait déjà donné des marques évidentes d'aberration mentale, si sa folie était connue, il était du devoir de son conjoint, de ses parents ou de ses enfants de veiller sur lui afin de prévenir tout malheur. S'ils ne l'ont pas fait, ils sont certainement coupables, et l'assureur pourra réclamer d'eux une indemnité qui variera, suivant l'âge, et l'état de santé de l'assuré. La présomption posée par l'art. 1384 du Code Nap. n'existera pas en général, mais si l'assureur peut prouver qu'il y a eu faute de la part des personnes qui *devaient* exercer un pouvoir de surveillance sur l'assuré atteint de cette triste maladie, il sera, à mon avis, en droit de demander des dommages-intérêts. Ce sera une question qui nécessitera de la part des juges une appréciation délicate et difficile.

Si le bénéficiaire est en même temps la personne qui devait veiller sur l'assuré, l'assureur retiendra sur le montant du capital promis l'indemnité qui lui aura été allouée; s'il en est autrement, l'assureur devra payer entre les mains du bénéficiaire, et recourir contre qui de droit.

Ainsi donc, le suicide de l'assuré dans un moment de folie ne décharge pas l'assureur de son obligation.

139. — A qui incombera la preuve ? Il ne peut pas y avoir de difficulté sur ce point. La mort est prouvée, il semble que l'assureur doive payer le capital convenu, mais il prouve qu'il y a eu suicide ; dès lors, aux termes de la police, et d'après les principes fondamentaux en cette matière, il est déchargé de son obligation. Telle est la règle. Si maintenant le bénéficiaire prétend que l'assuré s'est tué dans un moment de folie, c'est lui qui à son tour invoque une exception (les Romains auraient dit une duplique), or *Reus in excipiendo fit actor*, c'est donc à lui de prouver le fait qu'il invoque.

140. — L'assureur est-il fondé à opposer à son tour une triplique tirée de l'article 504 du Code Napo-

léon ? Peut il dire : Aux termes de cette disposition, les actes d'une personne décédée ne peuvent être attaqués pour cause de démence après sa mort qu'autant que l'interdiction a été provoquée avant son décès, ou que l'acte porte en lui-même la preuve de la démence ; en dehors de ces deux cas, la folie ne peut pas être invoquée parce que la loi défend de l'établir ; or vous n'avez pas provoqué l'interdiction, donc votre exception n'est pas admissible. Cette objection ne peut pas nous arrêter, et cela pour deux raisons : 1° Le texte et l'esprit de l'article 504 répugnent évidemment à une pareille interprétation ; — 2° Le bénéficiaire était peut-être dans l'impossibilité de provoquer l'interdiction. Nous ajouterons du reste que le suicide peut être quelquefois considéré comme portant en lui sinon la preuve complète, du moins une très-grave présomption d'aberration mentale.

141. — Si l'assuré était interdit lors de son suicide, le bénéficiaire peut-il du moins invoquer l'article 502 du Code Napoléon ? Lui suffit-il de produire le jugement d'interdiction pour repousser l'exception tirée par l'assureur du genre de mort ? Nous déciderons également que cette disposition est inapplicable. Sa rédaction démontre avec évidence qu'elle ne peut concerner ni les délits ni les quasi-délits.

Lorsque le suicide a été commis dans un moment de démence, il doit donc être considéré comme une mort accidentelle qui ne peut nuire aux droits du bénéficiaire.

142.—Peu importe du reste la cause qui a produit cette aberration mentale. Si même elle provient de l'ivresse, l'assureur n'en devra pas moins payer la somme convenue. Toutefois, il ne faudrait pas que l'ivresse eût eu le suicide pour motif ; *en pareil cas elle n'aurait été qu'un moyen et ne pourrait plus servir d'excuse.*

143. — Du suicide rapprochons le cas où l'assuré s'expose volontairement à la mort. Nous ferons tout d'abord remarquer que les imprudences commises par l'assuré, bien qu'elles puissent être fort graves, bien qu'elles puissent entraîner la mort, ne sont jamais pour l'assureur une cause de décharge. L'assureur doit s'en prendre à lui-même d'avoir contracté sur la tête d'une personne aussi aventureuse ; c'était à lui de prendre des renseignements plus complets, et de refuser au besoin de conclure le traité.

Laissons donc de côté cette hypothèse, et revenons à la question que nous avons indiquée. Nous pouvons supposer d'une part le *duel*, et de l'autre le *dévouement*.

144. — A mon avis, la grande règle qu'il faut suivre est celle-ci : L'homme qui s'est exposé volontairement à la mort a-t-il été poussé par le sentiment du devoir? S'il en est ainsi, l'assurance est parfaitement valable quant à ses effets ; sinon, l'assureur peut se refuser à payer.

L'assuré par exemple s'est précipité au milieu des flammes ou des flots pour porter secours à une personne qui périssait, et il a succombé ; ou bien il est demeuré dans un pays envahi par la peste ou le choléra, il a visité et secouru les malades, rendu les derniers devoirs aux morts, et il est tombé à son tour, frappé par le fléau, et victime de son dévouement. L'assureur peut-il se refuser au paiement du capital promis ? Non, car l'assuré n'était pas libre de fuir ; il n'était pas libre d'échapper à la mort, il a obéi à la voix du devoir. Sans doute, c'est là une terrible obligation, à laquelle on est quelquefois excusable de se soustraire, c'est l'obligation du soldat qui reste fidèle à son poste, fidèle au drapeau, au milieu de la déroute de l'armée. C'est le devoir.

145. — Tout autre est le duel qui ne repose que sur un préjugé, le duel condamné par la loi, condamné par la morale. En droit c'est un crime punissable, en pratique il n'est pas puni. Le jury se laisse émouvoir par l'influence du préjugé, et par l'égalité au moins apparente des chances et des enjeux. Mais il n'en est pas moins vrai que le duel est condamné par la loi. Dans les espèces que nous avons citées plus haut, l'assuré a exposé sa vie dans l'espérance de sauver son semblable, voilà le devoir ; dans le duel il a exposé sa vie avec la volonté de tuer son adversaire, voilà le crime.

Ces deux hypothèses sont absolument différentes, et doivent à mon avis recevoir des solutions contraires. S'il plaît à l'assuré de jouer ainsi sa vie à pile ou face, en violant les principes fondamentaux de la loi et de la morale, toute la faute doit en retomber sur lui, et l'assureur ne peut pas en souffrir.

146. — Que dirons-nous du service militaire ? Faut-il distinguer suivant qu'il y a eu simple obéissance à la loi, ou engagement ? Dans le premier cas, la question n'est pas douteuse. Il y a eu augmentation de risques, cela est vrai, mais imposée par la loi, qui a, par exemple, soumis, postérieurement à l'époque du contrat, tous les citoyens au service militaire ; c'est une situation à laquelle il était impossible de se soustraire ; or la simple augmentation de risques, surtout lorsqu'elle est indépendante du fait de l'assuré, ne peut décharger l'assureur de son obligation. C'est une *infirmité nouvelle*, qui peut

7

avoir des résultats fâcheux pour la Compagnie, mais dont elle doit supporter les conséquences.

147. — Que décider s'il y a engagement volontaire ? La solution à mon sens doit rester la même. L'homme qui contracte une assurance n'en reste pas moins libre de choisir une carrière ; sans cela où s'arrêter ? S'il faut ainsi peser la quantité différente des risques qu'entraîne avec elle chaque profession, à quel arbitraire arrivera-t-on ? Si l'assuré ne peut pas se faire soldat, il ne devra pas pouvoir non plus abandonner son ancienne profes·sion pour se faire couvreur, pour se faire médecin, car il augmenterait considérablement ses chances de mortalité.

Tel n'est certainement pas l'esprit du contrat ; l'assuré a sans aucun doute entendu rester le maître de gagner sa vie à son gré, d'améliorer par une occupation plus lucrative peut-être la situation de sa famille. Dans tous les cas, s'il était inactif à l'époque du contrat, s'il n'avait pas d'autres soins que de s'astreindre à suivre rigoureusement les règles de l'hygiène, il n'a pas entendu s'engager à rester toute sa vie dans cet état pour ainsi dire latent, inutile à son pays, à sa famille, et à lui-même.

148. — Nous parlerons encore du cas où la mort résulte d'une condamnation judiciaire. L'assureur est-il tenu ? Non. Si l'assureur ne répond pas de la mort survenue dans un duel, encore bien moins doit-il répondre de la mort qui sert d'expiation au crime. Ce cas ne pouvait pas être soupçonné ; non-seulement l'assuré n'a pas agi sous l'empire du devoir, il n'a pas même la moindre excuse, nous ne sommes donc pas en présence d'un risque garanti par l'assurance [1].

[1] Pardessus, t. II 590 1°.

149. — Les différentes espèces que nous venons de parcourir sont du reste prévues en général par les polices des Compagnies d'assurances. Ainsi elles déclarent expressément que l'assureur ne garantit pas le suicide, la mort par suite de duel. (Toutefois certaines Compagnies anglaises disent positivement qu'elles n'exceptent pas le cas de duel). Les Compagnies françaises déclarent aussi en général qu'elles n'entendent garantir ni la mort reçue en temps de guerre, ni celle provenant de blessures causées dans le combat, ni enfin celle survenue dans le cours d'un séjour hors de l'Europe, ou d'un lointain voyage sur mer. Mais à défaut de stipulation spéciale à ce sujet, il faudrait appliquer les principes que nous avons développés plus haut.

150. — Toutefois les Compagnies consentent ordinairement, moyennant une augmentation de primes, à garantir les risques que court le soldat par suite de la guerre, ou auxquels exposent les longs voyages.

151. — Pourraient-elles stipuler qu'elles seront également responsables au cas de suicide, de duel, d'exécution capitale ? Une pareille clause est immorale, et par conséquent, il ne faudrait pas en tenir compte, mais appliquer les principes ; on considèrerait la police comme muette à cet égard.

Ainsi donc, en général la mort de l'assuré fixe l'époque d'exigibilité du montant de l'assurance.

152. — Nous avons fait remarquer que l'assassinat de l'assuré était certainement un risque qui devait être couvert. Nous devons toutefois faire une distinction à cet égard. L'assassinat de l'assuré peut être en effet une cause de décharge pour l'assureur.

Supposons que le coupable soit le bénéficiaire ; il est évident que l'assureur pourra se refuser au paiement. Il répondra, pour employer l'expression que nous avons citée plus haut : vous êtes un faussaire. Nous ne vous devons rien, car sans vous l'assuré ne serait pas mort, vous ne pouvez pas arguer de votre criminelle action pour en tirer profit.

153. — Que décider si le tiers bénéficiaire a été la cause, mais la cause involontaire de la mort de l'assuré ? Il est tout d'abord un cas qui ne peut pas souffrir difficulté, c'est celui où le bénéficiaire n'a été qu'un instrument absolument passif, où on ne peut pas même lui reprocher d'imprudence. Il s'agit d'un décès tout à fait fortuit, et que par conséquent l'assureur est tenu de garantir.

Quid à supposer qu'il y ait eu homicide par imprudence ? Il faut donner la même solution ; on ne peut en effet reprocher aucune fraude au bénéficiaire. Toutefois il est exposé à une action en dommages-intérêts de la part de l'assureur ; mais il y a loin de là au résultat précédent. Ne peut-on pas dire du moins que la donation faite au bénéficiaire est révoquée aux termes de l'article 955 du Code Napoléon ? C'est une question dont nous parlerons plus tard en traitant de la révocation pour cause d'ingratitude.

154. — Dans ces hypothèses à qui incombera le fardeau de la preuve ? Voici ce que je lis dans l'ouvrage de M. Merger : « Il faudrait que l'innocuité de l'intention fût clairement démontrée par les circonstances, et dans le doute il faudrait pencher en faveur de l'assureur. [1] »

[1] P. 142, n° 160.

Ce système est tout à fait contraire aux principes ; il s'appuie sur une présomption de crime ou tout au moins de faute. C'est du reste la conséquence d'une opinion que nous avons déjà réfutée (n° 110). L'assassinat ne se présume pas, il se prouve ; il en est de même de l'imprudence qui est une faute. L'assureur, pour se refuser au paiement, devra donc prouver qu'il y a eu assassinat commis par le bénéficiaire ; ce qui lui sera en général facile, car il est presque universellement admis aujourd'hui que la chose jugée au criminel ne peut plus être remise en question devant les tribunaux civils. Si donc il y a eu un arrêt de condamnation, il lui suffira de l'invoquer et de le produire.

S'il y a eu homicide par imprudence l'assureur qui réclamera des dommages-intérêts devra prouver le fondement même de son droit, c'est-à-dire la faute du bénéficiaire.

155. — Dédoublons pour un instant le rôle de contractant-assuré ; supposons que le contractant ait tué l'assuré, soit volontairement, soit par imprudence, que dirons-nous ? S'il y a assassinat, l'assureur peut évidemment se refuser à payer la somme promise ; la fraude du contractant fait en effet tomber le contrat principal, et avec lui le contrat accessoire au profit du bénéficiaire (sauf le droit pour ce dernier de réclamer ce qui peut être dû par la Compagnie).

S'il y a seulement homicide par imprudence, l'assureur aura droit à une indemnité de la part du contractant, mais le contrat principal reste debout, et le contrat accessoire au profit du bénéficiaire devra sortir son plein et entier effet.

156. — La même question se soulève à l'égard de la preuve et **M.** Merger n'hésite pas à lui donner la même solution : « Le contractant, dit-il, devrait être présumé avoir agi dans l'intérêt du bénéficiaire, et cette présomption résulterait du fait même de l'assurance déjà contractée à leur profit ; *il devrait être réputé avoir voulu compléter par un acte criminel un avantage commencé par un acte licite.* »

Nous persistons dans l'opinion contraire. Ce système nous paraît du reste se condamner lui-même par l'énormité des résultats qu'on est dans la nécessité d'en tirer. Ainsi, on n'hésite pas à dire pour rester conséquent avec soi-même que « *l'acte criminel doit être supposé.* » Admettre une pareille présomption, c'est se mettre dans la contradiction la plus formelle avec les règles fondamentales de notre législation. Nous déciderons donc que c'est à l'assureur à prouver qu'il y a crime de la part du contractant, s'il veut se soustraire au paiement de la somme promise.

En cas d'homicide par imprudence, il devra de même prouver l'imprudence, car le juge n'a pas plus le droit de présumer la faute que le crime.

157. — **A** partir de quel moment l'assureur doit-il garantie des risques ?

Cela dépend des stipulations. Les parties ont pu dire que l'assureur ne garantirait les risques qu'à partir de telle époque. La convention fera bien certainement la loi ; mais si la police ne contient aucune clause spéciale de cette nature, il faudra décider que l'obligation de l'assureur découlant du contrat d'assurance et n'étant suspendue par aucun terme conventionnel, prend son point de départ du moment même du contrat.

158. — Nous avons vu plus haut qu'il pouvait y avoir résiliation au cas de non paiement des primes, et nous avons distingué suivant les stipulations de la police.

159. — 1° La police est muette.

La résiliation doit être prononcée en justice ; jusqu'au jugement définitif le contractant peut payer, et il échappe ainsi à la résolution. Les tribunaux jouissent même d'un pouvoir d'appréciation et ne sont pas obligés de prononcer la résiliation immédiate du traité.

Supposons que l'assuré meure avant la demande en justice ; c'est un risque que l'assureur est tenu de garantir, car le contrat est toujours debout, et dès lors son obligation n'a pas cessé.

Il en est de même du cas où l'assuré meurt après la demande en justice, mais avant le jugement de résolution.

160. — 2° Il est stipulé qu'en cas de non paiement dans les délais fixés, l'assurance sera résiliée de plein droit.

Nous avons pensé que malgré cette clause, le contractant pouvait valablement payer, et éviter ainsi la résolution jusqu'à ce qu'une mise en demeure légale lui eût été faite.

Si donc l'assuré meurt avant cette mise en demeure (sommation, commandement, etc.), sa mort est un risque qui reste à la charge de l'assureur.

Mais si le décès de l'assuré est postérieur à cette mise en demeure, il en est autrement. Le contrat, en effet, est et demeure résilié. Les tribunaux n'ont aucun pouvoir d'appréciation ; si l'affaire est portée devant eux, ils n'ont pour mission que de constater, et non de prononcer la résolution. Puisque le contrat était annulé l'obligation de l'assureur est tombée avec lui, et sa res p cn sabilité était dégagée lorsque le malheur est survenu.

161. — 3° La police portait : En cas de non paiement des primes à l'échéance, l'assurance sera résiliée de plein droit, et sans qu'il soit besoin de sommation ou d'autre acte équivalent.

Nous appliquerons à cette hypothèse les solutions précédentes, en faisant remarquer toutefois que l'époque à considérer n'est plus celle d'une mise en demeure rendue inutile par la convention, mais le terme fixé par la police.

Le décès est-il antérieur ou postérieur à cette date? C'est là toute la question.

CHAPITRE TROISIÈME

FORMES ET PREUVE DU CONTRAT D'ASSURANCE SUR LA VIE.

L'écriture est-elle une condition essentielle à la validité du contrat d'assurance sur la vie? — Examen des différents articles du Code Napoléon et du Code de Commerce relatifs à la preuve; leur application au contrat d'assurance. — Faut-il suivre nécessairement la forme authentique au cas où le contrat d'assurance contient une disposition au profit d'un tiers? — Valeur des polices imprimées. — Énonciations que doit contenir la police; l'article 332 du Code de Commerce est-il applicable aux assurances sur la vie?

162. — Sous l'empire de notre législation, les conventions n'exigent en général aucune forme pour être valables; l'accord des volontés suffit, sauf pour certains contrats exceptionnels, tels que le mariage, qui est entouré de formalités tout à fait extraordinaires, la donation, la constitution d'hypothèque, la renonciation de la femme mariée à son hypothèque légale, pour lesquelles

l'acte notarié est une condition essentielle ; sauf ces cas extrêmement rares, dès qu'il y a consentement réciproque, le contrat est valable.

Le législateur français a jugé que l'homme doit respecter sa promesse, indépendamment de toute forme, qu'il en résulte pour l'autre partie, qui l'a acceptée, un droit acquis, et qui doit recevoir son effet.

163. — Telle est la règle générale, mais, ainsi que nous l'avons vu, elle n'est pas sans exceptions. Que dirons-nous du contrat d'assurance sur la vie ? Est-il purement consensuel, ou sa validité dépend-elle de certaines formalités accomplies ? C'est là la première question que nous ayons à résoudre.

164. — L'ordonnance de la marine (Titre de l'assurance, article 1er) portait : « *Le contrat appelé police d'assurance sera rédigé par écrit.* »

L'article 332 du Code de Commerce dit encore aujourd'hui dans les mêmes termes : « *Le contrat d'assurance est rédigé par écrit.* »

Il est important de remarquer que ces deux articles parlent de l'assurance maritime.

Faut-il conclure de ces dispositions que le contrat d'assurance maritime n'est valable qu'autant qu'il est rédigé par écrit ? Y a-t-il là une condition essentielle à son existence ? L'écrit est-il de la *substance du contrat ?*

Non. Voici en effet ce que disait Pothier.[1]

« On peut faire sur cet article deux questions ; la première est de savoir si cette forme que l'ordonnance prescrit par cet article est requise pour la validité

---

[1] Pothier, *Traité du Contr. d'assur.*, n° 99.

du contrat, ou seulement pour la preuve du contrat ! Je pense qu'elle n'est requise que pour la preuve du contrat, et que l'ordonnance n'a voulu autre chose par cet article, sinon que ce contrat, dans le cas auquel les parties en disconviendraient, ne pût se prouver que par un acte par écrit, et que la preuve testimoniale n'en pût être admise ; les raisons qui me portent à croire que cette forme, que l'ordonnance prescrit, n'est que pour la preuve et non pour la validité du contrat sont : 1° que cette forme est absolument étrangère à la substance du contrat ; 2° que l'ordonnance ne la requiert pas à peine de nullité..... »

Valin et Émerigon partageaient l'opinion de Pothier. Il ne me semble pas que la question puisse être sérieusement discutée aujourd'hui, le texte de l'article 332 du Code de commerce est identique à celui de l'ordonnance et les raisons données par Pothier conservent toute leur valeur.

165. — Il ne s'agit donc que d'une question de preuve, mais quelle interprétation faut-il donner à notre article ? On n'était pas d'accord sous l'ancien droit.

Supposons qu'il n'y ait pas eu d'écrit. Pothier permet de recourir au serment décisoire [1], mais il refuse la preuve testimoniale lorsque le montant de l'assurance est inférieur à cent livres, ou lorsqu'il existe un commencement de preuve par écrit. Bien plus, il donne la même solution alors que la police a péri, ainsi que les livres de l'assureur [2].

Émerigon allait encore plus loin que Pothier, il refusait le serment décisoire.

---

[1] Pothier, *eodem loco.*
[2] *Eodem opere.* N°° 100, 101 et 102.

Quant à Valin, au contraire, il admettait la preuve testimoniale dans les limites où il lui était permis de s'exercer, c'est-à-dire lorsque l'objet du contrat était inférieur à cent livres, ou qu'il existait un commencement de preuve écrite, ou bien encore, lorsque la police et les livres avaient péri. Il professait donc l'opinion directement contraire à celle de Pothier, et surtout d'É-merigon.

Aujourd'hui encore on est loin de s'accorder sur ce point. L'opinion d'Émerigon paraît à peu près abandonnée, mais les deux autres ont leurs partisans. Des auteurs du plus grand poids, parmi lesquels Delvincourt, s'en tiennent à l'avis de Pothier, et rejettent absolument la preuve testimoniale ; les autres pensent avec Valin qu'il faut suivre le droit commun, et distinguer suivant qu'il existe ou non un commencement de preuve par écrit, ou que le montant de l'assurance est supérieur ou inférieur à cent cinquante francs.

166. — Cette question me semble beaucoup moins discutable quand il s'agit d'assurances terrestres, et par conséquent d'assurance sur la vie. En effet si, quand il s'agit d'assurance maritime, on adopte la dernière opinion que nous avons exposée, il est bien certain qu'on appliquera la même solution aux assurances terrestres, car le texte de l'article 332 du Code de commerce sera beaucoup moins gênant.

Les auteurs, qui professent la première opinion, pourront même, sans déroger à leurs principes, admettre la preuve testimoniale moyennant les conditions prescrites par la loi. En effet, le Code de commerce ne s'est occupé que des assurances maritimes, et nullement des assurances terrestres ; si l'on veut appliquer à ces dernières les règles écrites dans la loi, ce ne peut être que par raison d'analogie. Cet article 332 entendu dans le sens de la première opinion est une disposition exceptionnelle et directement contraire aux principes généraux posés par le Code Napoléon et le Code de commerce. Or, les dispositions exceptionnelles ne peuvent ainsi s'étendre par de simples arguments d'analogie, et doivent être strictement appliquées aux cas qu'elles prévoient.

La jurisprudence a décidé depuis longtemps que les articles du Code de commerce relatifs aux assurances maritimes sont exceptionnels et doivent rester étrangers aux assurances terrestres (Cour de cassation, 11 novembre 1851).

167. — Je crois donc qu'il faut s'en tenir purement et simplement au droit commun en matière de preuve. Mais quel est ce droit commun ? Ici se présente une autre difficulté, difficulté ancienne, mais très-sérieuse.

Il est d'abord un cas fort simple, c'est celui où l'assureur ne joue ce rôle que par hasard ; il n'en fait ni une habitude ni une profession ; il s'agit là d'un acte qui n'a aucun caractère commercial, et qui, dès lors, reste évidemment soumis aux principes du Code Napoléon.

168. — La difficulté se présente au cas où l'assureur est assureur par métier ; le contrat d'assurance est pour lui, ainsi que nous le verrons plus tard, un acte de commerce. S'il en est ainsi, quel est le droit commun en matière de preuve? Faut-il se reporter au Code Napoléon, faut-il se reporter au Code de commerce? Cette question n'est pas nouvelle, elle se présente à chaque

instant et partout; car nous faisons tous les jours des actes qui ne sont nullement commerciaux à notre égard, mais qui ont ce caractère à l'égard de la personne à laquelle nous achetons, ou nous vendons.

Que décider ?

M. Massé[1] propose une distinction : si le commerçant veut prouver que telle obligation existe à la charge de son adversaire, qui a fait un acte purement civil, il lui faudra se conformer aux prescriptions du Code Napoléon ; mais s'il veut prouver un paiement, sa libération, le droit commun est alors celui de l'article 109 du Code de commerce.

Cette distinction ne me paraît pas admissible. Et d'abord elle est injuste, car elle met la personne non commerçante dans une position désastreuse. Qu'il s'agisse d'établir une obligation à sa charge, ou d'invoquer un paiement, la libération, c'est toujours amoindrir la position de cette partie ; or, la soumettre dans ces derniers cas aux règles si larges posées par le Code de commerce, c'est lui enlever une garantie sur laquelle elle a dû légitimement compter, la garantie des principes généraux ; c'est la placer dans une position tout à fait défavorable, puisqu'elle n'a pas de livres, qu'elle n'a pas conservé copie de sa correspondance, qu'elle ne s'est pas ménagé la ressource de la preuve testimoniale. Ce serait la prendre au dépourvu, et oublier que les dispositions du Code de commerce sont exceptionnelles.

Cette doctrine me paraît ressortir du reste fort clairement de l'article 1329 du Code Napoléon, lequel décide

1 Droit commercial, t. IV. — N°ˢ 2543 etc.

que : « *les registres des marchands ne font point foi contre les personnes non marchan,des des fournitures qui y sont portées.* »

Enfin pourquoi cette inégalité? Si l'assuré s'adresse à une personne quelconque, il aura la protection du Code Napoléon ; si au contraire il s'adresse à un assureur de profession, cette protection lui serait refusée ! L'acte à son égard n'a pourtant pas changé de nature.

L'article 109 se justifie très-bien lorsqu'il s'agit d'actes commerciaux *ex utraque parte ;* chacune des parties faisant un acte commercial a dû comprendre qu'elle se soumettait par là à la législation *exceptionnelle* du Code de commerce; il n'en est plus de même lorsque l'acte est purement civil à l'égard de l'une des parties, et surtout lorsqu'il n'est pas même nécessairement commercial pour l'autre contractant.

169. — Nous n'admettrons pas davantage une autre distinction, qui aurait pour effet d'appliquer l'article 109 du Code de commerce contre l'assureur commerçant, et les principes généraux du Code Napoléon contre l'assuré. Ce serait mettre les deux parties sur un pied d'inégalité choquante. Tout dépendrait souvent de la personne qui prendrait le rôle de demandeur. En réalité l'assureur aurait toujours la mauvaise part, et l'assuré toujours la bonne.

Cette manière de juger avec deux poids et deux mesures répugne à l'esprit de notre législation, et il faut la rejeter.

170. — Je crois donc que, lorsque l'acte est commercial à l'égard de l'une des parties seulement, il faut appliquer purement et simplement à chacune d'elles les

principes généraux du Code Napoléon en matière de preuve.

Ce système paraît admis par la jurisprudence (C. de cassation, 19 novembre 1862).

171. — Quelles sont dès lors les conditions requises pour que la preuve testimoniale puisse être employée? La première distinction à faire est celle-ci : s'agit-il d'une somme supérieure ou inférieure à cent cinquante francs? et quelle est la somme qu'il faut prendre en considération ?

L'assureur demande le paiement d'une prime ou d'une fraction de prime, et le montant de sa réclamation est inférieur à cent cinquante francs, faut-il l'autoriser à faire la preuve par témoins? Évidemment non. La somme à considérer est le capital promis par l'assureur ; si ce capital dépasse cent cinquante francs, la preuve testimoniale est inadmissible, alors même qu'il s'agit d'une réclamation actuelle de cent francs. Cette solution ressort d'une façon trop certaine des principes posés en matière de preuve, pour qu'il soit nécessaire d'y insister.

Ainsi donc, si le capital promis par l'assureur est supérieur à cent cinquante francs, ce qui sera toujours dans la pratique, la preuve testimoniale sera inadmissible, à moins qu'il n'y ait un commencement de preuve par écrit dans les termes de l'article 1347 du Code Napoléon.

Ce commencement de preuve par écrit résultera par exemple soit de lettres missives, soit de quittances antérieures, etc.

La preuve testimoniale est encore reçue lorsque la preuve littérale a péri (ce qui peut très-bien arriver), ou lorsqu'il a été impossible de s'en procurer. (Cette dernière espèce est à peu près irréalisable en matière d'assurance.)

En dehors de ces hypothèses, nous retomberons sous l'empire de la règle générale qui exige la preuve par écrit.

172. — Quant aux autres modes de preuve, l'aveu, le serment supplétoire, le serment décisoire, nous n'avons rien à dire de particulier ; il suffit de se reporter aux dispositions légales qui y ont trait.

173. — Quelles formalités doivent être observées dans la rédaction de l'acte?

174. — Le contrat d'assurance, ainsi que nous l'avons vu, est synallagmatique ; il faut donc obéir aux conditions prescrites par l'article 1325 du Code Napoléon, et exiger deux originaux, avec la mention : fait double, sur chacun d'eux.

Nous dirons aussi que le vice provenant du défaut de cette mention est couvert à l'égard de la partie qui a exécuté. Si donc l'assuré paie les primes, ou même une seule prime, il ne peut plus soulever ce moyen. Nous irons plus loin, et nous dirons, toujours en vertu du même principe, que si l'assureur a reçu le versement ainsi fait à titre de prime, il ne peut pas non plus arguer de cette irrégularité.

175. — Ici se présente la question de savoir ce qu'il faut décider au cas où les parties n'ont pas rédigé le nombre d'originaux fixés par la loi. L'acte unique ne fait certainement pas preuve complète, mais peut-il au moins servir de commencement de preuve par écrit, et autoriser les tribunaux à entendre des témoins ? La question est discutée ; mais je pense avec la grande majorité

des auteurs, qu'il ne faut pas voir là un simple projet
abandonné, que les parties ne sont pas d'ordinaire dans
l'habitude de faire ainsi des études sur leur propre signature ; qu'elles ne la donnent pas à la légère. Il y a
là une présomption très-grave qui n'est pas suffisante à
elle seule, mais qui me paraît réunir toutes les conditions prescrites par l'article 1347 du Code Napoléon.

176. — Nous avons dit que le contrat d'assurance
est un contrat synallagmatique, puisqu'il engendre pour
l'assuré obligation de payer les primes, et pour l'assureur obligation de payer tel capital ou telle rente convenus à une époque déterminée. Toutefois ce contrat,
toujours synallagmatique au moment de sa confection,
peut très-bien être devenu au moment de sa constatation
par écrit purement unilatéral.

Le plus souvent, il est vrai, l'assuré s'oblige à payer
des primes chaque année, ou même à des périodes plus
courtes, mais telle n'est pas la seule combinaison du
contrat que nous sommes en train d'étudier. L'obligation de l'assuré peut très-bien consister dans le paiement d'une prime unique. Une fois cette prime acquittée, son obligation est éteinte, et celle de l'assureur seul
reste debout. Si donc le stipulant a déjà versé la somme
convenue, ou s'il la verse au moment où l'acte est
rédigé, le contrat n'est plus qu'un contrat unilatéral.
Il ne s'agit plus que de constater l'obligation de
l'assureur, et au besoin donner quittance au stipulant.

Dès lors l'article 1325 du Code Napoléon cesse d'être
applicable, et c'est l'article 1326 qu'il faut observer. Sans
doute les formalités prescrites par l'article 1325 ne sont
pas nuisibles, mais elles sont superflues ; la preuve peut

être parfaite sans qu'on ait obéi à toutes ses conditions. Il suffit dans ce cas d'un seul original qui restera en la possession du stipulant.

177. — Mais ici se présente une difficulté. L'article 1326 prévoyant le cas où une personne s'engage à payer une somme d'argent, ou une chose appréciable, exige que l'acte soit rédigé en entier de la main du débiteur et signé de lui, ou au moins que le débiteur, outre sa signature, ait apposé la mention — bon ou approuvé — avec indication en toutes lettres des sommes ou quantités promises.

Toutefois il est fait exception à cette règle pour les marchands, artisans, laboureurs, vignerons, gens de journée et de service.

Or l'assureur promet toujours une somme d'argent, c'est donc le cas spécialement prévu par l'article 1325.

Si l'assureur est assureur par hasard, par circonstance, en un mot s'il ne fait pas profession d'assurer les autres, il n'y a pas d'hésitation possible, il faut appliquer sans nul doute la règle générale.

Mais que décider au cas où il s'agit d'un assureur de profession ? Nous nous trouvons en présence d'un commerçant, faut-il appliquer la règle générale, et exiger soit la rédaction complète de la main de l'assureur, soit au moins la mention du bon et approuvé, ou bien nous contenterons-nous de sa signature, suivant les derniers mots de l'article 1326 ?

Je crois qu'il faut appliquer ici non l'exception, mais la règle générale, et exiger au moins la mention du bon ou approuvé. On peut objecter, il est vrai, que la loi excepte formellement les marchands, et qu'il résulte de la discussion au Conseil d'État que ce terme doit être entendu *lato sensu*, et comprendre les manufacturiers, banquiers, etc. Il y a certes là une grave raison de douter, cependant je n'adopterai pas cette opinion, et voici mes motifs qui résultent tant de l'esprit que du texte même de la loi.

Pourquoi le législateur a-t-il dérogé *in fine* à la règle générale qu'il avait écrite au commencement de l'article 1326 ? Cette dérogation a été fortement critiquée, on a prétendu que le Code avait précisément refusé sa protection aux personnes qui en avaient le plus grand besoin. Or, qu'a-t-on répondu ? que cette protection, loin d'être utile, aurait gravement nui à une classe de personnes qui le plus souvent n'ont aucune notion de l'écriture, qui ne savent que signer leur nom ; qu'il leur aurait ainsi fallu pour des actes d'une importance minime, et sujets à se renouveler fréquemment, recourir au notaire, ou se passer de preuve. L'énumération faite par la loi rend cette explication très-vraisemblable, elle parle de laboureurs, vignerons, artisans, gens de journée et de service ; la nature de cette énumération doit aussi déterminer à mon avis le sens et l'étendue qu'il faut donner au mot marchand.

Quant à l'objection tirée des travaux préparatoires, il est aisé d'y répondre. Il s'agit d'une discussion au Conseil d'État, et non devant le Corps législatif ; il faut donc nous inspirer uniquement du texte et de l'esprit de la loi telle qu'elle est écrite.

Nous ferons remarquer aussi que la fin de l'article 1326 constitue une *exception* aux principes *généraux* écrits au commencement du même article ; or, en matière d'exception, le commentateur doit interpréter d'une façon très-stricte, et se renfermer dans des limites très-étroites.

Je pense donc, en supposant le contrat unilatéral, que la preuve écrite n'est parfaite qu'à la condition de réunir les formalités prescrites au premier alinéa de l'article 1326, c'est-à-dire, soit rédaction complète de la main de l'assureur, soit au moins, avec sa signature, la mention du bon ou approuvé, conformément à la loi.

177. — Toutefois, en supposant que l'assureur se soit contenté d'apposer sa signature, l'acte, incomplet au point de vue de la preuve, ne serait pas nul par cela même, il pourrait servir de commencement de preuve par écrit, et autoriser l'emploi de témoins, et par conséquent l'usage des présomptions de l'homme.

178. — Jusqu'à présent, nous n'avons parlé que des actes sous signatures privées, le contrat d'assurance peut être évidemment passé en la forme authentique.

L'article 1318 déclare que l'acte authentique, nul pour incompétence, incapacité ou défaut de forme, vaut néanmoins comme écriture privée, s'il est signé des parties. Cette disposition soulève une question générale et controversée.

179. — L'acte ainsi nul comme authentique ne vaut-il comme écriture privée qu'à la condition d'être conforme aux prescriptions des articles 1325 ou 1326 ? Je ne le crois pas. L'acte est à mon avis valable, quoiqu'il ne soit pas fait en plusieurs originaux, ni de la main du débiteur, ou qu'il ne contienne pas la mention du bon ou approuvé. Sans cela l'article 1318 n'aurait aucune utilité. Il est bien évident que cet acte vaut comme acte sous seing

privé, s'il réunit les conditions exigées par le Code. Dans cette hypothèse, le législateur aurait donc écrit une naïveté, ce que nous ne devons pas admettre.

En second lieu, jamais dans la pratique cet article n'aurait reçu d'application, car les parties, qui ont cru faire un acte authentique valable, n'auront pas pris soin d'observer les formalités des articles 1325 et 1326, lesquels ne concernent que les actes sous signatures privées. Enfin les dangers qu'a voulu éviter le législateur, en multipliant ses exigences, n'existent pas. A quoi bon la pluralité d'originaux, par exemple, puisque la minute reste dans l'étude du notaire ?

Il faut appliquer ici cette doctrine au contrat d'assurance.

180. — Nous venons de parler successivement des différents modes de preuve, et notamment de l'acte sous seings privés. Cela se comprend très-bien au cas où le contractant stipule *impersonaliter*, ou pour sa succession ou ses ayants-droits, ou bien encore pour lui-même, mais, supposons que le bénéficiaire soit telle personne déterminée, peut-être un étranger : il y a là une disposition à titre gratuit, une donation. N'est-il pas nécessaire que, dans cette hypothèse, l'acte soit toujours rédigé dans la forme authentique, conformément à l'article 931, du Code Napoléon et aux lois du 25 ventôse an XI et du 21 juin 1843 ? Non ; il est universellement admis que ces formalités ne sont pas requises, lorsque la donation est l'accessoire d'un contrat à titre onéreux [1], et telle est notre espèce (articles 1121 et 1973 du Code Napoléon).

---

[1] Merlin. Questions, V°. Stipul. pour autrui, § 3. — Toullier V. 215. — Duranton VIII, 417. — Troplong, III, 1081. — Cour de Cass. 28 juin 1837. Arr. de rej , 25 avril 1853.

Nous appliquerons du reste la décision de l'art. 1121 d'après laquelle le donateur peut, tant que le tiers donataire n'a pas déclaré vouloir en profiter, révoquer la disposition qu'il a consentie en sa faveur.

181. — Quand cette faculté de révocation sera-t-elle perdue et dans quelle forme l'acceptation doit-elle être faite ? Règle générale, l'acceptation doit être faite par acte authentique ; appliquerons-nous ce principe ?

La nécessité de l'acceptation par acte authentique ne se comprend pas. Il ressort en effet de l'article 1121 que le tiers peut accepter dans le contrat principal, car il manifeste ainsi sa volonté de profiter de la donation. Or, si on comprend que l'acceptation doive se faire par acte authentique, alors que cette forme est exigée à peine de nullité pour la donation même, une pareille exigence ne se concevrait plus au cas où la libéralité et l'acceptation peuvent être contenues dans un acte sous seings privés. Il n'y a évidemment aucune raison de se montrer plus difficile lorsque l'acceptation, au lieu d'être faite dans le contrat même, est manifestée par acte postérieur. Telle est l'opinion universellement admise.

182. — On décide aussi que l'acceptation en pareil cas peut être tacite, et par conséquent que la signification n'en est pas nécessaire [1].

183. — Enfin, et toujours par suite du même principe, il est admis que l'acceptation peut être faite après le décès du donateur, ou après la mort du tiers donataire [2].

---

[1] Duranton X, 240. — MM. Aubry et Rau sur Zach. III, § 346, no 12. — Arrêt de rejet, 5 novembre 1818.

[2] Duranton X, 248. — Delvincourt II, p. 264. — MM. Aubry et Rau sur Zach. V, § 653. — M. Troplong. III, 1006 et 1007. — Cour de Toulouse 19 novembre 1832. — Amiens, 16 novembre 1851

Lors donc que le contractant aura stipulé au profit de telle personne déterminée, les principes que nous venons de rappeler seront applicables.

Ainsi, nous déciderons que l'acte authentique n'est aucunement essentiel, que le tiers donataire peut accepter dans la forme qu'il lui plaît employer ; que l'acceptation peut même être tacite, et qu'elle peut être faite après le décès du contractant, et après le décès du bénéficiaire.

184. — Nous nous sommes occupés plus haut des formalités auxquelles doit obéir l'acte sous seings privés pour faire preuve complète du contrat, et des conséquences des irrégularités qui peuvent y être contenues. On n'aura pas souvent occasion dans la pratique d'appliquer la doctrine que nous avons exposée. En effet les Compagnies d'assurances se servent en général de polices imprimées, et qui sont rédigées conformément aux prescriptions légales.

Quelle est la valeur de ces polices imprimées ? Doit-on leur attribuer la même force qu'aux polices écrites à la main ? Cette question paraît bien singulière ; comment en effet les parties pourraient-elles se plaindre ? Elles ont eu tout simplement une plus grande facilité pour lire leurs engagements réciproques et s'en rendre un compte exact.

Cette question paraît donc être purement divinatoire, et elle l'est en effet. Elle a cependant été soulevée, et nous voyons même un arrêt de la Cour de Paris du 19 décembre 1849, lequel a décidé qu'on doit présumer aisément que les clauses imprimées ont échappé à l'attention et à l'examen de l'assuré. Quel que soit le respect légitime qui entoure les décisions des tribunaux, il y a lieu de s'étonner d'une pareille doctrine. Aussi la Cour suprême a-t-elle cassé cet arrêt le 1er février 1853. Il n'est pas nécessaire, en effet, que l'acte émane d'une des parties contractantes, qu'importe alors qu'il soit écrit *par la main ou par la presse* de l'imprimeur ? Si la police est imprimée, il en résulte au contraire, ainsi que je le disais tout à l'heure, une plus grande clarté qui profite à tous.

185. — Si une clause imprimée paraît contredite par une clause écrite à la main, quelle est celle qui doit avoir l'avantage ? Nous ferons remarquer tout d'abord qu'une pareille contradiction doit, pour être admise, être démontrée de la façon la plus complète. Supposons que cette contradiction existe ; on a par exemple oublié d'effacer un article imprimé, et écrit une disposition qui y déroge, soit expressément, soit tacitement, mais d'une manière certaine. En pareil cas, le doute n'est pas possible, il y a dans le fait même de l'écriture, nécessairement postérieure à l'impression, une manifestation de volonté évidente, qui assure la supériorité de la clause écrite. Toutefois, c'est là un moyen extrême, un remède héroïque, auquel il ne faut se résoudre qu'après un mûr examen et en parfaite connaissance de cause.

186. — Nous venons de voir les formalités extrinsèques qui doivent être observées dans la rédaction des polices d'assurance, nous pourrions nous en tenir là ; toutefois nous allons examiner rapidement quelles sont les énonciations qu'il faut avoir soin d'y insérer.

187. — L'article 332 du Code de Commerce énumère les différentes indications que doit contenir la police d'as-

surance maritime. Je ne crois pas qu'on puisse étendre cette disposition aux assurances terrestres ; elle serait tout à la fois incomplète et impossible. Il faut donc laisser cet article de côté, et dire que les parties devront noter tout ce qui est essentiel au contrat d'assurance sur la vie, tel que nous l'avons étudié jusqu'alors.

188. — Ces énonciations sont :

1° *L'indication de l'assureur et du stipulant*. Il faut évidemment que les deux parties soient clairement désignées, on énoncera leurs noms, prénoms, professions, domiciles ; mais il n'y a pas là de mode prescrit d'une façon nécessaire, il suffit que la personnalité des contractants puisse être facilement reconnue.

Si l'assureur est une Compagnie, il faudra la désigner d'une façon nette, ce qui sera facile, car les Compagnies ont toutes un nom particulier et un siége fixe ; il faudra y joindre les noms de l'agent, qui la représente, ainsi que l'indication des statuts qui lui donnent le droit de contracter.

2° *L'indication du terme d'échéance*. Sans terme il n'y a pas d'assurance, puisqu'il n'y a pas de risque ; mais en général on suppléera sans peine au silence de la police sur ce point.

Le terme sera tantôt tel laps de temps, lorsqu'il s'agit d'assurance temporaire : il suffira alors d'indiquer clairement le quantième, le mois et l'année ; tantôt, et c'est le cas ordinaire, il s'agit d'un délai incertain, la durée de la vie de telle personne. Dans cette dernière hypothèse, il faudra encore désigner cette personne d'une manière qui ne laisse aucun doute. Le moyen le plus simple sera de la faire connaître par ses nom, prénoms, profession et domicile. — On pourra pour plus de sûreté indiquer son âge, le lieu de sa naissance, tel signe distinctif, un sobriquet par exemple, etc... Le devoir des parties contractantes est de s'exprimer avec une clarté parfaite ; quant aux moyens, elles ont le choix. Le plus souvent, l'assurance étant sur la tête du stipulant, cette énonciation se confondra avec la première.

3° *La fixation des primes.* L'importance de cette énonciation n'a pas besoin d'être démontrée. Toutefois elle peut être inutile ; c'est ce qui arrive lorsque le contractant a déjà exécuté complétement son obligation au moment où la police est rédigée.

Par fixation des primes, nous entendons non-seulement leur chiffre, mais aussi les époques de versement.

4° *Fixation de ce que paiera l'assureur.* La nécessité de cette énonciation est capitale. Tel est en effet le but du contrat ; elle est aussi essentielle que l'indication de l'objet vendu dans un acte de vente.

5° *Indication des différentes formalités exigées par la loi pour la validité des actes auth ntiques, ou sous seings privés.* Mention du double original, du — bon ou approuvé — signature des parties, des notaires, des témoins, etc.

189. — Telles sont, à mon avis, les seules énonciations essentielles : il en est d'autres très-importantes, il est vrai, mais dont l'absence ne présente pas le même caractère de gravité.

Ainsi la déclaration de l'âge, de l'état de santé de l'assuré n'est pas nécessaire, car le contrat se comprend parfaitement sans cela. C'est une exigence de la part de l'assureur, exigence dont l'utilité se justifie sans peine, mais le contrat existe sans elle, et par conséquent la police est régulière en l'absence de cette clause.

Il en est de même de l'indication de l'époque où commence la responsabilité de l'assureur. Cette responsabilité est toujours présumée commencer au moment même du contrat, la police est donc encore régulière, si elle garde le silence sur ce point.

190. — Toutefois, si en fait ces déclarations, ces conventions ont eu lieu, il faudra les insérer dans la police et en faire l'objet de *clauses particulières*. Et de même pour toutes les autres conventions. Il y en a de très-fréquentes, telle est celle qui prononce la résiliation de la police de plein droit au cas de non paiement des primes à l'échéance, — celle qui limite la responsabilité de l'assureur en exceptant certaines causes de mort. Si ces conventions ont eu lieu, la police devra en parler ; mais, je le répète, il n'y a rien là d'essentiel au contrat, et par conséquent l'absence de ces clauses ne rend pas la police incomplète.

Enfin, une dernière énonciation dont l'importance est évidente, c'est *l'indication de la date*. C'est elle qui fera connaître en effet si au moment des conventions les deux parties étaient respectivement habiles à conclure ce contrat.

CHAPITRE QUATRIÈME

QUI PEUT ÊTRE INSTITUÉ BÉNÉFICIAIRE?

Examen du cas où le bénéficiaire est mort lors du contrat d'assurance,
— et où il n'est encore ni né, ni conçu, à cette époque. — Application des règles générales d'incapacité en matière de donation. —
Cas où le bénéficiaire est le conjoint. — Interprétation de la clause
ordinaire d'après laquelle on stipule pour ses héritiers.

191. — L'assurance, ainsi que nous l'avons vu, peut être constituée au profit d'un tiers ; elle contient alors à l'égard de cette personne une véritable donation soumise à des règles particulières, conformément à l'article 1121 du Code Napoléon.

Nous venons de voir que la doctrine et la jurisprudence sont d'accord pour décider que la donation faite dans les termes de cette disposition est dispensée des règles de forme ; l'acte authentique n'est pas nécessaire, et l'acceptation peut être faite dans n'importe quelle forme ; bien plus, elle peut s'induire tacitement, et il n'y a par conséquent pas besoin de la signifier.

Tels sont les principes que nous devons appliquer au cas où le contrat d'assurance contient une clause de donation.

192. — Toutefois, si une pareille donation est dispensée des conditions de forme, elle reste néanmoins assujettie aux conditions de fond.

Nous examinerons plus tard les effets importants de cette doctrine (chap. VIII). Nous nous bornerons pour le moment à l'étude de cette question : Qui peut être institué bénéficiaire?

193. — Règle générale, on ne peut donner qu'à une personne vivante, ou tout au moins conçue. Faut-il appliquer ce principe ?

Nous avons vu que, dans notre espèce, l'acceptation peut être faite après le décès du donateur, et même après le décès du donataire par ses héritiers. Pousserons-nous plus loin cette doctrine, et dirons-nous que la donation est valable alors même que le donataire était mort au moment du contrat ; ses héritiers peuvent-ils l'accepter ? Évidemment non. Celui qui stipule une donation dans les termes de l'article 1121 du Code Napoléon fait une offre au donataire, offre qu'il peut retirer jusqu'à l'acceptation. Si la personne à qui cette offre est faite vit, on peut dire qu'il entre à ce moment là même un droit dans son patrimoine, droit bien incertain il est vrai, puisqu'il est révocable, mais quelque incertaine qu'en soit la nature, ce droit existe. On conçoit dès lors qu'il puisse passer, tel qu'il est, aux mains des héritiers. Un pareil raisonnement ne se comprend pas, si la personne à qui cette pollicitation est faite ne vit plus à ce moment. Comment, en effet, peut-on faire une offre à une personne décédée ? Il y a là une impossibilité évidente.

On peut néanmoins objecter que le droit d'acceptation n'étant pas personnel, puisqu'il passe aux héritiers dans un cas, rien ne s'oppose à ce qu'il leur appartienne directement, comme une partie de la succession, alors même que leur auteur serait décédé au moment de la donation. Ce raisonnement ne peut pas être admis. Autre chose est l'exercice d'un droit acquis, autre chose son existence même. Le donateur fait une offre à Primus vivant, le droit pour Primus d'accepter est né, il existe, il fait partie de son patrimoine, et on conçoit qu'il *puisse être exercé* par ses héritiers. Tout autre est la situation quand Primus est mort lors du contrat. Le droit d'acceptation n'a pas pu naître parce que l'offre était faite non aux héritiers de Primus, mais à Primus lui-même, et que Primus étant décédé, cette offre était impossible.

194. — Que décider si le bénéficiaire n'est pas conçu? La question est vivement discutée. A mon avis la solution précédente est applicable, et la clause accessoire de donation ne peut en pareil cas produire aucun effet [1].

Il me paraît absolument impossible de faire une offre au néant. Toutefois cette question est très-gravement controversée, et l'opinion contraire est soutenue par les plus éminents jurisconsultes [2].

195. — Je pense donc, conformément aux principes que je viens d'établir, que l'offre est nulle lorsqu'elle est faite à une personne décédée ou non conçue, et que dès lors, elle ne peut produire aucun effet.

Lors au contraire que la personne, désignée comme bénéficiaire, vivait au moment du contrat d'assurance, l'acceptation peut être faite par ses héritiers.

196. — Les articles 907 et 909 du Code Napoléon édictent des incapacités relatives de recevoir à titre gratuit. Il faut les appliquer.

197. — Ainsi l'article 907 annule la donation faite par un ex-mineur à son ex-tuteur avant que le compte de tutelle ait été rendu et apuré. Nous déciderons aussi

[1] M. Demolombe 1, n° 579 — MM. Aubry et Rau sur Zach. V § 650, n° 2
[2] Toullier V, n° 96 — Duranton VIII. 234. — Demante. Thémis VII, p. 37 et suiv. — M. Troplong II. 441.

qu'il ne peut pas se faire assurer au profit de son ex-tuteur dans les circonstances prévues par cet article 907.

La loi excepte les ascendants, c'est encore une décision qu'il faudra respecter.

198. — L'article 909 du Code Napoléon déclare
nulles les donations faites aux docteurs en médecine ou
chirurgie, pharmaciens, officiers de santé, ministres des
cultes, par une personne dans le cours de la maladie
qui l'a enlevée. Il faudra faire l'application de cet article
aux libéralités contenues dans le contrat d'assurance.

Je n'insiste ni sur les conditions prescrites par la loi,
ni sur les exceptions qu'elle admet, ces questions ont
été depuis longtemps approfondies, et n'offrent aucun
caractère nouveau au sujet de notre étude.

199. — On fera peut-être observer qu'une pareille
hypothèse n'est pas pratique. Comment admettre en effet
qu'une Compagnie d'assurances consente à traiter avec
une personne atteinte d'une maladie aussi grave ? La
réponse est aisée.

1° Si la disposition à titre gratuit est récente, le contrat d'assurance peut être ancien. Rien n'empêche en
effet que le contractant ait stipulé au profit d'une personne qu'il désignera plus tard. La police est, souvent,
ainsi que nous le verrons, cessible par voie d'endossement. La maladie n'existait pas lors du contrat, et l'endossement a eu lieu dans les derniers moments de la
vie. Une pareille combinaison est très-possible, et peut
fort bien se rencontrer dans la pratique.

2° L'assureur a pu se tromper. Les Compagnies ont
l'habitude, ainsi que nous l'avons fait remarquer, de
réclamer de l'assuré une déclaration sur son âge et son

état de santé ; elles en font une base essentielle du con
trat. Si la déclaration est fausse, le contrat est résilié au
profit de la Compagnie. Mais, d'après les principes que
j'ai exposés, la déclaration peut être erronée sans être
fausse dans le sens nécessaire pour entraîner la déchéance
convenue. Cette hypothèse d'une erreur commune, quoique peu probable, est possible, et l'assurance produit
tout son effet. Quant à la disposition accessoire elle peut
tomber sous le coup de notre article 909.

200. — Les Compagnies sont dans l'usage de demander des renseignements au médecin de l'assuré ; que
décider s'il les a donnés faux ? *Errare humanum est*, le
médecin n'est pas plus à l'abri de l'erreur que le simple
mortel. Si donc il s'est trompé de bonne foi, nul doute
que le contrat soit parfait.

Que dire en supposant que le médecin ait sciemment
trompé la Compagnie, mais que le contractant ait été de
bonne foi ? Le contrat d'assurance n'en reste pas moins
debout, la fraude du médecin ne peut porter aucun préjudice à la valeur des conventions (à moins que le médecin ne soit lui-même bénéficiaire, ou qu'il y ait eu
collusion entre le tiers donataire et lui), mais elle l'expose à une action en dommages-intérêts de la part de la
Compagnie. Quant aux héritiers ou ayant droit du stipulant, ils peuvent s'armer de l'article 909 du Code Napoléon, et faire tomber la clause de donation, mais c'est
un droit qui n'appartient qu'à eux, et la Compagnie doit
respecter le contrat principal intervenu entre elle et le
stipulant décédé.

201. — L'article 908 édicte, non pas une incapacité
complète, mais une incapacité partielle. L'enfant natu-

rel ne peut pas recevoir par donation entre vifs ou testament, au-delà de ce qui lui est accordé au titre des successions. Cet article est sans aucun doute applicable en matière d'assurance sur la vie.

Il ne faut pas oublier non plus l'incapacité absolue de recevoir à titre de donation, encourue par le fait de certaines condamnations pénales.

202. — Enfin nous rappellerons que dans le système, très-équitable du reste, de notre législation, les donations entre époux sont permises, mais sont aussi essentiellement révocables. Si donc un mari, contractant une assurance, désigne sa femme comme bénéficiaire, il pourra toujours modifier ou détruire cette disposition à titre gratuit, alors même que la femme l'aurait acceptée.

203. — Nous venons d'examiner quelles personnes peuvent être instituées bénéficiaires, ou plutôt quelles sont les exceptions mises par la loi au libre choix du contractant, mais il n'est pas toujours aisé de reconnaître à qui cette clause doit en réalité profiter, quelle a été l'intention véritable du stipulant. Les tribunaux auront une appréciation quelquefois difficile à faire, mais il ne s'agit que de l'examen de faits, de circonstances, et nullement de questions de droit. La Cour de cassation n'aura donc pas compétence pour en connaître.

204. — Une clause qui devra se présenter fréquemment dans la pratique est celle-ci : Un père stipule au profit de ses héritiers. En résulte-t-il un droit personnel aux enfants ? Est-ce au contraire une valeur de la succession ?

Cette question a des résultats pratiques des plus importants. Si c'est un droit personnel aux enfants, il continue à leur appartenir, alors même qu'ils renoncent à la succession de leur père, et les créanciers du *de cujus* ne peuvent en cette qualité élever aucune prétention à ce sujet. Au contraire, si on décide que le droit ainsi constitué est une valeur de la succession, les enfants renonçants ne pourront rien réclamer, et les créanciers du *de cujus* se partageront seuls le capital promis.

La Cour de Colmar a décidé dans le premier sens par arrêt du 27 février 1865, et cette solution me paraît très-équitable. Lorsqu'un père de famille contracte une assurance au profit de ses héritiers, quelle est l'intention qui paraît ressortir naturellement de cette clause ? Il semble bien certain que le stipulant n'a pas voulu enrichir sa succession pour augmenter le gage de ses créanciers ; sans doute, ce but serait fort louable, mais à choisir entre ses créanciers et ses enfants, il est fort probable que le père n'a pas hésité. Il a voulu par ce traité soustraire sa famille à la gêne, peut-être à la misère. Telle est l'intention presque évidente qui résulte de la nature et du but même de l'assurance. Ce qui rend en effet l'assurance sur la vie très-favorable, c'est qu'elle est, il faut bien le reconnaître, dans la presque totalité des cas, une caisse d'épargne pour la famille.

205. — Mais, si au lieu de stipuler pour ses enfants ou pour ses héritiers, le père avait stipulé d'une façon générale pour ses héritiers et ayants-droit, la solution contraire devrait être donnée. On peut dire en pareil cas que le contractant a stipulé *impersonaliter*, sans désignation de personne. Le soin qu'il a pris d'appeler ses ayants-droit prouve bien qu'il n'a entendu rien mettre dans le patrimoine de ses héritiers indépendam-

ment de cette qualité. Son intention est celle-ci : Profiteront de cette disposition mes héritiers en tant qu'héritiers, et tous ceux qui auront des droits sur ma succession, mes légataires, mes créanciers. Il a acquis une créance exigible à son décès, et qui devra grossir son patrimoine au profit de tous ceux qui sont appelés à le partager [1].

Telles sont, à mon avis, les interprétations qui doivent prévaloir dans ces diverses hypothèses.

206. — Toutefois les circonstances particulières pourront grandement influer sur le sens probable de ces dispositions, et il est impossible de donner des règles

---

[1] La Cour de Paris, 5e Chambre civile, vient de rendre un arrêt contraire (5 avril 1867. *Journ. du Palais* 1867, p. 911). Elle a décidé en dehors de toutes circonstances particulières que la stipulation d'une assurance au profit de ses ayants-droit fait sortir le bénéfice de la succession, que cette assurance ne profite qu'aux représentants à titre universel du défunt, tant héritiers que légataires, et que par conséquent la femme commune, les créanciers du contractant n'y peuvent rien prétendre.

Cette doctrine, malgré la gravité de cette décision judiciaire, et l'autorité de Monsieur l'Avocat général qui n'a pas hésité à dire : — *ce qui est véritablement aliéné d'une façon absolue, c'est le bénéfice de l'assurance* — cette doctrine, en dehors de toute espèce de circonstances de fait, me paraît contraire et au sens naturel des mots, et aux principes les plus incontestables du droit.

Est-ce que la communauté n'est pas un ayant-droit du mari ? Est-ce que ses propres créanciers ne sont pas ses ayants-droit ? Qui autorise à donner à cette expression un sens particulier contraire au sens ordinaire et vrai ?

Et de plus, cet arrêt *suppose* une donation, car il constate un appauvrissement du patrimoine sans aucun équivalent. Or n'est-il pas de principe que la donation ne se présume jamais ? Le Code ne nous offre-t-il pas à chaque page la preuve de cette règle qui est du reste si équitable et si naturelle ? A supposer même que cette clause soit susceptible de deux sens, que le mot — ayant-droit — ait deux portées différentes, ce que je ne puis admettre, à moins de preuve contraire, il faut évidemment choisir entre ces deux interprétations celle qui ne commande pas la supposition d'un sentiment de libéralité non justifiée.

invariables. L'importance des résultats qui en découleront est une nécessité de plus pour les juges de ne prendre une décision qu'après l'examen le plus scrupuleux.

CHAPITRE CINQUIÈME.

NULLITÉ, RESCISION, EXTINCTION DU CONTRAT D'ASSURANCE. LEURS EFFETS.

PREMIÈRE SECTION. — Nullité du contrat. — Caractères principaux qui distinguent la nullité absolue de la nullité relative. — Éléments nécessaires à la validité des conventions. — Nullité absolue. — Absence de consentement. — Objet. — Défaut d'objet. — Erreur sur l'objet. Cause. — Défaut de cause. — Cause illicite, immorale. — Effets de la nullité absolue. — Nullité relative. — Incapacité. — Vices du consentement. — Lésion. — Erreur. — Violence. — Dol ; examen spécial de ses caractères essentiels, et application au contrat d'assurance. — Effets de la nullité relative.

DEUXIÈME SECTION. — Causes normales d'extinction — Mort — Laps de temps. — Événement de la condition.

TROISIÈME SECTION. — Causes anormales d'extinction. — Résiliation conventionnelle ; rachat de§ la police. — Résolution pour cause d'inexécution des conventions. — Faillite. — Déconfiture. — Action Paulienne , ses effets. — Prescription.

207. — Les contrats n'ont quelquefois aucune existence réelle, on dit alors qu'ils sont nuls, c'est la nullité absolue. D'autres fois ils sont atteints dès leur naissance d'un vice, d'une infirmité qui peut se guérir par la ratification expresse ou tacite, ils sont alors réputés valables *ab initio* ; — au cas contraire ils sont annulés, c'est la nullité relative.

Les contrats qui réunissent au moment de leur création toutes les conditions de viabilité, n'aboutissent pas toujours aux mêmes résultats. Ils ont une fin naturelle, c'est celle qui arrive lorsque le contrat s'éteint par sa propre et complète exécution ; mais ils ont aussi une fin accidentelle, elle a lieu lorsque le contrat tombe en présence de certains obstacles, avant d'avoir produit les effets prévus.

Nous diviserons en conséquence notre chapitre en trois sections :

Première section. — Nullité du contrat d'assurance sur la vie. Ses effets.

Deuxième section. — Causes normales d'extinction. Leurs effets.

Troisième section. — Causes anormales d'extinction. Leurs effets.

PREMIÈRE SECTION.

NULLITÉ DU CONTRAT D'ASSURANCE SUR LA VIE. SES EFFETS.

208. — Ainsi que nous l'avons vu, la nullité peut être absolue ou relative. Il y a de grandes différences entre ces deux cas. Nous n'insisterons pas sur ce point dont nous avons déjà parlé, et qui du reste n'entre pas d'une façon spéciale dans le cercle de notre étude. Nous ferons remarquer seulement quelques points essentiels de distinction.

Quand la nullité est absolue, elle peut être invoquée par toute personne y ayant intérêt, et ne peut être couverte par aucune espèce de ratification. Quand la nullité est seulement relative, elle ne peut être invoquée que par la partie en faveur de laquelle elle a été établie ; et le contrat annulable peut être ratifié.

Nous traiterons séparément des cas de nullité absolue,

et de ceux de nullité relative, pour en examiner les effets.

§ 1. *Cas de nullité absolue. Ses effets.*

209. — La nullité est absolue quand le contrat manque d'un des éléments essentiels à sa formation, quand il est fait en violation d'une prohibition expresse de la loi, ou quand il est condamné par l'ordre public ou la morale.

Dans notre introduction, nous avons vu que la validité du contrat d'assurance sur la vie est ou plutôt était vivement discutée (n° 15). Aux yeux de certains auteurs, cette convention est illicite et contraire aux bonnes mœurs. Dans ce système, l'examen des cas de nullité ne peut pas être bien long. Mais nous avons repoussé cette doctrine, et pensé avec la plupart des auteurs, que ce contrat est très-possible et parfaitement permis. Laissons donc cette question de côté.

Un contrat est nul d'une nullité absolue, avons-nous dit, lorsqu'il manque d'un des éléments essentiels à sa formation.

210. — L'article 1108 du Code Napoléon exige pour la validité des conventions quatre conditions : — Le consentement de la partie qui s'oblige. — La capacité des contractants. — Un objet certain. — Une cause licite.

L'incapacité des contractants ne donne ouverture qu'à l'action en nullité relative, nous n'avons donc pas à nous en inquiéter, cette étude viendra plus loin.

211. — *Consentement de la partie qui s'oblige.* — Cette formule de la loi a été critiquée, mais le sens n'en est pas douteux. Les parties doivent être bien d'accord.

Toutefois le contrat n'est absolument nul qu'autant

que le consentement fait complétement défaut. Si le consentement n'est que vicié, le contrat n'est qu'annulable.

212. — *Objet certain.*

L'objet est ce à quoi le débiteur peut être contraint ; pour le stipulant, c'est le paiement de la somme promise, ou de la rente convenue ; pour l'assureur c'est le paiement des primes. L'un et l'autre acquièrent (sauf le cas exceptionnel où la prime unique est payée d'avance) un droit de créance qui constitue pour lui l'objet du contrat.

213. — Toutefois il ne suffirait pas pour l'assureur de promettre telle somme d'argent convenue, il est en effet de l'essence du contrat d'assurance qu'un terme soit fixé, et la durée de ce délai influe considérablement sur l'importance des obligations. Si aucun terme n'était fixé pour cette échéance, le contrat n'aurait en réalité aucun objet certain. Le stipulant aurait acquis un droit de créance illusoire puisque l'époque d'exigibilité n'en serait pas déterminée. En pareil cas le contrat d'assurance serait nul faute d'objet certain.

Par suite du même raisonnement, le contrat est absolument nul faute d'objet quand l'assurance a été constituée sur la tête d'un tiers, et que ce tiers est déjà décédé au moment où la convention intervient.

Il est encore évident que l'assurance faite sur la tête d'un condamné à mort est nulle faute d'objet ; la créance de l'assuré ne peut pas naître.

214. — Ces hypothèses sont peu probables. Si les parties étaient restées muettes quant à l'époque d'exigibilité, il serait en général aisé, d'après la nature du contrat d'assurance sur la vie, et la rédaction de la police, de suppléer ce silence, à cet oubli. Néanmoins, s'il était prouvé que les parties ont oublié non pas de mentionner une convention réellement intervenue, mais de s'occuper de la convention elle-même, qu'il n'y a pas eu accord même tacite de volontés, il faudrait donner la solution précédente.

Les hypothèses que nous avons parcourues jusqu'à présent sont à peu près irréalisables. Il est peu probable en effet que les parties ne soient pas d'accord sur la nature du contrat, et il est très-peu probable également qu'elles oublient de fixer soit le chiffre des primes ou de la somme à payer par l'assureur, soit le terme de l'échéance.

215. — Un cas qu'on peut prévoir d'une façon plus rationnelle est celui où les parties ont en réalité fixé des époques différentes. Il s'agit d'une assurance temporaire, le stipulant a cru s'assurer pour trente ans, l'assureur a pensé que le terme n'était que de dix ans. Ou bien le stipulant a pris pour terme la vie de Primus, et l'assureur la vie de Secundus ; les chances sont très-différentes.

Un pareil contrat est-il nul ou seulement annulable ? A mon avis, il est seulement annulable. L'erreur ne rend le contrat nul d'une façon absolue, qu'autant qu'elle porte sur sa nature ou *sur son objet même*. Si elle porte sur sa substance, le contrat n'est pas nul, mais annulable. Or dans les hypothèses que nous avons posées, les parties étaient parfaitement d'accord sur la nature, sur l'essence de l'objet ; l'erreur n'a porté que sur sa quotité, sa substance si l'on veut ; l'un a cru acquérir telle créance, et l'autre consentir une dette inférieure, il ne s'agit que du montant de l'objet.

216. — Nous avons supposé tout à l'heure le cas où aucun terme n'avait été fixé, où il était impossible de

remplir cette lacune, et nous avons pensé que, dans cette hypothèse, le contrat n'était pas seulement annulable, mais nul de plein droit. Ne nous mettons-nous pas en contradiction avec nous-même, en donnant une solution différente ? En aucune façon. Lorsqu'aucun terme n'a été fixé, l'objet fait défaut, il est impossible de savoir ce que chaque partie a eu en vue, ce qu'elle a cru acquérir. Dans notre espèce, il en est tout autrement, chaque contractant a eu l'intention d'acquérir telle créance, et de souscrire telle dette déterminée ; l'objet existe, il n'y a désaccord que sur sa quotité, sa substance. Il est donc impossible d'assimiler ces deux cas, et le reproche de contradiction serait mal fondé.

Nous ferons remarquer enfin que dans ces hypothèses, l'une des parties seule peut être lésée comme ayant pris à sa charge une plus grande quantité de chances mauvaises qu'elle ne le supposait. Seule aussi, elle doit pouvoir attaquer le contrat qui lui nuit.

217. — Nous devons avouer que ces suppositions ne se présenteront guère dans la pratique. La durée de l'assurance est un élément trop important du contrat pour qu'on puisse admettre aisément que les parties n'y aient pas attaché leur attention commune, et n'en aient pas fait l'objet d'une discussion spéciale. Si on a pris pour terme la durée de la vie d'un tiers, les Compagnies exigent toujours le consentement de ce tiers, ce qui exclut à peu près nécessairement l'erreur.

Ce que nous venons de dire à propos du terme, nous le répéterons au sujet du montant de la somme ou de la rente promise par l'assureur et des primes promises par le stipulant. En cas de désaccord sur la quotité, le contrat sera non pas nul, mais annulable ; le consentement est vicié, mais l'erreur ne porte que sur la substance de l'objet, et non sur l'objet même. La personne lésée au moment du contrat aura donc seule le droit d'en faire valoir la nullité.

218. — Mais, dira-t-on, un pareil raisonnement était bien inutile. A quoi bon discourir pour prouver qu'une personne qui n'a aucun intérêt ne peut pas agir ? L'idée lui viendra-t-elle jamais du reste d'intenter une action qui lui porterait préjudice ?

Ces considérations pratiques ne peuvent pas évidemment faire tort aux principes ; et d'ailleurs l'idée pourrait parfaitement lui en venir, car il est possible que cette action, au lieu de lui nuire, lui soit d'un intérêt véritable. Telle convention qui paraît *ab initio* devoir être ruineuse pour l'une des parties, vu l'énorme inégalité des chances qui pèsent sur elle, lui sera peut-être en réalité très-profitable. Et de même la clause qui paraît la plus avantageuse n'empêche souvent pas le contrat d'être très-funeste. Il est aisé d'imaginer en notre matière des cas où la partie, qui, par suite d'une erreur, s'était réservé des chances exceptionnelles, sera néanmoins lésée par l'effet définitif du contrat. Elle aurait donc intérêt à faire prononcer la nullité, mais l'intérêt ne fonde pas un droit et le droit fait défaut.

219. — C'est au moment même du contrat qu'il faut se placer pour juger quelle est celle des deux parties qui, par suite de son erreur, a traité d'une façon plus désavantageuse qu'elle ne le pensait.

220. — *Cause.*

Les contrats sont encore nuls d'une nullité absolue

quand ils manquent de cause, ou qu'ils reposent sur une cause illicite.

La cause est la raison immédiate qui a inspiré le contrat.

221. — Il est dès lors bien difficile de comprendre un contrat sans cause. On peut néanmoins, je crois, en donner en notre matière un exemple plausible.

Ainsi que nous l'avons vu plusieurs fois, le créancier peut faire assurer la créance qu'il a sur son débiteur. Quel est, à l'égard du stipulant, l'objet d'un pareil contrat? Acquérir une créance contre l'assureur. Pourquoi a-t-il ainsi contracté? Pour garantir sa créance ancienne; voilà la cause.

Supposons maintenant que cette créance ancienne soit éteinte au moment où intervient le contrat d'assurance, et cela à l'insu du créancier; par exemple, le débiteur est éloigné, et le créancier a élu domicile dans l'endroit où il demeure, ou bien il a chargé un huissier de poursuivre, et il vient d'être payé; la compensation nous fournirait aussi des exemples très—naturels et très—pratiques. Toujours est-il que cette créance primitive n'existe plus. Dès lors le contrat manque évidemment de cause, car le pourquoi n'a plus de réponse exacte.

Dans cette hypothèse, la cause fait donc défaut, et par suite, le contrat est nul.

222. — Nous donnerions aussi très-facilement des exemples de cause illicite; il suffit pour cela de supposer que la créance primitive, que le créancier veut garantir au moyen d'une assurance, est une dette immorale, ou condamnée par la loi.

Lorsque la cause est illicite, elle entraîne la nullité

absolue du contrat, tout aussi bien que le complet défaut de cause.

Nous venons de passer en revue, en observant le
cadre tracé par le Code Napoléon, les différents cas où le
contrat d'assurance sur la vie est entaché d'une nullité
absolue ; voyons maintenant quels en sont les effets.

EFFETS DE LA NULLITÉ ABSOLUE.

223. — Les effets de la nullité absolue sont bien
simples. Le contrat n'a jamais eu d'existence ; dès lors
il n'a pu produire aucun résultat. Si donc le contractant
a payé des primes, il a versé ce qu'il ne devait pas, et
de même pour l'assureur s'il a payé la somme promise.

Les sommes versées devront être rendues ; il y aura
lieu à répétition de l'indû et ce sera le cas d'appliquer
les ar t.1377 et 1378 du Code Napoléon.

§ II. — *Cas de nullité relative. Ses effets.*

224. — Nous avons déjà parlé en beaucoup d'endroits
de la nullité relative. Nous n'aurons en général qu'à
rappeler les solutions que nous avons données et à étudier les effets de la nullité prononcée.

Les contrats sont annulables lorsque le consentement
existe, mais incomplet soit par suite d'une incapacité
générale, soit par suite d'un vice particulier.

225. — Parlons d'abord des incapables. C'est une
question que nous avons complétement étudiée dans le
premier chapitre.

J'ai pensé que le mineur non émancipé, l'interdit, la
femme mariée sous le régime de la communauté de biens
ou sous le régime sans communauté ne peuvent pas

seuls contracter valablement une assurance sur la vie.

Je dirai donc qu'un pareil contrat est, non pas nul, mais annulable ; l'assureur ne pourra pas s'en plaindre, l'incapable aura seul ce droit.

J'ai décidé au contraire que le mineur émancipé, la personne munie d'un conseil judiciaire, la femme mariée sous le régime dotal, ou séparée de biens, soit conventionnellement, soit judiciairement, peuvent contracter seuls une assurance de ce genre. Une parcille convention, à mon avis, n'est ni nulle ni annulable, elle est parfaite.

226. — En second lieu, le contrat est annulable quand le consentement, bien qu'existant, est atteint d'un vice spécial.

La loi énumère quatre vices : *l'erreur,* — le *dol,* — la *violence,* — la *lésion.*

227. — *Lésion.* — La lésion est un vice exceptionnel en ce sens qu'elle ne rend attaquables que certains contrats. Règle générale, la lésion n'est pas une cause d'annulabilité. Il est inutile de nous étendre sur la justice et la nécessité de ce principe. Mais, s'il en est ainsi dans les contrats commutatifs, il est bien évident qu'il ne peut pas être question de lésion dans les contrats aléatoires, où tout repose sur la chance de gain, et par suite sur la chance contraire de perte.

Écartons donc cette première cause.

228. — *Erreur.* — L'article 1110 du Code Napoléon porte : « L'erreur n'est une cause de nullité de la convention, que lorsqu'elle tombe sur la substance même de la chose qui en est l'objet.

« Elle n'est point une cause de nullité, lorsqu'elle ne tombe que sur la personne avec laquelle on a inten—

tion de contracter, à moins que la considération de cette personne ne soit la cause principale de la convention. »

Ainsi, en premier lieu, le contrat est annulable quand il y a eu erreur sur la substance de l'objet. Nous avons étudié ce premier point en parlant de l'objet même (n° 202 et s.). J'ai pensé qu'il y a lieu à annulabilité lorsque les parties contractantes ont eu en vue deux termes différents d'exigibilité, ou des primes ou sommes également différentes. Dans ce premier cas, il n'y a pas erreur sur l'objet lui-même, mais sur une qualité substantielle de l'objet.

J'ai décidé qu'un pareil contrat est annulable au profit de la personne qui a véritablement cru à des chances plus favorables.

229. — En second lieu — « L'erreur sur la personne avec laquelle on a intention de contracter, dit la loi, n'est pas une cause de nullité, à moins que la considération de cette personne n'ait été la cause principale de la convention. »

Le contrat d'assurance sur la vie peut nous donner l'exemple d'une pareille erreur. Supposons en effet que le stipulant veuille assurer sa propre vie, ce qui est le cas le plus ordinaire, sa personne même joue le plus grand rôle dans la convention. Si donc l'assureur traite dans ces circonstances avec Primus, croyant traiter avec Secundus, le contrat d'assurance *pourra* être annulable aux termes de l'art. 1110 du Code Nap. 2ᵉ al. Mais il faudra nécessairement que l'assureur prouve qu'il lui était plus onéreux de traiter dans ces conditions avec Primus qu'avec Secundus.

230. — Je ferai sur ce point deux remarques :

1° J'ai supposé que le contractant était en même temps l'assuré. Si ces rôles sont séparés en effet, et qu'il y ait erreur sur la personne du contractant, il est difficile de bâtir une hypothèse où l'article 1110 soit applicable. Il s'agit toujours d'une spéculation, peu importe qu'on la tente avec l'un ou avec l'autre, du moment que les chances de gain ne sont pas modifiées.

Si l'erreur porte non plus sur la personne du contractant, mais sur celle du tiers, l'article 1110, 2° al. est tout à fait inapplicable, mais il y a alors, ainsi que je l'ai expliqué plus haut, erreur sur la substance de l'objet, et par conséquent annulabilité du contrat.

2° J'ai supposé l'erreur en dehors de toute espèce de fraude, de dol, c'est là un point sur lequel nous allons revenir.

231. — *Violence*. — La violence rend le contrat annulable au profit de la victime. Mais, quelle apparence qu'on rencontre jamais un pareil vice à propos du contrat qui nous occupe ?

On comprend à la rigueur qu'on emploie ce moyen pour acheter une maison, obtenir un contrat de bail, une remise de dette, etc., mais on n'a pas besoin de recourir à la violence envers les assureurs pour les déterminer à signer un engagement, et ils n'ont pas encore pris l'habitude d'user de ce moyen extrême pour grossir leur clientèle.

Toutefois, si l'esprit de concurrence les pousse à cette dernière limite, il y aura lieu, sans aucun doute, d'appliquer la disposition protectrice de l'article 1111 du Code Napoléon.

232. — *Dol*. — Le dol est encore une cause de

nullité des contrats parce qu'il vicie le consentement.

L'article 1116 du Code Napoléon porte : « Le dol est une cause de nullité de la convention lorsque les manœuvres pratiquées par l'une des parties sont telles qu'il est évident que, sans ces manœuvres, l'autre partie n'aurait pas contracté..... »

233. — Nous ferons plusieurs observations. Le dol est une cause de nullité parce qu'il produit l'erreur. Si l'erreur qui en résulte porte sur l'objet même, le contrat est absolument nul ; si elle porte sur la substance de l'objet, il est annulable, sans qu'on ait à s'occuper de qui proviennent les manœuvres frauduleuses, et même indépendamment de toute manœuvre de ce genre, puisque cette erreur suffit à elle seule, et en dehors de toute autre circonstance, à rendre le contrat nul ou annulable.

Nous ne nous occuperons donc que des cas où l'erreur n'a porté ni sur l'objet même, ni sur sa substance, ni sur la personne, dans le cas exceptionnellement prévu par l'art. 1110 du Code Napoléon.

L'erreur peut porter sur d'autres points. S'il y a simplement erreur, le contrat est parfaitement valable ; mais si l'erreur est produite par des manœuvres frauduleuses *émanées de l'autre partie* et si de plus il est établi que *sans ces manœuvres frauduleuses la partie trompée n'aurait pas traité, ou du moins n'aurait traité qu'à des conditions différentes*, le contrat est annulable.

Tels sont les principes dont il suffit de faire l'application à notre contrat.

234. — Voici un cas de dol qui devra se présenter fréquemment dans la pratique. Les Compagnies exigent toujours que le contractant qui s'assure fasse une décla-

ration dans laquelle il indique son âge, son état de santé, etc. Elles font de cette déclaration une des bases fondamentales du traité. Supposons que cette déclaration soit fausse[1]. Le contractant a eu par exemple une maladie mortelle dont il se savait parfaitement atteint ; ou bien il a produit des actes de l'état civil falsifiés ou s'appliquant à d'autres personnes. Ce sera le cas d'appliquer l'art. 1116 du Code Nap., car il est bien évident que si là Compagnie avait connu ce qu'elle était, d'après la convention acceptée, en droit de connaître, elle n'aurait pas consenti à traiter ou n'aurait du moins contracté que sur des bases tout autres.

Si c'est un mineur non émancipé qui produit ainsi des actes de l'état civil faux, ou qui emploie des manœuvres frauduleuses pour tromper sur son âge, ou sa santé, l'acte sera inattaquable à son égard car le mineur n'est pas restituable contre ses délits ou quasi délits (art. 1307 et 1310 du Code Nap.); mais la Compagnie aura parfaitement le droit de demander l'annulation du contrat qui la lèse.

Les manœuvres frauduleuses peuvent émaner aussi de l'assureur, et elles auront le même résultat à l'égard de l'autre partie. Elles sont, il est vrai, beaucoup moins probables, mais elles peuvent néanmoins se produire.

235. — L'erreur sur le motif n'est pas par elle seule une cause d'annulabilité, mais si elle est le résultat du dol, il en est autrement d'après les principes que nous avons rappelés. Supposons qu'un créancier ait un débiteur parfaitement solvable ; un assureur parvient en

---

[1] J'ai indiqué plus haut quelles sont à mon avis les conditions nécessaires pour qu'il y ait fausse déclaration (n° 72 et suivants).

produisant par exemple de faux états d'inscriptions hypothécaires, en invoquant des poursuites imaginaires ou par d'autres moyens coupables, à changer la conviction du créancier, et à provoquer de sa part une assurance. En pareil cas, il n'y a ni erreur sur l'objet même ou sa substance, ni défaut de cause, mais seulement erreur sur le motif du contrat d'assurance ; l'action en nullité n'en sera pas moins ouverte au profit du créancier victime des manœuvres frauduleuses de l'assureur.

236. — Mais si le dol provient d'une personne étrangère, il n'est pas par lui-même une cause d'annulation ; le Code est formel sur ce point. En pareille hypothèse, et sauf l'action en dommages-intérêts contre l'auteur de ces manœuvres, le contrat est valable, à moins que l'erreur produite ne réunisse les conditions que nous avons étudiées plus haut.

Que décider en supposant que les manœuvres frauduleuses émanent d'un tiers, il est vrai, mais que ce tiers soit le bénéficiaire ? Si la complicité du stipulant est prouvée, nous rentrons dans le cas de l'article 1116. Écartons cette circonstance. Le stipulant est à l'abri de tout reproche, ou du moins sa culpabilité n'est pas démontrée, ce qui, à mon avis, est la même chose, accorderons-nous l'action en nullité contre le contrat d'assurance ? En aucune façon, nous ne sommes pas du tout dans l'hypothèse prévue en termes formels par la loi, et nous ne serions pas non plus dans son esprit. Le stipulant en effet n'a rien à se reprocher, l'assureur au contraire a été au moins négligent, qu'il supporte à l'égard de l'autre partie contractante les résultats de son imprudence. L'assureur aura certainement son recours contre le tiers coupable en vertu de l'art. 1382 du Code Nap., mais le contrat d'assurance en lui-même restera parfaitement valable.

237. — Comment est-il possible en fait de supposer une pareille situation ? Ce n'est pas au bénéficiaire que la Compagnie s'adresse pour avoir une déclaration, mais à l'assuré contractant ; il semble donc que cette hypothèse ne se présentera jamais dans la pratique, et en effet elle sera rare. Nous pouvons cependant imaginer une espèce qui n'a rien d'invraisemblable.

Les Compagnies, avons-nous dit, ne s'adressent pas au bénéficiaire pour avoir une déclaration, mais au contractant assuré ; le bénéficiaire restera donc à l'écart, sans avoir jamais occasion de se produire. Il n'en est pas toujours ainsi. Les Compagnies sont dans l'usage de réclamer, en même temps qu'une déclaration de l'assuré, un certificat du médecin qui le soigne. Supposons que cette déclaration soit frauduleuse, que le médecin donne un excellent certificat, alors qu'il sait la personne atteinte d'une maladie mortelle, il y aura dol de sa part : maintenant nous n'avons plus qu'à donner à ce médecin la qualité de bénéficiaire, et nous nous trouverons en présence de cette situation qui sera certainement rare en pratique, mais qui malheureusement n'a rien d'irréalisable.

En pareil cas le contrat d'assurance, en admettant toujours la bonne foi du stipulant, restera sain et sauf, mais l'assureur aura droit de réclamer du bénéficiaire coupable des dommages-intérêts qui lui seront légitimement alloués.

Il est d'autant plus important de noter que le contrat

en lui-même reste inattaquable, que le bénéficiaire désigné peut avoir en réalité perdu toute espèce de droit.

EFFETS DE CETTE NULLITÉ

238. — La nullité relative ne peut être invoquée que
par une seule partie, le mineur, l'interdit, la femme mariée ou son mari, la personne dont le consentement a
été entaché d'erreur, surpris par dol, extorqué par
violence. Elle disparaît par l'effet de la ratification soit
expresse, soit tacite; il faut à ce sujet se reporter à
l'art. 1304 du Code Napoléon.

Tant que la nullité n'a pas été prononcée, le contrat
reste debout et doit être exécuté. Supposons que la nullité ait été prononcée à la requête de la partie qui avait
seule le droit de l'invoquer, quels en sont les effets ? Les
effets sont ceux de la nullité absolue; le contrat est réputé n'avoir jamais existé, chacune des deux parties
aura donc le droit de répéter les sommes qu'elle aura
pu verser.

239. — Voici ce que je lis dans un ouvrage sérieux :
« Toutefois, en raison de la gravité de ses effets, alors
surtout que le contrat aura reçu son exécution pendant
plusieurs années, on sent que la demande en nullité ne
doit être accueillie qu'avec circonspection par les juges,
et qu'ils ne doivent la prononcer qu'autant qu'il est
évident que la partie qui l'invoque n'y a pas tacitement
renoncé. Aussi en pareille circonstance, prononce-t-on
toujours plutôt la résiliation que la nullité du contrat[1]. »

Cet exposé me paraît faux. Que la nullité ne soit pro.

---

[1] M. Merger, *Des assur. terr.*, p. 151.

noncée qu'après mûr examen, nous sommes parfaitement d'accord, mais telle n'est pas la pensée de l'auteur. A l'entendre, une fois établi par exemple que l'assurance a été contractée par un interdit, la nullité ne devrait être prononcée qu'en l'absence de toute espèce de doute sur la non-ratification. C'est là une erreur. Si le dol, la violence, etc., l'incapacité sont démontrés, la nullité doit au contraire être prononcée, *à moins qu'on ne prouve qu'il y a eu ratification expresse ou tacite.* Ces deux manières de raisonner aboutissent évidemment à des conséquences tout à fait différentes.

L'observation de M. Merger pèche par sa base, car elle est contraire au principe — *Reus in excipiendo fit actor,* — qui est fondamental en matière de preuve.

Aussi arrive-t-on dans ce système à un résultat tout à fait inique. On n'ose pas, conformément aux véritables règles du droit, prononcer la nullité, on n'ose pas non plus déclarer le contrat valable, on prend un moyen terme, on conscille la résiliation. Et voilà un mineur, un interdit, un homme qui n'a cédé qu'à la violence, toutes personnes dignes d'intérêt, qui ont droit à la protection de la loi, et qui devront néanmoins supporter dans une certaine mesure les conséquences d'un acte qu'elles ont consenti dans un âge, ou à une époque d'incapacité. Il ne faut pas, sous prétexte que les résultats seront graves, pousser les juges à l'oubli de la loi. Un pareil système me paraît tout à fait contraire aux principes, et il aboutit à des conséquences injustes.

240. — La demande en nullité pourra être quelquefois accompagnée d'une demande en dommages-intérêts. Supposons par exemple le cas de dol, de violence exer-

cée par l'autre partie contractante, il y aura lieu à une indemnité, à condition qu'il y ait eu préjudice réel.

Les principes généraux posés par la loi en matière de dommages-intérêts sont du reste purement et simplement applicables.

SECONDE SECTION

CAUSES NORMALES D'EXTINCTION. — LEURS EFFETS.

241. — Cette section ne demande pas beaucoup de développements. Les causes normales d'extinction sont toujours formellement prévues dans les polices, et nous en parlons continuellement dans le cours de ce traité.

Rappelons cependant les causes principales, et voyons quels effets elles produisent.

242. — L'assurance est constituée sur la tête d'une personne distincte. S'il n'y a pas d'autres conditions, la situation est bien simple. L'obligation de l'assureur est une obligation à terme incertain; le terme incertain, c'est la mort de l'assuré; c'est elle qui fixe l'échéance. Une fois donc ce décès arrivé, l'assureur doit payer la somme promise ou servir la rente convenue, en un mot s'acquitter des prestations qui lui incombent, entre les mains du bénéficiaire.

Si le contractant est en même temps l'assuré, sa mort met fin aux paiements périodiques qui constituent ordinairement la prime, en même temps qu'elle marque l'é— chéance de l'obligation de l'assureur. Mais si les qualités de stipulant et d'assuré ne reposaient pas sur la même tête, la mort du stipulant n'aurait aucune influence sur le contrat. D'une part, elle ne donnerait pas ouverture à l'obligation de l'assureur, puisque le terme est non la mort du contractant, mais celle de l'assuré ; et d'autre part elle n'éteindrait pas pour la même cause l'obligation du stipulant, qui s'est engagé à payer des primes périodiques. Cette obligation passerait, comme toutes les autres, sur la tête de ses successeurs *in universum jus*.

243. — Nous avons supposé jusqu'à présent une assurance sur la vie pure et simple ; compliquons un peu l'espèce en supposant que l'assurance soit temporaire. L'époque d'échéance pour l'obligation de l'assureur est encore incertaine dans cette hypothèse, mais renfermée dans un délai fixe. L'obligation de l'assureur n'est plus du reste à terme, mais conditionnelle. Je m'explique par une espèce. Je m'assure pour dix ans, cela veut dire que si je meurs dans ce délai, l'assureur devra payer telle somme convenue ; si au contraire je survis à ce terme, les primes que j'aurai versées seront tout à fait perdues pour moi, et sans aucune compensation. C'est un cas analogue à celui de l'assurance contre l'incendie, avec cette différence toutefois qu'en cas d'incendie l'assureur ne paie que la valeur véritable du dommage causé, ou partie proportionnelle du dégat, tandis qu'en matière d'assurance sur la vie, de pareilles appréciations ne sont pas possibles.

Dans cette hypothèse, il y a véritable obligation conditionnelle ; et ce que nous avons dit au cas où les qualités de stipulant et d'assuré sont confondues sur la même tête s'applique également au cas où ces qualités appartiennent à deux personnes distinctes. Si l'assuré décède dans la période fixée, la condition suspensive s'est accomplie, et l'assureur doit s'exécuter ; si au contraire, l'assuré vit encore à l'expiration du délai, l'obligation de l'assureur est éteinte faute de réalisation de la condition.

244. — Nous ne parlons pas de l'absence. C'est un point que nous examinerons à part. J'ai cru devoir étudier les questions relatives à l'absence dans un petit chapitre spécial (chap. VII). Ces hypothèses sont rares en pratique, mais elles ont une importance théorique considérable à cause des difficultés que soulève la matière de l'absence. J'ai pensé qu'il valait mieux grouper dans un même cadre toutes les questions qui y ont trait, afin de pouvoir à la fois les étudier avec plus de détails, et en donner une vue d'ensemble.

245. — Nous pouvons aussi supposer le cas où un créancier fait assurer le montant d'une dette. Dans cette hypothèse, l'obligation de l'assureur est encore conditionnelle. Si le débiteur paie complétement sa dette, l'obligation de l'assureur est éteinte sans bourse délier. Si le terme convenu s'écoule sans qu'il y ait eu satisfaction complète, l'assureur devra payer ce qui restait dû au créancier. Dans les deux cas, le contrat a une fin naturelle.

TROISIÈME SECTION

CAUSES ANORMALES D'EXTINCTION. — LEURS EFFETS.

246. — Cette section offre une grande importance. Nous étudierons successivement les causes anormales qui peuvent mettre fin au contrat d'assurance sur la vie, et nous rapprocherons immédiatement de chaque cause les effets qu'elle produit.

Les causes principales que nous allons examiner sont les suivantes :

1° Résiliation conventionnelle.

2° Résolution pour cause d'inexécution des conditions.

3° Faillite et déconfiture.

4° Action Paulienne.

5° Prescription.

247. — 1° *Résiliation conventionnelle.*

En première ligne, nous parlerons bien évidemment de la résiliation par suite d'un commun accord de volontés.

Il est inutile de faire remarquer la différence capitale qui sépare le contrat annulé ou résolu du contrat résilié. Le contrat nul n'a jamais eu d'existence, le contrat annulé ou résolu est mis sur le même pied, le contrat résilié au contraire a vécu, il a eu une existence parfaite ; s'il tombe, cette chûte n'a de résultat que pour l'avenir, et laisse le passé tout à fait intact.

La résiliation conventionnelle est un contrat, qui dès lors doit, pour être valable, réunir les différentes conditions posées par la loi. C'est un point sur lequel nous n'avons pas besoin d'insister.

248. — Quels en sont les effets ? Tout dépend de la convention intervenue entre les parties ; il est impossible de donner des règles générales, elles varient suivant les clauses ; la convention fait la loi.

249. — Les polices contiennent en général une clause qui permet au contractant de demander la résiliation lorsque l'assurance a déjà duré un certain temps (ordinairement trois ans).

C'est ce qu'on nomme *le rachat de la police.*

La Compagnie rachète en effet la police moyennant

une somme qui varie suivant l'âge de l'assurance, et qui est fixée d'après des tarifs dressés d'avance à cet effet.

On comprend aisément pourquoi les Compagnies exigent que l'assurance ait duré plusieurs années. Il serait singulier d'autoriser une partie à se dédire le lendemain même du contrat.

250. — 2° *Résolution pour cause d'inexécution des conditions*.

Ainsi que nous l'avons vu, le contrat d'assurance sur la vie est en général un contrat synallagmatique, et dès lors il est soumis à l'article 1184 du Code Napoléon.

251. — La seule obligation qui incombe de droit au stipulant, c'est le paiement des primes. A un certain moment, il ne fait plus son versement périodique, que décider? L'article 1978 du Code Napoléon déclare qu'en cas de rente viagère, le défaut de paiement des arrérages ne suffit pas à motiver la résolution du contrat, le crédi-rentier a seulement le droit de faire vendre les biens de son débiteur en quantité suffisante pour assurer le service des arrérages. Appliquerons-nous cette disposition, ou bien dirons-nous qu'il faut s'en tenir à l'article 1184 du Code Nap.? La question ne me paraît pas douteuse. Il existe, il est vrai, une certaine analogie entre le contrat d'assurance sur la vie, et le contrat de rente viagère, mais cette analogie incomplète ne suffit pas, pour qu'on puisse étendre une disposition aussi exceptionnelle que l'article 1978 du C. N. Placés entre le droit commun écrit dans l'art. 1184 et le principe exorbitant contenu dans l'art. 1978, le doute ne me paraît pas possible, il faut évidemment s'en tenir au droit com-

mun. Nous dirons donc, conformément à l'art. 1184, que le stipulant, en refusant d'acquitter les primes, manque à l'exécution de son engagement, et que dès lors l'assureur a un double droit: ou bien exiger cette exécution en poursuivant son débiteur, et au besoin en faisant saisir et vendre ses biens, — ou bien, demander la résolution du contrat avec dommages-intérêts.

Nous supposons que l'assuré prend cette seconde voie. S'agit-il alors d'une véritable résolution, n'y a-t-il pas lieu plutôt de prononcer une résiliation pour l'avenir? Peut-être dira-t-on qu'il faut s'en tenir à la résiliation par ce motif que pendant les années qui ont précédé le jour du refus de paiement, les deux parties ont exécuté leurs engagements réciproques, l'une en payant, l'autre en garantissant les risques. Ce raisonnement n'est pas exact, car en réalité tant que les risques ne se produisent pas, l'obligation de l'assureur est suspendue ; on ne peut pas dire que pendant tout ce temps il ait exécuté l'obligation qui lui incombait. Il était prêt à le faire, d'accord , il n'attendait que l'occasion, c'est très-possible, mais l'occasion ne s'est pas présentée, il n'a donc rien eu à exécuter.

Qu'en matière d'assurance contre l'incendie, les tribunaux prononcent non pas la résolution, mais la résiliation du contrat, cela se comprend, mais les situations sont loin d'être les mêmes. D'abord, en matière d'assurance contre l'incendie les primes sont très-minimes comparées à la valeur des immeubles, il en est tout autrement des primes des assurances sur la vie comparées au montant de la somme promise. Ces contrats sont aussi inspirés par des motifs différents.

Enfin, et c'est là une remarque importante, ma maison est assurée depuis trente ans, la créance que j'ai acquise contre la Compagnie n'a guère plus de valeur que le premier jour, parce qu'elle est conditionnelle, et que la condition a fort peu de chances de se réaliser jamais. Tout autre est notre situation, puisque l'époque d'exigibilité est nécessairement renfermée dans des limites étroites, la vie humaine. Chaque année augmente dans des proportions considérables la valeur de ma créance. Si donc je ne puis à un moment donné acquitter une prime au bout de dix, vingt, trente ans peut-être de paiements périodiques, on ne peut pas sans une grave injustice me faire perdre ainsi toutes les sommes que j'ai versées ; sans doute je puis devoir une indemnité, mais tout à la fois me priver de la créance que j'avais alimentée pendant si longtemps, et ne me restituer aucune des sommes que j'ai données, ce serait profondément inique.

Nous pourrions encore invoquer à titre de grave considération l'art. 1978 du Code Nap. que nous avons cité plus haut, mais cela est tout à fait inutile ; cette solution est commandée par les principes.

252. — Si l'assureur, au lieu de poursuivre le stipulant afin d'exécution des conventions, veut faire tomber le contrat, il devra donc en demander non la résiliation, mais la résolution.

Une fois la résolution prononcée, le contrat est réputé n'avoir jamais eu d'existence. S'il y avait résolution pure et simple, le contractant perdrait donc tout droit au capital ou à la rente convenus, et l'assureur devrait restituer toutes les sommes reçues à titre de primes.

Il y aurait encore là une injustice, car l'assureur se

trouverait être ainsi privé par le fait de l'autre partie, d'un gain probable, sur lequel il a dû légitimement compter, et qui a été le mobile de sa détermination. Il est même des cas où il perdrait ainsi un gain incertain quant à son chiffre, mais certain quant à son existence. L'hypothèse est aisée à concevoir, il suffit de supposer que l'assureur a déjà reçu au moyen des primes somme égale ou supérieure à celle qu'il a promise.

Le remède sera dans a condamnation du stipulant à des dommages—intérêts dont le *quantum* proportionnel devra naturellement varier avec les circonstances.

Il n'y a rien d'impossible à ce que les tribunaux allouent dans certains cas à l'assureur les sommes qu'il a précédemment touchées, mais ils doivent le faire à titre d'indemnité, et non en vertu des principes de la résiliation, qui ne doivent pas être appliqués en cette matière.

Il n'y a rien d'impossible non plus à ce qu'on accorde à l'assureur des dommages—intérêts en sus des sommes qu'il a reçues à titre de primes. C'est ce qui pourra avoir lieu au cas où la résolution est prononcée peu après la confection du contrat.

253. — Nous avons vu que les Compagnies sont dans l'usage d'autoriser le rachat des polices ayant déjà un certain temps d'existence, ordinairement trois ans. Le rachat est fait moyennant des tarifs dressés d'avance, et cette clause étant insérée dans la police fait la loi entre les parties. En pareil cas, si, au lieu de rachat volontaire, il y a résolution du contrat à la demande de l'assureur pour défaut de paiement des primes, appliquerons nous cette clause? Je n'hésite pas à admettre l'affirmative. Plaçons—nous successivement en présence du sti-

pulant, puis en présence de l'assureur. A l'égard du stipulant, il serait singulier de le voir profiter de sa faute ou de son imprudence, et il n'a pas lieu de se plaindre de ce qu'on l'assimile au stipulant qui, se sentant dans l'impossibilité de faire face à ses engagements, demande le rachat d'une police qu'il ne peut pas exécuter. Quant à l'assureur, il ne peut pas non plus faire diminuer la somme ainsi promise. Il est de principe en effet, en matière de dommages-intérêts, qu'ils ne peuvent pas dépasser le préjudice causé ; or ce préjudice, l'assureur l'a estimé évidemment à sa plus haute valeur; qu'il y ait demande de rachat, ou refus de paiement, la situation de l'assureur ne s'en trouve pas plus gravement atteinte ; il n'y a donc pas lieu de lui accorder une réparation plus considérable en attribuant au stipulant une somme moins considérable que celle ainsi déterminée.

254. — Supposons que, compensation faite de l'indemnité due à l'assureur, celui-ci soit condamné à payer un capital ; à qui reviendra-t-il ? Est-ce au contractant, est-ce au bénéficiaire ? Avant tout, il faut savoir si ce dernier a accepté ou non. S'il n'a pas accepté, le stipulant ayant droit de révoquer son offre pourra évidemment toucher la somme due par l'assureur, mais tant que cette révocation formelle ou tacite n'a pas eu lieu, l'acceptation peut être valablement faite. Toutefois, lorsque le contrat est résolu sans que la donation ait été acceptée, le tiers donataire ne peut prétendre à aucun droit sur la somme qui peut encore être due ; le contrat principal n'a plus d'existence, il en est de même évidemment de l'offre non acceptée.

255. — Supposons maintenant que l'acceptation ait

été faite en temps utile, le bénéficiaire pourra-t-il venir réclamer la somme versée par l'assureur? Sans aucun doute. L'intention du stipulant était d'investir le bénéfi-ciaire de tous les droits qui pouvaient résulter de l'assu-rance. Ce contrat a produit moins qu'on n'en devait attendre, raison de plus pour ne pas refuser au dona-taire l'avantage restreint qui en découle.

256. — Ne peut-on pas du moins lui opposer la règle : *Resoluto jure dantis, resolvitur jus accipientis?* En au-cune façon. Que veut dire cette règle? Qu'une personne ne peut pas conférer plus de droits qu'elle n'en a ou qu'elle n'en avait elle-même. Sans aucun doute le tiers ne peut pas réclamer le montant intégral de l'assurance, et c'est dans ce sens qu'on peut lui opposer le principe : *Resoluto jure dantis, resolvitur jus accipientis.* Mais ici il vient faire valoir des droits qui appartiendraient au stipulant lui-même, s'il n'avait pas fait un contrat acces-soire de donation ; il est donc bien évident que ce prin-cipe n'est pas applicable.

L'intérêt du bénéficiaire est grand, et il fera bien d'intervenir au débat afin d'éviter une collusion, et d'obtenir une condamnation en son propre nom. Il pourra ainsi éviter, même en dehors de toute idée de fraude, que les tribunaux n'obligent l'assureur à payer une somme trop minime.

257. — Nous avons toujours supposé jusqu'à présent que le contractant refusait de payer les primes. Les po-lices l'astreignent en général à d'autres obligations accessoires, par exemple de ne pas faire de longs voyages sur mer, de ne pas contracter d'engagements militaires, etc...; en cas de contravention, l'assureur

pourra bien évidemment demander la résolution du contrat, et nous appliquerons à cette hypothèse les principes que nous venons d'exposer.

258. — Le contrat d'assurance sur la vie est en général synallagmatiq'e, je dis en général, parce que l'obligation du stipulant peut être acquittée complétement *ab initio ;* mais l'obligation de l'assureur ne peut pas manquer d'exister. S'il se refuse à exécuter son obligation, il y aura bien certainement lieu d'appliquer aussi l'art. 1184, mais une pareille hypothèse est-elle réalisable? Nous examinerons plus loin le cas de déconfiture, de faillite, nous ne nous en occupons pas, et nous supposons l'assureur solvable. Cette hypothèse est purement théorique. En effet, ou bien l'assurance est profitable au bénéficiaire (ce qui aura lieu presque toujours), et il demandera l'exécution pure et simple du contrat au lieu de le faire résoudre ; ou bien elle est profitable à l'assureur, et il n'est pas admissible qu'il s'expose à la résolution.

259. — L'article 1975 du Code Napoléon est-il applicable?

Cet article déclare nul le contrat de rente viagère constitué sur la tête d'une personne qui meurt dans les vingt jours d'une maladie existant lors du contrat. Cette disposition est-elle applicable? Évidemment non, car elle est exorbitante du droit commun, et il est dès lors impossible de l'étendre par voie d'analogie. Nous écartons du reste le cas de fraude, il y aurait lieu en pareille hypothèse d'annuler le contrat, mais en raison de la fraude, et non en raison du décès prématuré.

260. — 3° *Faillite et déconfiture.*

L'article 346 du Code de commerce s'exprime ainsi :

« Si l'assureur tombe en faillite lorsque le risque n'est pas encore fini, l'assuré peut demander caution ou la résiliation du contrat.

« L'assureur a le même droit en cas de faillite de l'assuré. »

Appliquerons-nous cette disposition. Dégageons avant tout le contrat des questions de validité qui peuvent être soulevées en cas de faillite ; nous en parlerons plus loin.

Je crois qu'il ne faut pas hésiter à appliquer cet article 346.

261. — Supposons d'abord la faillite de l'assureur. On peut nous opposer l'article 1188 du Code Napoléon, et dire : L'obligation de l'assureur est au moins en général une obligation à terme. Or, qu'arrive–t–il lorsque le débiteur tombe en faillite ? Il est déchu du bénéfice du terme, et la créance devient exigible. Dès lors, si l'assureur tombe en faillite, il faut lui appliquer cette règle qui est la règle du droit commun, et déclarer que le stipulant ou le bénéficiaire pourra se présenter à la faillite pour le montant total de la somme promise. Il est aisé de répondre à cette objection, et nous établirons ainsi notre système.

Cette doctrine conduit à un résultat profondément inique. L'assureur de profession se trouve être le débiteur à terme de toutes les personnes qui se sont adressées à lui. Or, si tous les stipulants peuvent se présenter à la faillite, et réclamer chacun des dividendes proportionnels à la somme promise, il arrivera que deux stipulants qui ont contracté au même âge une assurance pour la même somme, mais à des époques différentes, recevront la même indemnité, quoique l'un ait payé les primes pendant trente ans, et l'autre pendant un an ou deux ans peut-être. Un pareil résultat serait évidemment injuste, et contraire au système d'égalité qui a présidé à la loi, en matière de faillite. N'est-il pas vrai, en effet, que la créance de Primus est en réalité bien plus considérable que celle de Secundus, puisque ses chances sont beaucoup plus grandes ? Il est bien évident que si Primus et Secundus avaient vendu leurs droits avant la faillite, les prix de cession eussent été tout à fait différents.

Il n'y a donc pas à tenir compte de ces observations et il faut appliquer purement et simplement l'article 346 du Code de commerce. De cette façon, si les stipulants ne s'entendent pas entre eux sur l'évaluation de leurs créances, ils demanderont aux tribunaux la résiliation, avec dommages-intérêts, et se présenteront ensuite à la faillite avec des droits liquidés.

262. — Supposons maintenant que l'assureur ne soit pas assureur de profession, et qu'il tombe en déconfiture, appliquerons-nous l'article 1188 du Code Napoléon, permettrons-nous au créancier de réclamer toute la somme promise ? Cela est évident au cas où la prime a été complétement versée, le stipulant s'étant acquitté en une seule fois. Mais supposons l'espèce ordinaire où la prime s'acquitte par versements périodiques ; je ne vois rien encore qui s'oppose à ce que le créancier, profitant de l'article 1188, réclame le paiement total, mais comme il resterait toujours débiteur des primes à verser, il fera mieux, en présence de ce débiteur insolvable, de demander la résiliation du contrat avec dommages-

intérêts ; de cette façon, il se soustraira aux conséquences futures de son engagement et produira à la
contribution pour la somme qui lui aura été allouée.

263. — Passons maintenant à la faillite du stipulant.
L'article 346 du Code de commerce est encore applicable, il ne peut plus être question de l'article 1188 du
Code Napoléon, puisque l'obligation du stipulant n'est
pas une obligation à terme, mais conditionnelle.

Nous ferons remarquer du reste, que l'art. 346 laisse
le choix à l'assureur ou au stipulant qui se trouve en
présence d'une faillite. Les créanciers ne pourront donc
pas s'opposer à la résiliation du contrat en offrant
caution suffisante. L'autre partie pourra accepter ou
rejeter cette offre à son gré.

264. — Le rôle d'assureur étant joué presque toujours par une Compagnie ou par une personne qui est
assureur de profession, il est peu probable au cas de
faillite de l'assureur que ses créanciers puissent offrir
la caution réclamée. Mais l'hypothèse est très-réalisable
s'il s'agit de la faillite du stipulant; les créanciers de ce
dernier auront souvent un grand intérêt à continuer
l'assurance, et il leur sera en général facile de fournir
caution suffisante.

Si les créanciers n'ont aucun intérêt parce que l'as—
surance est constituée au profit d'une personne qui n'en
a pas fait l'abandon à la faillite, et dont le droit n'a pas
été annulé, rien n'empêche ce tiers d'offrir à l'assureur
les garanties qu'il demande.

265. — En cas de faillite du stipulant assuré, la
police est souvent mise en vente par le syndic. Si cette
vente est faite avec le consentement de l'assureur, elle

est bien certainement valable. Mais si ce consentement n'a été donné ni d'une façon expresse, ni d'une façon tacite, la Compagnie peut évidemment s'en tenir au droit que lui confère l'art. 346 du Code de commerce. Toutefois les Compagnies reconnaissent ordinairement ces ventes sans difficulté, et elles ont raison; lorsque l'assurance a plusieurs années de date, elles n'ont, en effet, aucun préjudice sérieux à craindre de l'insolvabilité de leur débiteur; leur résistance ne ferait donc que nuire à leur crédit sans utilité réelle pour leurs intérêts.

266. — Nous venons d'étudier les effets de la faillite ou de la déconfiture en supposant qu'elles ne portent aucune atteinte à l'existence du contrat en lui-même; examinons maintenant quelle est leur influence sur sa validité.

La faillite est déclarée, et l'époque de la cessation des paiements a été déterminée; quel sera le sort du contrat?

Supposons l'assurance contractée au profit de telle personne, le conjoint, un enfant, ou un étranger, peu importe.

267. — *Première hypothèse.* Le contrat a eu lieu dans la période de la cessation de paiements, avant le jugement déclaratif.

Aux termes de l'art. 447 du Code de commerce, ce contrat (que nous supposons évidemment à titre onéreux) peut être annulé; mais il faut prouver que l'autre partie contractante avait connaissance de l'état de cessation des paiements, et les tribunaux ont même dans ce cas, une fois la preuve faite, pouvoir d'apprécier les circonstances.

Quant à la clause accessoire qui a constitué un tiers bénéficiaire, elle est absolument nulle (art. 446 du Code de C.), le tribunal n'a qu'à rechercher les dates, c'est une véritable question de chiffres. A ce point de vue, une fois cette vérification faite, la nullité s'ensuit de plein droit, le tribunal n'a aucun pouvoir d'appréciation.

268. — Supposons qu'il s'agisse d'un contrat dont la validité n'est pas mise en doute, que dirons-nous du paiement des primes pendant cette période, s'il s'agit de la faillite du stipulant, ou du versement du capital promis par l'assureur, si c'est lui qui est en faillite ? Nous appliquerons encore l'art. 447 du Code de commerce et nous déciderons que ces paiements *peuvent* être annulés, si on prouve la complicité de celui qui a reçu.

Mais si ces versements avaient été effectués avant terme, ou s'il y avait eu dation en paiement, il y aurait nullité de plein droit aux termes de l'art. 446 du Code de comm. sans qu'aucune preuve contraire fût admissible.

269. — *Deuxième hypothèse*. Le contrat a eu lieu dans les dix jours qui ont précédé l'époque de la cessation des paiements.

Il est en général inattaquable, car il est impossible de prouver que l'assureur a eu connaissance d'un état qui est réputé n'avoir pas existé à ce moment (art 446, C. de C.). Toutefois les créanciers pourraient avoir la ressource de l'action Paulienne, dont nous parlions tout à l'heure.

270. — Quant au contrat accessoire de donation, il tombe sans que les tribunaux aient aucun pouvoir d'appréciation (même art. 446).

S'il s'agit d'un contrat valable, nous appliquerons au

paiement des primes, ou au versement du montant de l'assurance dans ce délai de dix jours, les règles que nous venons d'exposer touchant la validité du contrat en lui-même.

271. — *Troisième hypothèse*. Le contrat est antérieur tant à l'époque de la cessation des paiements, qu'à la période de dix jours qui l'a précédée.

La loi commerciale ne prévoit pas le cas, et nous rentrons sous l'empire des principes généraux. Le contrat d'assurance, la donation, le paiement des primes, le versement du capital sont valables, à moins qu'on ne puisse invoquer contre eux l'action Paulienne. — C'est ce que nous allons examiner.

272. — *Action Paulienne (art. 1167, C. N.)*.

Les principes de l'action Paulienne sont différents suivant qu'il s'agit d'un acte à titre onéreux ou d'un acte à titre gratuit.

Les règles communes sont celles-ci : L'action Paulienne ne peut être intentée qu'autant que le débiteur est insolvable. Il faut prouver aussi que l'acte attaqué a causé ou augmenté cette insolvabilité : *Eventus damni*; enfin que cette conséquence était connue du débiteur : *Consilium fraudis*.

273. — S'il s'agit d'un acte à titre onéreux, il faut prouver enfin la complicité du tiers contractant. Une fois toutes ces conditions réunies, l'acte est annulé au profit des créanciers qui ont droit de se plaindre, c'est-à-dire des créanciers antérieurs [1].

---

[1] Cette doctrine n'est pas, il est vrai, universellement admise. — Elle est critiquée par les plus graves autorités ; mais ce n'est pas ici le lieu d'entrer en discussion à ce sujet. Je me borne donc à rappeler une controverse qui divise les jurisconsultes du plus grand poids.

Cette dernière condition n'est pas exigée quand les créanciers se trouvent en présence d'un tiers donataire. Les positions en effet ne sont plus égales : d'une part les créanciers luttent pour éviter une perte, *certant de damno vitando*, tandis que le tiers ne lutte que pour conserver un gain, *de lucro captando*. Toutefois la considération de la bonne ou mauvaise foi du tiers, inutile à examiner quant à la question de validité du contrat à l'égard des créanciers, est importante au point de vue des restitutions qu'on peut exiger du donataire.

Une fois ces principes rappelés, nous allons en faire l'application à notre matière.

274. — Quand il n'y a pas faillite, les art. 446 et suivants du Code de commerce ne sont pas applicables, et alors même qu'il y a faillite, ces dispositions sont souvent, ainsi que nous l'avons vu, impuissantes ; la seule ressource est alors dans l'action Paulienne.

275. — Avant tout, les créanciers doivent prouver que leur débiteur est insolvable, sans cela quel intérêt auraient-ils à faire annuler un contrat qui ne leur porte pas préjudice? Aucun, sans nul doute ; ils ne peuvent donc pas recourir à ce moyen exorbitant.

En second lieu, il faut que le contrat ait causé ou augmenté l'insolvabilité du débiteur. L'hypothèse est facile à concevoir. C'est ce qui arrive lorsque le stipulant contracte une assurance dont les primes épuisent son actif, ou rendent sa position pire, vu surtout l'inégalité des chances, en accroissant le chiffre de son passif.

Si nous supposons la déconfiture ou la faillite de l'assureur, il est plus difficile d'imaginer une espèce où cette seconde condition se trouve réalisée, puisque l'as—

sureur conserve toujours pour lui la plus grande partie des chances. Toutefois, si la minime importance des primes renversait cette proportion ordinaire, il faudrait autoriser les créanciers à intenter l'action révocatoire, en admettant évidemment que les autres caractères fussent réunis.

En troisième lieu, il faut prouver que le débiteur a su qu'en agissant ainsi, il se rendait insolvable, ou augmentait son insolvabilité déjà existante.

Nous n'insisterons pas sur cette condition qui n'offre rien de particulier dans notre matière. C'est un point délicat, et qui sera souvent d'une appréciation difficile.

276. — Il ne faut pas oublier que, dans le doute, les tribunaux doivent prononcer en faveur du contrat. Les créanciers sont en effet demandeurs, c'est donc à eux à faire preuve complète, sous peine d'être déboutés de leur demande.

Nous avons fini l'examen des conditions communes à l'exercice de l'action Paulienne, qu'il s'agisse d'un acte à titre onéreux ou d'un acte à titre gratuit.

277. — Or, nous rappellerons que ces deux contrats peuvent se trouver réunis dans le contrat d'assurance sur la vie, c'est même ce qui arrive le plus fréquemment. Il y a un contrat principal à titre onéreux, et un contrat accessoire à titre gratuit. Si donc les créanciers parviennent à faire tomber quant à eux le contrat principal, ils n'ont pas évidemment à s'occuper de l'autre, — *Accessorium sequitur principale.*

278. — S'ils veulent attaquer le contrat principal, le contrat d'assurance en lui-même, ils devront d'après les principes que nous avons énoncés, prouver en dernier

lieu la complicité de l'assureur. Certains auteurs pensent, il est vrai, que cette condition doit se présumer, et que c'est au tiers contractant attaqué à prouver son ignorance et sa bonne foi. Je ne puis pas admettre cette opinion qui me paraît contraire aux règles générales en matière de preuve : les créanciers auront peut-être beaucoup de peine à justifier de cette complicité ; mais cette difficulté n'est pas une raison de déroger aux principes fondamentaux. Il ne faut pas oublier du reste que cette action est un *ultimum subsidium*, un droit exorbitant, et qui, moins que tout autre, ne saurait jouir de priviléges contraires à la loi.

A l'égard du tiers bénéficiaire, le contrat étant à titre gratuit, cette dernière condition n'est plus exigée, peu importe au point de vue de la révocation que le donataire soit de bonne ou de mauvaise foi, qu'il ait ou non connu l'état des affaires du stipulant, *certat de lucro captando*, il lutte, pour conserver un gain, et ne peut pas, une fois les autres preuves faites, conserver le droit de créance qu'il a acquis sans bourse délier.

279. — Telle est la règle générale. Il faut cependant faire une distinction. Les tribunaux auront à apprécier les circonstances. Si le stipulant avait contracté en effet dans l'intention d'assurer une pension alimentaire à ses père et mère dans le besoin, il n'y aurait pas là une véritable donation, puisqu'il y a un droit de créance reconnu par la loi.

280. — Les créanciers pourront donc, alors même qu'ils restent impuissants devant le contrat d'assurance en lui-même, obtenir au moins la révocation de la disposition qui leur cause le plus grave préjudice.

281. — Supposons maintenant que l'action Paulienne ne puisse pas être intentée contre le contrat, que dirons-nous du paiement du capital ou des primes, en supposant bien entendu que le débiteur soit en payant devenu insolvable, ou que ces paiements aient augmenté son insolvabilité déjà existante ? Nous ferons remarquer tout d'abord que, si ces paiements ont été faits avant l'échéance, nul doute qu'ils puissent être révoqués, au moins dans les limites de l'*inter usurium* puisque, dans cette proportion, ils constituent un avantage, une donation évidente.

Mais laissons de côté ce cas, et supposons qu'il ait eu lieu à l'époque régulièrement fixée. L'action Paulienne est inapplicable à l'endroit de ces versements. Nous dirons avec les jurisconsultes romains : *suum recepit*, il a reçu son propre bien, ce qui lui appartenait, et peu importe qu'il l'ait reçu de bonne grâce ou qu'il l'ait exigé par la voie judiciaire, peu importe aussi que le créancier ait eu ou non connaissance de l'état des affaires de son débiteur, *suum recepit*.

282. — Nous avons terminé ce que nous avions à dire à propos de l'action révocatoire, toutefois avant de quitter ce sujet, nous ferons encore deux remarques importantes :

1° L'action Paulienne ne fait tomber le contrat qu'à l'égard des créanciers, et même à notre avis des créanciers antérieurs à l'acte, et nullement *erga omnes*, à l'égard des parties contractantes. La plupart du temps, il est vrai, cette réflexion ne présentera aucun intérêt ; mais si l'insolvable d'aujourd'hui parvient à relever ses affaires ou recueille une succession qui change sa situa-

tion de fortune, rien n'empêche que le contrat ains
attaqué ne produise des effets *inter partes*, ou que la partie
lésée n'obtienne réparation du préjudice qu'elle a souffert.

2° Alors même qu'il est impossible aux créanciers de
recourir à l'action Paulienne, pour faire tomber le contrat principal, ils peuvent trouver dans l'art. 1166 une
dernière ressource. Nous avons vu que la plupart des
Compagnies s'offrent à racheter moyennant des tarifs
dressés à l'avance les polices ayant une certaine durée
d'existence, trois ans d'ordinaire.

Lorsque ce rachat est effectué, la somme versée par
la Compagnie appartient évidemment au bénéficiaire,
mais supposons qu'aucun bénéficiaire n'ait été désigné,
ou que les créanciers aient obtenu la révocation de ce
contrat accessoire de donation, ils pourront alors, sans
recourir à ce même moyen bien plus difficile et souvent
impossible à l'égard de l'assureur, exercer en vertu de
l'article 1166 du Code Napoléon les droits de leur débiteur ; ils demanderont le rachat de la police, et le montant de la somme ainsi versée viendra augmenter leur gage.

Si les créanciers usent de cette faculté parfaitement
licite, le contrat est tout à fait détruit. Il ne reste pas
debout entre les parties contractantes, comme au cas de
l'action Paulienne, puisque les créanciers ont agi non
pas en leur nom propre, mais au nom et pour le compte
de leur débiteur lui-même en vertu de la subrogation
légale contenue dans l'article 1166 [1].

Quant au tiers bénéficiaire il est aussi complétement
dépouillé de son droit et sans espérance de compensation,

---

[1] Certains auteurs enseignent, il est vrai, qu'il faut une subrogation
judiciaire ; mais cette question n'a qu'une importance secondaire
et ne modifie pas les résultats que nous venons d'indiquer.

car il n'a pas la ressource de l'action en garantie contre le donateur.

283. — 4° Prescription.

L'article 432 du Code de commerce déclare que toute action résultant d'un contrat à la grosse ou d'un contrat d'assurance est prescrite par cinq ans *à compter de la date du contrat.*

Cette disposition est-elle applicable? Non. Et d'abord le Code de commerce ne parle que des assurances maritimes; le texte même de cette disposition et sa place prouvent que telle a été l'intention restreinte du législateur. Or cet article étant exceptionnel, exorbitant, il ne faut pas l'étendre au delà du cas spécialement prévu. Nous ajouterons que cette application est du reste matériellement impossible. Dira-t-on qu'au bout de cinq ans, date du contrat, l'obligation de l'assureur sera éteinte par prescription? Ce serait en réalité abolir les contrats d'assurance sur la vie. Laissons donc de côté cet article, et appliquons les principes généraux (Cour de Paris, 13 décembre 1851).

284. — Il y a deux sortes de prescription, la prescription acquisitive, et la prescription libératoire. Il s'agit évidemment ici de la prescription libératoire. Il n'y aura donc jamais lieu d'opposer une prescription reposant sur la bonne foi et un laps de temps de dix à vingt ans.

Le contrat d'assurance fait naître en général deux obligations, pour le stipulant obligation de payer les primes, pour l'assureur obligation de payer la somme ou la rente convenue. Examinons chacune d'elles au point de vue de la prescription.

285. — L'obligation du stipulant n'est pas en général à terme ; ordinairement ou bien il paie au moment même du contrat un capital déterminé, ou bien il s'engage à payer des annuités et verse ou doit verser immédiatement la première. Lorsque l'obligation est ainsi pure et simple, la prescription peut courir du moment même du contrat, et si trente ans se passent sans que le stipulant exécute soit le paiement unique, soit les versements périodiques mis à sa charge, son obligation est éteinte par prescription, à condition toutefois qu'il n'y ait pas eu d'acte interruptif.

Si quelques versements ont eu lieu, ils ont naturellement interrompu la prescription qui ne peut recommencer à courir qu'à dater du dernier de ces paiements.

Mais l'obligation du stipulant, quoique née avec le contrat, peut avoir été suspendue par un terme, la prescription ne commence au plus tôt qu'à l'expiration de ce délai (art. 2257 C. N.).

286. — On décide généralement en cas de rente que la prescription court du jour du contrat alors même que les arrérages ne doivent être payés pour la première fois qu'un an après [1]. La même décision sera évidemment applicable à l'obligation du stipulant, lequel a promis des primes annuelles ou périodiques.

287. — Lorsque la prescription est accomplie, le contractant est libéré du paiement non—seulement des annuités passées, mais aussi des annuités à venir, puisque

[1] MM. Troplong, t. II, 840. — De Fréminville. De la minorité, I, 485. — Cour de Pau, 26 juillet 1827. — Cour de cassation, 5 août 1829. — Contra. M. Vazeille, I, 358.

son obligation même est éteinte. L'effet ne peut survivre à la cause qui le produit.

Toutes ces hypothèses sont évidemment très-peu probables.

288. — L'article 2263 du Code Napoléon est-il applicable en notre matière ? Cet article dit que le créancier d'une rente peut exiger au bout de vingt-huit ans qu'on renouvelle le titre. L'assureur peut-il au bout de ce laps de temps exiger une nouvelle police ? M. Merger, dont j'ai déjà eu occasion de citer l'ouvrage, pense que cette disposition ne doit pas être suivie [1]. Son raisonnement paraît être celui-ci : le contrat ne devant être exécuté que lors de la mort de l'assuré, se trouve suspendu par l'effet d'un terme, la prescription n'est donc pas opposable, et il n'y a pas lieu de s'inquiéter de l'art. 2263 C. N.

Il y a là, à mon sens, une confusion fâcheuse. Il n'est pas exact de dire que *le contrat est suspendu*, l'obligation de l'assureur dépend, il est vrai, d'un terme, quelquefois même d'une condition (assurances temporaires) ; mais, ainsi que je l'ai fait remarquer plus haut, l'obligation du stipulant est indépendante de cette cause quant à son existence et son exécution. Sans doute les effets, considérés dans leur ensemble, n'en sont pas certains, l'importance n'en peut pas être déterminée, mais l'obligation n'est pas suspendue, elle produit des effets périodiques et exigibles. L'erreur me paraît évidente. Si j'achète moyennant une rente viagère constituée sur la tête d'un tiers, et dont je m'engage à payer dès aujour-

---

[1] M. Merger, *op. citato* p. 172.

d'hui la première annuité, une maison qui ne devra m'être livrée qu'à la mort de ce tiers, voilà certes une hypothèse bien analogue à celle d'une assurance sur la vie, osera-t-on dire qu'il y a là un terme tenant en suspens le contrat lui-même, et que l'article 2263 ne doit pas être appliqué ? Évidemment non, un pareil système serait trop contraire aux principes et au texte de la loi pour pouvoir être soutenu. Nous déciderons donc que l'art. 2263 doit être observé.

Les raisons sont du reste les mêmes. Les quittances sont en effet dans les mains du stipulant ; s'il est de mauvaise foi, il répondra à la demande en paiement dirigée contre lui : « Mon obligation est éteinte par la prescription, car voilà trente ans que je n'ai payé de primes. » — Et l'assureur serait probablement dans l'impossibilité de prouver le contraire ; or son intérêt est grand, car il perdrait ainsi le droit non-seulement aux annuités passées que le contractant n'avait réellement pas acquittées, mais aussi à toutes les primes futures.

L'article 2263 est donc applicable, mais il sera bien inutile d'y recourir, car la prescription peut être interrompue par des modes beaucoup plus simples.

289. — Nous nous sommes occupé jusqu'à présent de l'obligation même du stipulant, parlons maintenant du paiement des primes indépendamment de l'obligation.

Le stipulant est en retard de dix années par exemple ; il ne peut pas évidemment se prétendre libéré de l'engagement qu'il a souscrit, mais n'est-il pas fondé du moins à refuser le paiement d'une partie des primes qu'on lui réclame ? La Cour de Metz, par arrêt du 10 juillet 1840, a appliqué l'art. 2277 du Code Napoléon et avec toute raison. S'il s'agit de versements annuels ou qui devaient être effectués à des périodes plus courtes, le stipulant pourra opposer la prescription pour toutes les primes antérieures aux cinq dernières années. Dans notre espèce, il pourra se refuser à payer cinq primes.

Cette hypothèse se présentera bien rarement en matière d'assurance sur la vie, car les polices portent en général que, faute de paiement, le contrat sera résilié de plein droit, et c'est une clause dont les Compagnies aiment à se prévaloir. Toutefois, il est possible que cette clause n'existe pas. En second lieu on peut supposer qu'avant toute sommation ou assignation, le débiteur ait offert de payer les cinq dernières primes qu'il reconnaît devoir. Enfin cette clause étant purement facultative pour l'assureur, il peut, au lieu d'employer cette voie, réclamer le paiement des sommes dues ; en cas pareil, il faudrait même le déclarer déchu du droit de demander la résiliation, à moins de réserves spéciales de sa part.

Il faut remarquer du reste, et j'insiste sur ce point, que l'opposition de cette prescription laisse parfaitement intacte l'obligation du stipulant en elle-même ; bien plus, cette obligation s'en trouvera consolidée, car il y aura eu à son égard interruption de prescription.

290. — Passons maintenant à l'obligation de l'assureur.

L'obligation de l'assureur est ordinairement à terme, elle peut être aussi conditionnelle (assurance temporaire) ; or, aux termes de l'art. 2257 du Code Napoléon, la prescription ne commence à courir que du jour de l'accomplissement de la condition, ou de l'échéance du terme, c'est-à-dire de la mort de l'assuré.

Si trente ans se passent à partir de cette époque sans qu'il y ait eu paiement, l'obligation de l'assureur est prescrite, à moins évidemment que la prescription n'ait été interrompue.

291. — Une longue attente serait, on le comprend, une grande gêne pour les Compagnies qui pourraient être obligées de tenir en caisse pendant plusieurs années des sommes considérables, sous peine de se trouver prises au dépourvu. Aussi insèrent-elles en général dans leurs polices que l'ayant-droit sera obligé de demander le paiement dans un certain délai à partir de l'exigibilité, sinon qu'il sera déchu de tout droit à une réclamation ultérieure.

292. — Une pareille clause est-elle valable ? Cette question a été discutée. La Cour de Paris a déclaré qu'elle n'était pas licite par arrêt du 19 décembre 1849. On prétend qu'elle est contraire à l'article 2220 du Code Napoléon.

La Cour de cassation par un arrêt que nous avons déjà cité (1er février 1853) a repoussé cette doctrine en déclarant que cette clause n'a rien de contraire à l'ordre public. Cette opinion avait déjà prévalu devant la Cour de Nancy, laquelle avait décidé que la *durée de l'exigibilité d'un droit est susceptible d'être réglée par la même convention qui lui a donné l'existence* (arrêt du 25 juillet 1851). Le fondement de ce système est donc l'article 1134 du Code Napoléon, le respect dû aux conventions.

Sans doute il faut respecter les conventions, mais dans

certaines limites, à condition qu'elles ne soient pas contraires aux bonnes mœurs, à la morale, à l'ordre public, et à condition aussi qu'elles ne soient pas contraires aux lois. Or c'est, dit le premier système, ce qui a lieu dans l'espèce, cette convention est défendue par la loi, puisque l'art. 2220 du Code Nap. prohibe d'une façon formelle la renonciation à la prescription non acquise.

Cette objection qui a entraîné la Cour de Paris n'a pas de valeur, elle repose sur une erreur évidente. Que dit l'art. 2220 du Code Nap. ? Il prohibe la renonciation à une prescription non acquise, mais il ne s'agit nullement de renonciation à prescription. L'assureur seul pourrait dans notre hypothèse opposer la prescription, est-ce qu'il y a renoncé en stipulant d'une façon formelle que le paiement ne pourrait lui être réclamé que pendant un court délai, un an par exemple? C'est tout le contraire ; l'art. 2220 n'a donc rien à faire ici.

Pour que cet article fut applicable, il faudrait supposer que l'assureur eût dit *qu'on pourrait lui réclamer à toute époque, quarante, cinquante ans, etc., après la date d'exigibilité*, le paiement de la somme convenue, sans qu'il pût opposer d'autre exception que celle du paiement, de la compensation, etc. Tel est le sens de l'article 2220, mais c'est tout simplement notre hypothèse renversée.

Il faut donc décider avec la Cour de cassation et la Cour de Nancy que cette clause est parfaitement valable.

293. — La prescription peut être suspendue ou interrompue. Nous ne nous étendrons pas sur les causes de suspension et d'interruption, car elles n'offrent rien de particulier à notre étude. Il suffit d'appliquer les principes généraux écrits dans le Code Napoléon et qui

ont fait l'objet de commentaires savants et nombreux.

294. — Avant de quitter cette matière, nous reviendrons à la dernière espèce que nous avons posée, celle où la Compagnie a fixé un certain délai à partir du décès de l'assuré, dans lequel le bénéficiaire doit réclamer le paiement de ce qui lui est dû sous peine d'être déchu de son droit.

Je ferai remarquer qu'en pareille hypothèse, il ne peut plus être question ni de suspension, ni d'interruption, et cela par une raison fort simple, c'est qu'il ne s'agit plus de prescription. Lorsque le délai s'est écoulé sans réclamation de la part de l'ayant-droit, il est forclos, *non à cause de la prescription, mais à cause de la convention elle-même.*

295. — De ce qui précède, je tirerai une seconde conclusion. Le débiteur poursuivi en paiement doit bien se garder de conclure au fond sans exciper de son moyen de prescription, car il serait non recevable à l'opposer plus tard. Dans notre espèce, l'assureur n'a pas besoin de prendre cette précaution ; il pourra très-bien faire valoir la déchéance qu'il tire de la convention, même en appel, sans qu'on puisse lui opposer de renonciation tacite.

CHAPITRE SIXIÈME

CESSION

Principes généraux sur la cession. – Différents modes de cession — Mode ordinaire. — Application de l'art. 1690 du Code Napoléon. — Saisie-arrêt. — Endossement. — Perte de la police. — Importance de cette perte suivant les différents modes de cession.

296. — Du contrat d'assurance naissent deux créances, l'une au profit de l'assureur, l'autre au profit du stipulant ou du bénéficiaire.

Ces deux créances sont évidemment cessibles.

Si donc le stipulant qui a contracté pour son propre compte, soit qu'il s'agisse d'assurance temporaire, soit qu'il s'agisse d'assurance ordinaire, veut céder son droit de créance à terme ou conditionnelle, il est parfaitement libre de le faire. Il n'a pas besoin pour cela du consentement de l'assureur. Mais il ne peut pas se substituer en même temps le cessionnaire dans l'obligation de payer les primes, car il est impossible de changer un débiteur sans l'assentiment du créancier. Si l'assureur permettait cette substitution, il y aurait novation, et cette convention serait régulière.

Il ne faut pas croire du reste que la convention par laquelle le stipulant se substitue une tierce personne dans l'effet de son obligation soit nulle. Elle ne pourra pas être opposée à l'assureur qui est demeuré étranger au contrat, mais elle sera parfaitement valable *inter partes*. Si le substitué ne paie pas exactement les primes, le cédant exercera son recours contre lui.

297. — Il en est de même à l'égard de l'assureur ; mais la cession de créance à l'égard de ce dernier sera bien peu fréquente. Laissons donc de côté cette hypo—thèse, et occupons-nous spécialement de la cession par le stipulant ou le bénéficiaire.

Nous avons supposé jusqu'à présent que les rôles de contractant et de bénéficiaire étaient réunis sur la même tête ; s'ils sont distincts, ce qui a lieu souvent, le béné—ficiaire a sans aucun doute le même droit de cession.

298. — Quelle forme doit revêtir la cession ? La règle générale est écrite dans l'art 1690 du Code Na—poléon. La cession peut se faire soit par acte public,

soit par acte privé ; mais le cessionnaire n'est saisi à l'égard du tiers que par la signification au débiteur ou son acceptation dans un acte authentique.

299. — Les créanciers du bénéficiaire peuvent faire pratiquer saisie–arrêt entre les mains de l'assureur pour garantir le paiement de ce qui leur est dû. Nous nous trouvons alors en présence des conflits qui peuvent s'élever entre le cessionnaire d'une part et les créanciers saisissants de l'autre. Cette situation soulève des questions nombreuses, délicates, et très–controversées. La discussion des systèmes, auxquels elles ont donné naissance, serait déplacée dans ce traité spécial, je me borne donc à un renvoi.

Les créanciers, ai–je dit, ont le droit de faire pratiquer saisie-arrêt entre les mains de l'ssureur pour sûreté de ce qui leur est dû. Telle est la règle générale, mais il ne faut pas oublier l'art. 581 du Code de Procédure civile. Nous avons vu précédemment que l'assurance peut avoir eu pour but de garantir une pension alimentaire soit aux parents, soit à toute autre personne ; or ces sortes de créances sont insaisissables.

300. — On convient souvent que le bénéfice de la police sera cessible par voie d'endossement [1]. Il faut alors observer les formalités prescrites par le traité. Les Compagnies exigent fréquemment que la cession ne soit faite qu'avec leur consentement exprès et par écrit ou bien avec le consentement de l'assuré.

Si ces conditions n'ont pas été accomplies, la cession

---

[1] On peut consulter à ce sujet un arrêt de la Cour de Paris du 12 février 1857 réformant un jugement du tribunal de commerce de la Seine.

n'a pas d'effet à l'égard de la Compagnie, les créanciers du cédant peuvent donc faire pratiquer saisie-arrêt entre ses mains ; mais cette cession est parfaitement valable *inter partes*. Le cessionnaire pourra, non pas en vertu de son droit propre et personnel, mais en vertu de l'art. 1166 du Code Napoléon, exercer les droits de son cédant et réclamer à l'échéance le paiement de la somme promise.

301. — Il ne faut pas croire cependant que le résultat soit le même, suivant que la cession est ou non régulière. Lorsque les formalités convenues ont été observées, le cessionnaire est saisi du droit de créance contre la Compagnie, et peut l'exercer sans craindre ni les saisies-arrêts postérieures, ni le concours des créanciers du cédant. Lorsqu'elles n'ont pas été suivies, il ne peut plus agir que comme créancier de son cédant et doit subir le concours de ses co-créanciers. Sans doute, si le cédant est solvable, l'intérêt de la distinction est nul, mais au cas contraire, les résultats sont bien différents.

302. — Nous allons revenir maintenant à une question que nous avons posée plus haut.

Quelle est l'importance de la perte de la police en supposant qu'il n'y ait contestation ni sur l'existence ni sur les conditions du contrat en lui-même ?

Cette importance varie suivant les cas.

303. — *Première hypothèse.* — *La police n'était pas cessible par voie d'endossement.* Sa perte ne peut pas avoir d'influence. Si la Compagnie en effet n'a pas reçu de signification de transport ou n'a pas donné son consentement dans un acte authentique conformément à la

loi, elle peut et doit payer dans les mains du bénéficiaire
désigné lors du contrat ; s'il y a eu cession, cette cession valable *inter partes* ne peut en aucune façon lui
être opposée.

304. — *Deuxième hypothèse.* — *La police était cessible par voie d'endossement, mais moyennant le consentement exprès de l'assureur, et ce consentement n'a pas
été donné.* La solution est évidemment la même que
pour le cas précédent. Ou il n'y a pas eu de cession, ou
la cession faite sans observer les formalités requises
n'a pas de valeur à l'égard de la Compagnie ; elle n'a
donc ni excuse, ni motif à faire valoir pour se soustraire
au paiement.

305. — *Troisième hypothèse.* — *La police était cessible par voie d'endossement pur et simple.* La question
est beaucoup plus grave, et on le comprend sans peine.
Rien ne manifeste à l'extérieur les cessions par endossement, tout se passe entre les parties, et néanmoins la
cession est parfaite. Or si la Compagnie paie aujour-
d'hui entre les mains d'un prétendu créancier, demain
peut-être elle sera poursuivie par le porteur régulièrement saisi de la police, et elle sera obligée de payer
une seconde fois, car le premier versement n'a pas acquitté sa dette, puisqu'il n'a pas été fait entre les mains
du véritable ayant-droit.

La loi a prévu le cas de perte de la lettre de change
et du billet à ordre, et elle indique la voie à prendre
pour réparer cet accident et obtenir le paiement ; appliquerons-nous les articles du Code de Commerce ayant
trait à cette matière ? Dirons-nous que la personne qui
a perdu la police peut exiger son paiement sur ordon-

nance du juge, moyennant caution (art. 151, C. de C.)

Cette question délicate a été décidée dans le sens de la négative par arrêt de la Cour de Paris du 13 décembre 1851. La Cour s'est appuyée à bon droit, ce me semble, sur le caractère exceptionnel de ces dispositions qui ne permet pas qu'on les étende par voie d'analogie. C'est ce qu'avait déjà fait remarquer le tribunal de commerce de la Seine dont le jugement était frappé d'appel.

Il est évident en effet qu'on ne peut pas appliquer à notre espèce les articles relatifs à la nécessité du protêt le lendemain de l'échéance, au recours solidaire contre les endosseurs, à la défense de former opposition, etc. Et puis, il faudrait décider avec l'article 155 que l'engagement de la caution ne dure que trois ans, alors que l'assureur peut rester trente ans exposé à des réclamations.

Les motifs qui ont dicté la loi commerciale ne se rencontrent pas du reste ici. L'intérêt du commerce et la célérité indispensable à ce genre d'affaires exigeaient impérieusement que le paiement des lettres de change et des billets à ordre fût entouré des plus grandes garanties, et que la responsabilité des signataires fut promptement dégagée. Ces motifs exceptionnels font défaut en notre matière.

L'assureur n'est donc tenu à payer dans la main de celui qui prétend avoir perdu la police, que lorsqu'il n'a plus à craindre d'autre réclamation, c'est-à-dire trente ans après le moment d'exigibilité de la créance.

Mais on peut exiger que la somme due soit versée à la Caisse des dépôts et consignations afin de la soustraire aux chances de perte qu'elle peut courir dans la caisse de l'assureur, et de lui faire produire des intérêts. L'assureur n'a aucun droit à conserver cette somme qui peut ne pas appartenir au réclamant, mais qui sans aucun doute n'appartient pas au débiteur. S'il la conservait même à titre de dépôt, outre les risques qu'il lui ferait courir, il s'enrichirait aux dépens d'autrui.

C'est ce qu'a décidé la Cour de Paris par l'arrêt que nous venons de citer.

CHAPITRE SEPTIÈMF

INFLUENCE DE L'ABSENCE SUR LE CONTRAT D'ASSURANCE SUR LA VIE.

Absence du stipulant, de l'assureur, du bénéficiaire.
Absence de l'assuré. — Le bénéficiaire peut-il réclamer le montant de l'assurance? — Présomption d'absence, envoi provisoire, envoi définitif. — Le stipulant, le bénéficiaire peuvent-ils poursuivre la déclaration d'absence.
Examen des articles 720 et suivants du Code Napoléon.

306. — Ainsi que nous l'avons vu, quatre personnes peuvent jouer un rôle dans l'assurance sur la vie : 1° le stipulant, — 2° l'assureur, — 3° l'assuré, — et 4° le bénéficiaire.

Examinons l'influence de l'absence suivant qu'il s'agit de l'une ou de l'autre de ces quatre personnes.

L'absence est l'état d'une personne dont l'existence est incertaine.

307.—L'absence du stipulant, de l'assureur ou du bénéficiaire n'a pas d'importance au point de vue du contrat d'assurance en lui-même. Les actions soit en paiement des primes, soit en paiement du montant de l'assurance, seront dirigées par ou contre les envoyés en possession ou l'administrateur, au lieu d'être exercées par ou contre celui qu'ils représentent ; c'est là la seule différence, et, comme on le voit, elle n'affecte en rien le contrat et ne le modifie en aucune façon.

308. — Mais, supposons que la personne, dont la vie sert de terme d'échéance, soit absente ; la question prend, on le conçoit, un caractère de gravité particulière.

309. — Le bénéficiaire peut-il ou non réclamer le montant de l'assurance ?

La loi détermine trois périodes dans lesquelles nous allons successivement nous placer.

310. — *Première période. Présomption d'absence.* L'absence n'est pas encore déclarée ; on ne peut prendre que des mesures purement conservatoires, car les chances de vie sont supérieures aux chances de mort.

311. — *Deuxième période. L'absence est déclarée, et il y a envoi en possession provisoire.*

Les chances sont égales, aussi la loi ne confie-t-elle l'administration aux envoyés qu'avec les plus grands ménagements, et la restreint-elle dans des limites étroites. Ce n'est pas un bien qui leur appartient, mais un *dépôt* qu'elle leur confie. Cette qualification de dépôt est sans doute inexacte, quoique parfaitement légale, mais elle peint bien l'intention du législateur. Il y a lieu d'espérer que l'absent vit toujours, et il faut, tout en intéressant les envoyés à une bonne gestion, conserver et garantir cette fortune qui ne leur appartient pas encore.

312. — *Troisième période. Envoi en possession définitive.*

Enfin, lorsque trente ans se sont écoulés depuis l'envoi en possession provisoire, ou cent ans depuis la naissance de l'absent, le législateur perd toute espérance, et pour ne pas prolonger indéfiniment un état de choses fâcheux pour tout le monde à cause des charges qu'il entraîne et de la gêne qu'il apporte à la circulation des biens, il déclare les cautions déchargées, supprime les garanties qui entravaient la liberté d'action des envoyés, et les autorise à demander le partage des biens et l'envoi en possession définitive (art. 129 C. N.).

Dans cette dernière période le législateur ne va pas jusqu'à nier l'existence de l'absent ; s'il revient il pourra encore réclamer ses biens, mais les chances de vie sont par trop minimes pour qu'on puisse en tenir compte.

313. — Or le bénéficiaire, lorsqu'il vient réclamer le montant de la somme promise, doit prouver non-seulement sa qualité, mais l'exigibilité de son droit, et son droit ne devient exigible que par la mort de l'assuré. Cette mort, il est dans l'impossibilité de la prouver, dirons-nous qu'il ne peut jamais réclamer le montant de l'assurance, et qu'il doit se contenter de demander le rachat de la police, lorsque cette faculté a été concédée ? Je ne le pense pas. Le droit de proposer le rachat de la police est un moyen extraordinaire accordé au stipulant pour se soustraire au paiement des primes, et moyen qui lui est sans aucun doute désavantageux ; il peut l'opposer, mais on ne peut pas l'y contraindre. Même au cas d'absence, je crois que le moment viendra pour l'assureur de payer intégralement la somme promise.

314. — Quand ce moment arrivera-t-il ? Les principes que nous avons rappelés plus haut vont nous servir à résoudre cette question.

Pendant la période de présomption d'absence, le bénéficiaire ne peut pas évidemment réclamer le paiement de l'assurance, car la présomption d'existence est trèsforte.

Il en est de même pendant l'envoi en possession provisoire, les chances de vie sont pour le moins égales aux chances de mort ; le bénéficiaire ne peut donc rien réclamer, et le stipulant ne peut pas se soustraire au service des primes, à moins qu'il n'offre le rachat.

Mais supposons que l'envoi en possession définitive ait été prononcé, c'est à ce moment que s'ouvrent à mon avis l'obligation pour l'assureur de payer la somme promise, et le droit pour le bénéficiaire de l'exiger. Et comment en serait-il autrement ? Le législateur qui ne permet qu'à regret aux parents les plus proches de s'immiscer dans la gestion des affaires de l'absent, et qui entoure cette administration des précautions les plus grandes, perd alors tout espoir ; il le croit mort, et permet à ses héritiers de se partager son patrimoine sans mettre aucune gêne à leur administration, sans leur imposer aucune garantie. L'assureur serait mal fondé à se montrer plus rigoureux. Comment oserait-il prétendre, lorsque par exemple cent ans se sont écoulés depuis la naissance de l'assuré, que peut-être ce dernier vit encore ? Qu'il consulte les tables de mortalité, et il verra que sur dix mille personnes, il n'en est pas une seule qui arrive à cet âge extrême.

Il ne faudrait voir, dans un pareil argument, qu'un mauvais moyen de se soustraire frauduleusement à l'exécution d'engagements déjà très-avantageux. Ce système ne doit pas réussir.

Lors donc qu'il y a eu envoi en possession définitive, l'assureur doit payer la somme convenue.

315. — Le stipulant et le bénéficiaire peuvent-ils en cette qualité poursuivre la déclaration d'absence ?

Leur intérêt est évident, puisque l'envoi en possession définitive, date à partir de laquelle le montant de l'assurance est exigible, peut être prononcé cent ans après la naissance de l'absent, ou *trente ans après l'envoi en possession provisoire*. Mais l'intérêt ne suffit pas à motiver une action. Sans doute, si ces personnes sont par exemple héritières de l'assuré, elles tireront de ce titre qualité pour poursuivre la déclaration d'absence et demander l'envoi d'abord en possession provisoire, puis en possession définitive. Si elles n'ont pas d'autre titre que celui de contractant, de bénéficiaire, elles ne pourront pas provoquer ces mesures.

On ne comprend pas en effet que l'envoi en possession, qui a pour but de garantir la fortune de l'absent en la mettant aux mains d'administrateurs intéressés à la gérer d'une façon utile, puisse être prononcé au profit de personnes qui n'ont aucun droit à ce patrimoine.

Notons de plus qu'il s'agit là d'une ingérance dans les affaires d'autrui, ce qui est expressément défendu. Si on autorisait le bénéficiaire à prendre de pareilles mesures, il faudrait accorder le même droit à toute personne qui aurait fixé la mort de l'absent pour terme d'extinction de sa dette. Ce résultat est inadmissible.

J'ajouterai en terminant que les preuves exigées par la loi pour la déclaration d'absence seraient fort difficiles à faire par un étranger.

316. — En pareille hypothèse, si les personnes qui

auraient droit de faire déclarer l'absence et de se faire envoyer en possession restent inactives, si l'État lui-même se tait, le stipulant n'aura que la ressource de demander à la Compagnie le rachat de sa police, au cas où cette faculté lui a été accordée.

Si cette convention n'a pas eu lieu, le stipulant aura toujours le droit de faire prononcer la résiliation du contrat dont l'exécution est devenue impossible ; car il ne peut être contraint à payer indéfiniment des primes sans avoir jamais la certitude de toucher ou de voir toucher la somme promise. Il y aura lieu de plus pour le bénéficiaire à une indemnité dont l'évaluation sera faite par les tribunaux.

317. — Il n'est pas juste en effet qu'une personne qui a payé pendant de longues années des primes importantes perde ainsi par cas fortuit pour elle-même ou pour le bénéficiaire non-seulement tout droit à la somme convenue mais encore tout l'argent qu'elle a versé ; un pareil résultat serait contraire à l'intention des parties, aux espérances mêmes de l'assureur et à la bonne foi qui a dû présider au contrat. C'est du reste un point dont nous avons déjà parlé.

318. — Nous allons nous occuper maintenant d'un sujet qui n'a d'autre relation avec la matière précédente que son caractère exceptionnel ; je veux parler des articles 720 et suivants du Code Napoléon.

Ces articles prévoient le cas où deux personnes respectivement appelées à la succession l'une de l'autre périssent dans le même accident, sans qu'on puisse savoir laquelle des deux a succombé la première. Cette question peut être fort grave, et la loi a posé certaines présomptions qui, à défaut de preuves contraires, doivent servir de règles aux juges.

319. — Supposons que le stipulant et Primus, le bénéficiaire, périssent dans le même accident, sans qu'on sache lequel des deux a succombé le premier. En outre il avait été convenu qu'en cas de prédécès de Primus, le montant de l'assurance serait payé à telle autre personne, Secundus. Appliquerons-nous les art. 720 et suivants du Code Nap. ?

Non. Les présomptions posées par la loi ne doivent être appliquées qu'aux cas spécialement prévus ; or nous sommes loin de l'espèce indiquée par le Code. Beaucoup d'auteurs et la jurisprudence se refusent même à appliquer ces dispositions au cas où les deux personnes victimes du même accident étaient appelées à la succession respective l'une de l'autre par le testament et non par la loi ; il faut donc sans hésiter admettre la négative, car notre hypothèse s'éloigne bien plus de celle des articles 720 et suivants. Toutefois ces dispositions légales ont une certaine valeur, le juge pourra les consulter comme présomptions de l'homme, mais à ce titre seulement.

320. — Compliquons un peu l'espèce en supposant que le stipulant et Primus étaient respectivement appelés par la loi à la succession l'un de l'autre. Faut-il appliquer les art. 720 et suivants ? Je ne le crois pas encore. Ces articles ont été écrits en effet en vue d'un règlement de succession. Or, ici, il ne s'agit pas d'une succession, mais d'une donation, donation conditionnelle, il est vrai, mais qui n'en perd pas pour cela son caractère.

CHAPITRE HUITIÈME

EXAMEN DU CONTRAT D'ASSURANCE SUR LA VIE AU POINT DE VUE DE LA DONATION QUI PEUT Y ÊTRE CONTENUE

La forme authentique n'est pas nécessaire. — Acceptation.
Division du chapitre : PREMIÈRE SECTION. — Révocation des donations
pour cause d'inexécution des conditions, — d'ingratitude, — de
survenance d'enfant.
DEUXIÈME SECTION. — Régime de communauté. — Récompenses.
TROISIÈME SECTION. — Rapport et réduction.
 § I⁰ʳ. *Rapport.* — 1° Le bénéficiaire héritier doit-il rapport à
 ses cohéritiers ? — En cas d'affirmative : 2° Qui doit rapporter, et à qui le rapport est-il dû ? — 3° Que doit-on rapporter, et comment s'effectue le rapport ?
 § II. *Réduction.* — 1° Cet avantage est-il soumis à la réduction ? —
 En cas d'affirmative : 2° Qui peut demander la réduction, et
 quelles personnes y sont soumises ? — 3° Dans quels cas y
 a-t-il lieu à réduction ? — 4° Dans quel ordre s'effectue-t-elle ?

321. — Le contrat d'assurance sur la vie peut très-
bien ne contenir aucune espèce de donation, tel est le
cas où on a stipulé pour soi-même ou ses ayants-
droit.

Mais souvent le contrat renferme une clause de disposition envers telle personne déterminée, c'est dans
cette hypothèse que nous nous placerons.

322. — Nous avons déjà étudié quelques questions
qui se rapportent à ce sujet. Je me borne à rappeler les
conclusions auxquelles j'ai abouti, afin de présenter un
ensemble à peu près complet de la matière.

323. — Les donations sont soumises à la nécessité
de l'acte notarié, et doivent être de plus acceptées dans

la même forme. Ces règles ne sont pas applicables ici ; le contrat d'assurance pouvant être constaté par un acte sous-seings privés, le contrat accessoire de donation peut y être contenu sans qu'il soit besoin de recourir au notaire. Quant à l'acceptation, elle peut être faite de n'importe quelle manière ; elle peut même avoir lieu après la mort du stipulant et celle du bénéficiaire.

324. — Nous avons aussi passé en revue les incapacités posées par la loi, et nous les avons déclarées applicables.

J'ai pensé également que la limite fixée par le Code aux libéralités envers les enfants naturels doit être observée. Enfin les époux peuvent aussi recevoir l'un de l'autre, mais une pareille disposition est toujours révocable, comme toute donation intervenue entre eux.

325. — Dans le chapitre premier, en étudiant quelles personnes peuvent ou ne peuvent pas contracter une assurance, nous avons eu à nous occuper de la clause accessoire de donation.

Nous en avons encore parlé à propos de l'action Paulienne et de la faillite. Mais il nous reste à traiter de nombreuses questions dont l'ensemble constitue la partie la plus intéressante et la plus importante de ce travail.

Nous diviserons ce chapitre en trois sections principales :

Première section. — Révocation des donations pour cause d'inexécution des conditions, ingratitude, ou survenance d'enfant.

Deuxième section. — Régime de communauté. Récompenses.

Troisième section. — Rapport et réduction.

PREMIÈRE SECTION

RÉVOCATION DES DONATIONS POUR CAUSE D'INEXÉCUTION DES CONDITIONS,
INGRATITUDE, OU SURVENANCE D'ENFANT.

326. — Le Code, sous ce titre très-critiqué : — Exceptions à la règle de l'irrévocabilité des donations entrevifs, — examine trois causes qui peuvent priver le donataire de la disposition faite en sa faveur.

Les déchéances et les articles qui les consacrent sont sans nul doute applicables à notre espèce ; car, bien que dispensée des formes ordinaires, la libéralité qui nous occupe n'en reste pas moins une donation assujettie au règles de fond.

327. — Les deux premières causes sont l'inexécution des conditions et l'ingratitude.

Nous n'avons rien de particulier à dire à ce sujet. Nous ferons remarquer seulement avec la loi que la donation ainsi atteinte n'est pas révoquée de plein droit ; il faut une décision judiciaire.

Quand il s'agit de la première cause, le bénéficiaire pourra donc éviter cette résolution en s'acquittant même tardivement des charges auxquelles il s'est soumis. Tant qu'il n'y a pas eu de décision définitive, il peut en général empêcher ce résultat. Je dis *en général*, car la convention, ou même la nature des choses pourraient y mettre obstacle.

328. — La question est vivement discutée de savoir, si, au cas de donation avec charges, le donateur peut contraindre le donataire à l'exécution des conditions, alors même qu'elles dépassent l'émolument qu'il retire du contrat.

Dans une première opinion défendue par de graves

autorités, la négative est admise. On s'appuie pour le décider ainsi sur ce que la donation étant dictée par une pensée de bienfaisance, ne doit jamais être forcément onéreuse pour le donataire, la nature du contrat y répugne. Le bénéficiaire peut donc se soustraire à cette obligation en renonçant à la libéralité qui lui a été faite ; il n'est tenu que *ob rem*.

Dans une seconde opinion, que je crois mieux fondée, on décide qu'il faut respecter et faire respecter la convention légalement formée (art. 1134 du Cod. Nap.), et que le donataire s'étant soumis sans contrainte à l'exécution de certaines conditions ne peut pas dans la suite se soustraire à un engagement librement consenti. Nous dirons donc dans ce système que le bénéficiaire ne peut pas en renonçant à son droit se refuser à acquitter les charges qu'il a acceptées.

329. — Il est de principe que le donataire ne peut pas en vertu du contrat recourir en garantie contre le donateur. Toutefois il ne faut pas s'en tenir à l'apparence. Si donc le contrat qui paraît être à titre gratuit est en réalité à titre onéreux, le recours en garantie sera sans nul doute ouvert.

330. — Quant à l'ingratitude, le Code indique d'une façon restrictive (art. 955) les motifs qui donnent ouverture à l'action en révocation. Ces motifs sont : 1° avoir attenté à la vie du donateur ; 2° s'être rendu coupable envers lui de sévices, délits, ou injures graves ; 3° lui avoir refusé des aliments.

Cette action ne peut être intentée ni contre les héritiers du bénéficiaire, ni par les héritiers du donateur, à moins bien entendu que le donateur ait été dans l'impossibilité de l'intenter lui-même, lorsque par exemple il a succombé à l'attentat dirigé contre lui.

Elle s'éteint non-seulement par le pardon exprès mais aussi par le pardon tacite, lorsqu'un an s'est écoulé depuis le fait qui l'avait produite, ou le moment où le donateur en a eu connaissance.

Il ne s'agit pas là d'une véritable prescription, mais d'une extinction du droit d'agir. La conséquence de cette distinction est importante. En effet, les tribunaux ne peuvent pas d'eux-mêmes s'appuyer sur la prescription ; c'est là un moyen qui doit être invoqué par le défendeur. Dans notre espèce, le défendeur fît-il défaut, les tribunaux en reconnaissant que le laps de temps légal est écoulé devront rejeter la demande.

331. — La troisième cause dont parle le Code Napoléon est la survenance d'enfant. La révocation a lieu de plein droit. La donation est complètement nulle ; elle peut être renouvelée, mais ne peut être consolidée par aucune espèce de ratification (sauf toutefois l'exception assez inexplicable de l'art. 966 du C. Nap.). La révocation se produit indépendamment de toute décision judiciaire. Peu importe du reste que cet enfant ou ces enfants viennent ou non à décéder, la donation ainsi détruite ne revit pas. Le même résultat est produit par la légitimation de l'enfant naturel pourvu qu'il soit né depuis la donation (art. 960 C. N.).

L'art. 961 decide que cette révocation aura lieu encore bien que l'enfant ait été conçu au moment de la donation. Cette remarque était inutile, car la fiction *puer conceptus pro nato habetur* ne s'applique qu'autant que l'enfant y a intérêt, *quoties de ejus commodis agitur.*

332. — Pour qu'il y ait révocation, il faut que le donateur n'ait eu au moment de la donation aucun enfant ou descendant légitime vivant (art. 960.).

Nous n'entrerons pas dans l'examen de toutes les questions délicates soulevées par cette matière, cette étude est en dehors de notre travail. Je me borne donc à l'exposé succint des principes que je viens de rappeler.

333. — Supposons qu'une personne constitue bénéficiaire son enfant naturel ; dans la suite un second enfant naturel vient à naître, et ils sont légitimés tous deux par mariage subséquent. Cette légitimation du second enfant ne portera aucun préjudice à la donation, pas plus que la naissance d'un second enfant légitime n'influerait sur une libéralité faite soit à son frère aîné, soit à une personne étrangère.

334. — La jurisprudence soutenue du reste par la majorité des auteurs étend l'article 299 du Code Napoléon à la séparation de corps, et décide que l'époux coupable contre lequel la séparation est prononcée perd ses droits aux donations qu'il tenait de son conjoint soit par le contrat de mariage, soit par actes postérieurs.

Il faut évidemment appliquer cette disposition à la donation contenue dans le contrat d'assurance.

335. — Supposons enfin le cas d'institution contractuelle. Une personne a dans le contrat de mariage donné à l'un des futurs époux tous les biens meubles ou immeubles qu'elle possèderait à l'époque de son décès ; or elle s'était fait assurer, et le montant de l'assurance devait être versé à ses ayants-droit ou à son ordre, peut-elle après l'institution contractuelle faire don par acte entre-vifs ou testamentaire du bénéfice de l'assurance à une autre personne ? Évidemment non, l'effet de l'institution contractuelle est d'enlever au donateur le pouvoir de disposer à titre gratuit des biens ainsi donnés ; or ce droit de créance faisant partie de son patrimoine, il ne peut donc en disposer ni par voie de cession gratuite entre-vifs, ni par legs. C'est ce qu'a décidé très-justement le tribunal civil de Rouen par jugement du 30 août 1867 [1].

DEUXIÈME SECTION

RÉGIME DE COMMUNAUTÉ. RÉCOMPENSES.

336. — L'assuré, marié sous le régime de communauté, a stipulé que la somme serait payée à sa femme. M. de Caqueray, professeur à la faculté de droit de Rennes, a examiné ce sujet dans une savante dissertation publiée dans la *Revue pratique* [2]. Il commence par faire remarquer que cette somme ne constitue pas une valeur de communauté, qu'elle entre dans le patrimoine propre de la femme. Cette conséquence me paraît en effet évidente, c'est le résultat que produit toute donation entre mari et femme ; à quoi servirait-il de faire une donation si l'objet déjà commun devait rester dans la communauté, si le donataire ne devait pas en tirer d'autres droits que ceux que lui confère le contrat de mariage ? L'époux donataire pourra donc réclamer seul le bénéfice de l'assurance, sans que les créanciers de l'autre conjoint ou de la communauté puissent y rien prétendre, sauf le cas d'action Paulienne.

337. — Mais la femme ne doit-elle pas récompense à la communauté ? M. de Caqueray ne le pense pas. Je partage son opinion, mais non par ses motifs.

[1] Voir *Droit des* 16 *et* 17 *septembre* 1867.
[2] *Revue Pratique,* XVI, p. 196 à 206.

«Les primes, dit-il, sont présumées prises sur les revenus qui eussent été dépensés, et les récompenses ne sont
jamais dues que quant au capital puisé dans la communauté... »

D'après ce système il semble qu'un époux ne doive
jamais récompense lorsque l'enrichissement dont il profite a été produit au moyen des revenus de la communauté, *car ces revenus pouvaient être dissipés, dépensés
sans utilité.* Je ne puis pas admettre cet exposé de principes qui nous conduiraient à dire qu'il n'y a pas lieu à
récompense pour les grosses réparations faites à un
immeuble propre, pour l'accroissement donné à une
propriété personnelle, lorsque ces dépenses ont été
payées au moyen des revenus (art. 1409-4°). Que devient l'art. 1437 du Code Napoléon ? Que devient l'art.
1422, lequel défend au mari d'aliéner à titre gratuit un
seul meuble de la communauté avec réserve d'usufruit
en sa faveur ? Le mari ne pourrait pas conserver pour
lui l'usufruit mobilier, et pourrait, sans avoir à verser
aucune indemnité augmenter chaque année ses biens
propres du surplus des revenus communs ! Où serait
enfin tout le système d'égalité qui a dicté au législateur
ces dispositions restrictives ? Où serait le système de
protection auquel la femme a droit pour contrebalancer
le pouvoir d'administration exclusive de son mari ?

338. — Dans le système du savant professeur, il
semble de plus qu'il faille distinguer suivant que l'assurance est alimentée par des primes périodiques prises
sur les revenus, ou qu'elle a été constituée au moyen
d'une prime unique empruntée au capital. Dans la seconde
hypothèse récompense serait due, et il en serait autre-

ment dans la première. Je pense au contraire qu'il n'y a jamais lieu à récompense. L'idée de récompense est incompatible avec celle de donation. Quand le législateur exige que tout enrichissement d'un patrimoine aux dépens de l'autre soit ainsi racheté, c'est parce que la donation ne se présume pas, qu'elle ne doit pas se présumer. Mais lorsque cette intention est évidente, la récompense ne se comprend plus, car la donation est parfaitement permise entre époux, et la récompense aurait pour effet unique de dé'ruire cet enrichissement, produit d'une volonté certaine et licite.

A mon avis donc il peut y avoir lieu à réduction, mais jamais à récompense quand un époux a contracté une assurance au profit de son conjoint, et cela sans qu'il faille distinguer suivant que ce droit a été acquis en sacrifiant une partie des revenus de communauté ou en employant un capital. Le motif de cette décision repose uniquement sur les principes en matière de donation.

339. — Supposons que le mari ou la femme ait avant le mariage contracté une assurance au profit de ses ayants-droit ; la communauté acquitte les primes, y a-t-il lieu à récompense ? Évidemment non. La créance tombe dans la communauté qui doit également se charger de payer les dettes mobilières. Il ne saurait y avoir matière à récompense dans ce cas. Supposons que l'un des époux vienne à mourir, si c'est l'assuré les choses s'arrangeront d'une façon très-naturelle, la somme due par l'assureur viendra grossir l'actif à partager. Si au contraire le mariage est dissous par la mort de l'autre conjoint, la créance appartiendra tant au conjoint survivant et assuré qu'aux héritiers du prédécédé.

Il en est encore de même si nous supposons que l'assurance contractée avant le mariage ait été stipulée au profit d'une tierce personne. Sans doute, cette créance ne tombe pas dans la communauté, mais la communauté acquérant tout l'actif mobilier de chaque époux demeure aussi chargée des dettes mobilières qui le grèvent et cela sans récompense (art. 1409-1°, Code Nap.).

340. — Ordinairement les parties, au lieu d'adopter purement et simplement le régime de communauté, préfèrent la communauté d'acquêts. Reprenons notre dernière hypothèse en supposant ce régime de mariage. A mon avis la solution ne varie pas. Toutes les dettes antérieures au mariage doivent être, il est vrai, acquittées en définitive sur la part de l'époux débiteur, mais, quant aux intérêts et *arrérages* qui ont couru après cette époque, ils sont à la charge de la communauté (arg. de l'art. 1409). Or les primes périodiques ressemblent trop à des arrérages de rente pour qu'on puisse se refuser à appliquer cette décision.

341. — Supposons que le mari ou que la femme, dûment autorisée se fassent assurer dans le cours du mariage au profit d'une tierce personne. La communauté sera tenue d'acquitter les primes périodiques, et cela, sans avoir droit à aucune récompense. Que la communauté soit tenue de payer les primes, cela est évident puisque le mari seul, ou la femme avec son autorisation, peuvent valablement l'obliger. Il est bien certain également qu'elle n'a droit à aucune récompense puisque si elle s'est appauvrie, le patrimoine de l'un des deux époux ne s'est nullement enrichi.

342. — Enfin, nous ferons une dernière hypothèse.

Le mari par exemple contracte une assurance au profit de ses héritiers, enfants du premier lit, enfants communs etc. La communauté doit certainement le paiement des primes, qui peut être poursuivi tant sur les biens de la communauté que sur ceux du mari. Les primes ont été régulièrement versées, le mari meurt, la communauté a—t—elle droit à récompense? Sans aucun doute, l'art. 1409 du Code Napoléon est formel. Il est bien certain que la communauté s'est appauvrie puisqu'elle a payé des primes, il est bien certain aussi que le mari ou ses héritiers se sont enrichis puisqu'un droit nouveau de créance contre l'assureur est entré dans leur patrimoine, dès lors récompense est due. Dirons-nous qu'il faut tenir compte de la somme entière versée par l'assureur, ou bien du montant total des primes?

A mon avis la réponse varie suivant les circonstances. Et en effet la communauté a droit à récompense, mais *cette récompense ne peut pas dépasser l'appauvrissement qu'elle a souffert.* D'un autre côté l'époux ou ses héritiers *ne doivent récompense que dans la limite de leur enrichissement.*

Si donc la somme versée par l'assureur est inférieure au montant total des primes, c'est de cette somme qu'il faut tenir compte, car elle est la limite de l'enrichissement produit. Si au contraire la somme versée par l'assureur est inférieure au montant des primes, c'est de ce montant seul qu'il faut tenir compte, car il suffit à indemniser la communauté du préjudice qu'elle a souffert. Nous sommes donc en présence de deux limites *maxima* qui varieront suivant les espèces, suivant la durée de l'assurance, c'est la moindre de ces deux limites qui doit fixer, à mon avis, l'étendue du rapport.

Nous aurons occasion du reste de revenir sur cette théorie.

Tout ce que nous venons de dire s'applique à la femme qui agit avec l'autorisation maritale.

TROISIÈME SECTION.

RAPPORT ET RÉDUCTION.

L'étude de cette section se divise tout naturellement en deux paragraphes :

§ 1er Rapport.

§ 2me Réduction.

§ 1. — *Rapport.*

343. — Sous l'empire du Code Napoléon, l'héritier qui a reçu une donation en doit rapport à ses cohéritiers, sans distinction entre les héritiers en ligne directe et en ligne collatérale. Le législateur a voulu égaliser toutes les positions. Règle générale toutes les fois qu'un héritier venant à une succession a reçu un avantage de la part du *de cujus*, et qu'il se trouve en présence de cohéritiers, il doit rapporter, sauf les cas de dispense légale ou volontaire.

344. — Cette matière est fort importante, et pour en faciliter l'examen, nous la subdiviserons en trois points :

Premier point. — Le bénéficiaire héritier est-il assujetti au rapport.

Deuxième point. — En cas d'affirmative : Qui doit rapporter et à qui le rapport est-il dû ?

Troisième point.—Que doit-on rapporter, et comment le rapport s'effectue-t-il ?

PREMIER POINT. — LE BÉNÉFICIAIRE HÉRITIER EST-IL ASSUJETTI AU RAPPORT ?

345. — M. de Caqueray dans la dissertation que j'ai

citée plus haut distingue suivant que les primes ont été payées sur les revenus ou qu'elles l'ont été avec le capital. Dans ce dernier cas le rapport est dû ; dans l'autre qui sera de beaucoup le plus fréquent, la solution contraire doit être donnée.

Il ne peut pas y avoir de difficulté dans la première hypothèse, laissons la donc de côté pour parler spécialement de la seconde, celle où les primes ont été acquittées sur les revenus.

346. — Le savant professeur pense qu'il n'y a pas lieu à rapport. Il s'appuie pour le décider ainsi sur cette prétendue règle générale que *les donations faites sur les revenus ne sont pas sujettes au rapport.*

Cette règle ressort clairement à ses yeux des art. 843 et 856 du Code Nap. Le donataire répondrait victorieusement à ses cohéritiers : « Le défunt, s'il n'eut pas fait le contrat d'assurance, s'il n'eut pas payé ces primes chaque année, aurait dépensé ses revenus ; dès lors je ne dois pas le rapport d'une valeur qui ne m'a pas été procurée au détriment de la succession et du patrimoine du défunt. »

347. — Sur ce point encore je ne puis pas partager l'opinion de M. de Caqueray. Cette prétendue règle générale sur laquelle il se fonde n'existe à mon avis nulle part ; elle est démentie par le Code, par les articles mêmes qu'on invoque contre nous, et aussi par l'esprit de notre législation.

Je ne connais qu'une seule règle générale en cette matière ; elle est écrite au commencement de l'art. 843 du C. Nap. qui est le premier de la section des rap—

ports ; cette règle, la voici : « *Tout héritier même béné-*
ficiaire, venant à une succession, doit rapporter à ses
cohéritiers tout ce qu'il a reçu du défunt par donation
entre-vifs, directement ou indirectement. »

Tel est le principe fondamental, et il me paraît tout
à fait contraire à celui qu'on invoque dans l'autre opinion.
Ainsi, sauf exception, toute donation est soumise au rapport. Or, dans notre espèce, il y a véritable donation, M.
de Caqueray ne le nie pas, car il dit: « ...*C'est bien une dona-*
tion dont il profite, mais cette donation est due au paiement
des primes qui sont présumées prises sur les revenus... »
Puisqu'il y a donation, il y a lieu à rapport.

348. — Il serait bien singulier qu'à côté de cette
règle générale, le législateur en eût posé une directement contraire touchant les donations faites sur les
revenus. Cette seconde règle n'est pas écrite dans le
Code, et on est obligé de l'induire de certaines dispositions. Or il faut que ce raisonnement repose sur des bases
bien solides pour qu'un pareil résultat soit admissible.

Quelles sont ces bases ? On invoque d'abord l'art.
852 C. Nap. Je n'hésite pas à dire que cet article tourne
précisément contre l'opinion qu'on veut y asseoir. Il est
ainsi conçu :

« Les frais de nourriture, d'entretien, d'éducation, d'ap-
prentissage, les frais ordinaires d'équipement, ceux de
noces et présents d'usage ne doivent pas être rapportés. »

Or il ne distingue pas suivant que ces dépenses ont été
payées au moyen du capital ou au moyen des revenus ;
il est donc impossible d'en rien conclure. Du reste le
rapprochement de cet article et de l'art. 843, sa rédaction limitative, tout prouve que le législateur a en-

tendu non pas poser une règle contraire et générale, mais faire une exception à la règle fondamentale qu'il avait écrite. Or toute exception doit être appliquée *stricto sensu*, et on viole ce principe lorsqu'on veut tirer de cette disposition une doctrine générale.

349. — En second lieu on invoque l'art. 856 du C. Nap., aux termes duquel « les fruits et les intérêts des choses sujettes à rapport ne sont dus qu'à compter du jour de l'ouverture de la succession. »

Je ne vois pas trop quel argument on peut en tirer. Il ne s'agit en aucune façon de donation faite sur les revenus. Le *de cujus* a donné un immeuble, une créance etc. ; quant aux revenus que le donataire en tire, ils lui profitent, il est vrai, mais n'ont jamais fait partie du patrimoine du défunt.

On peut répondre de plus que si le donataire avait été obligé de rapporter tous les intérêts, tous les fruits, la donation lui aurait été presque toujours onéreuse, et qu'il y aurait eu dans tous les cas des difficultés de comptes inextricables.

350. — J'ajoute que l'esprit de la loi repousse énergiquement une pareille doctrine. Lorsque le législateur a ordonné le rapport, il a voulu par ce moyen égaliser la position des différents cohéritiers. Eh bien ! Voici un homme qui a cinquante mille livres de rente ; cinq mille francs suffisent à la satisfaction de ses besoins et de ses désirs ; il n'a pour héritiers que des neveux [1] ; il donne chaque année à l'un d'eux les quarante-cinq

---

[1] J'écarte pour le moment les héritiers réservataires, afin de ne pas avoir à m'occuper de la réduction. Cette matière soulève aussi, comme nous le verrons plus tard, les plus graves questions.

mille francs qui lui restent, dira-t-on qu'il n'y a pas lieu à rapport? Si on n'ose pas aller jusque-là, on tombe dans une contradiction évidente. Les raisons sont les mêmes ; on peut tout aussi bien dire : *lautius vixisset.* Et si on admet ce résultat, n'est-il pas certain que l'esprit de la loi se trouve complétement violé ? Ce neveu favori jouira en réalité, sans clause de préciput, d'une fortune dix fois peut-être plus considérable que celle de chacun de ses cohéritiers, et on croira avoir satisfait à l'intention du législateur, et avoir suffisamment nivelé les droits de chacun. Je ne puis croire que telle soit la loi, surtout lorsque la donation du moindre petit immeuble donnerait sans aucun doute lieu à rapport.

Si, pour continuer notre hypothèse, au lieu de donner chaque année ces quarante-cinq mille francs ainsi directement au même héritier, le *de cujus* les a employés à alimenter par ces primes considérables une assurance énorme, dont le profit doit se concentrer sur une tête unique, la situation n'est-elle pas sinon identique, du moins très-analogue? L'égalité de position entre cohéritiers n'est-elle pas encore complétement détruite? Tel est mon avis.

Je pense donc que la règle générale invoquée par M. de Caqueray n'a pas de base dans la loi. Elle n'est certes pas écrite d'une façon formelle, et on est réduit à l'induire de dispositions soit exceptionnelles (art. 852, C. Nap.), soit étrangères au sujet (art. 856). Quant aux dispositions étrangères, je n'en parle pas, et pour les autres, dire qu'elles sont exceptionnelles, c'est dire aussi qu'elles ne peuvent pas servir de base à une doctrine générale. Enfin cette opinion est contredite, j'ai du moins essayé de le prouver, par ses- conséquences mêmes, et par l'intention nettement accusée et formellement exprimée du législateur (art. 843).

La donation contenue dans le contrat d'assurance est donc à mon sens sujette au rapport, sans distinguer suivant que les primes ont été acquittées sur les revenus du donateur ou sur le capital.

Toutefois, il est permis au donateur de dispenser son héritier du rapport au moyen d'une clause de préciput.

351. — Quelle forme cette clause doit-elle revêtir pour être valable ? Est-il possible de l'insérer dans le contrat d'assurance lui-même, bien que l'acte soit sous-seings privés ? Je le crois. Il me paraît juste d'appliquer la règle : *Accessorium sequitur principale*. Puisque la donation ainsi faite est elle-même à l'abri de toute attaque, il me paraît logique de donner la même décision à l'égard de la clause de préciput qui n'en est, pour ainsi dire, que le complément, Quant à l'article 919 du Code Napoléon, loin de nous être défavorable, il vient plutôt à l'appui de notre système. Il décide en effet que la clause de préciput peut être faite, *soit dans l'acte même de disposition*, soit postérieurement dans la forme des dispositions entre-vifs ou testamentaires. Ainsi la clause de préciput peut être insérée dans l'acte même de disposition, elle est donc valable lorsqu'elle est écrite dans la police [1].

352. — Mais, lorsque la police ne contient aucune clause à ce sujet, et que le stipulant veut *postérieure-*

---

[1] MM. Aubry et Rau sur Zach. donnent la même décision dans un cas analogue, celui de l'avantage résultant d'une convention à titre onéreux. V. § 631, n° 1. — V. cependant Duranton VII, 3^9.

ment garantir cet avantage au bénéficiaire en le dispensant du rapport, il faudra alors, mais alors seulement, suivre les formalités prescrites par la loi pour les donations entre-vifs ou testamentaires. Tel me paraît être du moins l'esprit de la loi, et en particulier le sens de l'art. 919 du C. Nap.

Maintenant que nous avons examiné la première question, et déclaré soumis au rapport, à moins de clause spéciale, l'avantage que le bénéficiaire héritier retire du contrat d'assurance, nous allons étudier le deuxième point.

DEUXIÈME POINT. — QUI DOIT RAPPORTER ET A QUI LE RAPPORT EST-IL DU?

353. — Qui doit rapporter? La réponse est dans l'art. 843 du Code Nap. : « Tout héritier, même bénéficiaire, venant à une succession, doit rapporter tout ce qu'il a reçu du défunt à titre de donation..... »

Tout héritier. Ainsi que je l'ai déjà fait remarquer, peu importe, sous l'empire de la législation actuelle, qu'il s'agisse d'un héritier en ligne directe ou en ligne collatérale. Tous sont soumis à l'obligation du rapport.

Peu importe également qu'il s'agisse d'un héritier sous bénéfice d'inventaire ou d'un héritier pur et simple; la renonciation seule peut le dégager de cette obligation.

Il suffit que le donataire soit successible au moment du décès pour que le rapport soit dû, et cela alors même qu'il n'était pas héritier présomptif au moment de la donation (art. 846 C. N.).

Nous appliquerons tous ces principes.

354. — Nous appliquerons de même les art. 847 et suivants, et nous dirons que le père, que le conjoint du bénéficiaire ne doivent pas le rapport.

Nous ne pouvons pas citer ces articles sans rappeler qu'ils ont soulevé une grave question. La donation par personne interposée doit-elle être d'une façon générale considérée comme dispensée du rapport ? Une grande controverse s'est élevée à ce sujet. Je n'entrerai pas dans une discussion qui nous entraînerait trop loin, et en dehors de notre matière. Je pense que ces donations ne sont nullement dispensées du rapport. Les art. 847 et suivants ne peuvent pas être invoqués, car ils prévoient des hypothèses où le donataire n'est pas appelé à la succession. Le législateur s'est servi à mon sens d'une expression mauvaise, il est vrai, mais de laquelle il n'est permis de rien induire, surtout en présence de la grande règle si généralement et si nettement posée par l'art. 843 du Code Nap.

Toutefois, je dois reconnaître que la jurisprudence et de graves autorités dans la doctrine soutiennent l'opinion contraire, et pensent que l'interposition d'un tiers doit suffire à dispenser du rapport.

Quel que soit le système auquel on se range, il faut nécessairement en appliquer les conclusious au bénéficiaire de l'assurance.

355. — Aux termes de l'art. 848 du Code Napoléon, le fils du donataire venant à la succession du donateur de son propre chef n'est pas tenu de rapporter, qu'il ait ou non accepté la succession de son père. Mais s'il ne vient à la succession du donateur que par représentation, il doit le rapport, alors même qu'il aurait répudié la succession de son père.

Cette disposition a donné lieu à de vives critiques ; telle qu'elle existe, elle doit être appliquée au fils du

bénéficiaire. Elle a soulevé aussi des controverses sérieuses, au sujet de l'importance qu'il faut lui attribuer;
nous n'entrerons pas dans l'examen de ces questions ;
nous nous bornerons à faire remarquer que les conséquences qui en découlent doivent être -nécessairement
étendues à notre matière.

356. — Le contractant stipule en général que telle
somme sera payée à *l'époque de son décès.* C'est donc
au moment de la mort du donateur que le bénéficiaire
touchera le capital promis. Or l'héritier peut prendre
qualité *verbo aut facto*, par une acceptation formelle, ou
par une acceptation tacite résultant de ses actes. Peut-il
sans compromettre son droit d'option, en conservant
la faculté de renoncer à la succession ou de l'accepter
sous bénéfice d'inventaire, réclamer le montant de l'assurance et en disposer, ou se rend–il par là non recevable à dégager sa responsabilité par une renonciation
expresse ou par une acceptation bénéficiaire ?

Il peut sans aucune crainte, sans porter atteinte à ses
droits, exiger le paiement de la somme promise et en
disposer à son gré. En effet, cette somme devient, il est
vrai, exigible à l'époque du décès du *de cujus*, mais elle
ne fait pas pour cela partie de son patrimoine ; cela
résulte évidemment de tout ce que nous avons vu jusqu'ici. Or, l'héritier ne peut compromettre sa position
par ses actes qu'en s'ingérant dans les affaires de la succession. Dans notre hypothèse, il n'a pas touché à la
succession, il a fait valoir un droit qui lui était propre
et a disposé d'un bien qui lui appartenait indépendamment de sa qualité d'héritier ; ce qui le prouve, c'est
qu'il peut, après avoir renoncé à la succession, exiger

qu'on lui verse le capital promis sans qu'aucune exception lui soit opposable ; dès lors il est bien évident
qu'il n'a pas pu en usant d'un droit personnel modifier
sa position d'héritier. Rien ne s'oppose donc à ce qu'il
touche le montant de l'assurance, et échappe à l'obligation du rapport par une renonciation *postérieure*.

357. — A qui le rapport est-il dû ? Nous appliquerons les art. 850 et 857 : « Le rapport ne se fait qu'à
la succession du donateur. » — « Il n'est dû que par le
cohéritier à son cohéritier ; il n'est pas dû aux légataires ni aux créanciers de la succession. »

Les créanciers des cohéritiers peuvent aux termes de
l'art. 1166 C. Nap., exercer les droits de leurs débiteurs, et par conséquent demander le rapport. Les créanciers de la succession n'ont pas à ce titre le même droit ;
mais s'ils deviennent par l'acceptation pure et simple
des cohéritiers leurs propres créanciers, ils peuvent
eux aussi user de l'art. 1166.

358. — Si les héritiers n'acceptent que sous bénéfice
d'inventaire, leurs créanciers personnels pourront bien
demander le rapport au nom de leur débiteur, mais les
créanciers du *de cujus* ne jouiront pas du même droit.
L'acceptation bénéficiaire a pour but et pour résultat en
effet de n'engager l'héritier que jusqu'à concurrence des
forces de la succession ; or, les biens qui proviennent
du rapport ne font pas partie de la succession, les créanciers du *de cujus* ne peuvent donc pas en profiter, et
n'ont pas non plus le droit de provoquer un rapport qui
ne leur est d'aucune utilité.

359. — Aux termes de l'art. 857, le rapport n'est pas
dû non plus aux légataires, et cela pour deux raisons :

1° les légataires n'ont droit à être payés que sur le patrimoine de la succession ; or, ainsi que nous l'avons rappelé, les biens rapportés ne font pas partie de ce patrimoine ; 2° s'il en était autrement, le testateur pourrait trop aisément diminuer ou anéantir les donations faites précédemment, ce qui serait contraire au principe fondamental de l'irrévocabilité des donations entre-vifs.

Le bénéficiaire de l'assurance étant, dans mon opinion, assujetti au rapport, ces divers principes devront être appliqués.

TROISIÈME POINT. — **COMMENT LE RAPPORT S'EFFECTUE-T-IL ET QUE DOIT-ON RAPPORTER ?**

360. — Nous diviserons ce point en deux numéros qui sont indiqués par notre titre même :

Premier numéro.— Comment le rapport s'effectue-t-il?

Deuxième numéro. — Que doit-on rapporter ?

361. — Premier numéro. *Comment le rapport s'effectue-t-il ?*

La loi fixe deux modes pour le rapport : le rapport en nature et le rapport en moins prenant.

Toutes les fois qu'il s'agit de donation mobilière, le rapport se fait en moins prenant. Il ne faut pas croire cependant que le donataire soit obligé dans tous les cas de sacrifier sa part d'immeubles, la donation serait souvent alors pour lui une cause de préjudice, ce qu'on ne peut admettre. Il est toujours libre, au lieu d'imputer sur sa part de succession la somme qu'il doit rapporter, de verser cette somme à ses cohéritiers, et de partager avec eux le surplus des biens. C'est là une faculté pour lui, ses cohéritiers ne peuvent jamais l'y contraindre.

362. — Dans notre espèce ce n'est pas l'art. 869 du

Code Nap., mais l'art. 868 qui est applicable. Ce n'est pas une somme d'argent que le *de cujus* a donnée au bénéficiaire, c'est un droit de créance. Ses cohéritiers et lui-même peuvent donc exiger que le rapport se fasse en moins prenant sur les meubles incorporels de la succession, sans qu'on ait à s'inquiéter de savoir si le numéraire était ou non suffisant à rétablir l'égalité des positions. Le bénéficiaire ne peut pas être contraint à effectuer le rapport en moins prenant aux dépens de sa part dans les immeubles ou même dans les meubles corporels. C'est une faculté pour lui, il peut la refuser et verser à ses cohéritiers la somme ou le supplément de la somme à laquelle ils ont droit.

363.—*Deuxième numéro.* — Que doit-on rapporter?

Cette question est très-importante et très-délicate. M. de Caqueray, dans l'article que j'ai déjà cité plusieurs fois, l'examine au cas où les primes ont été payées non sur les revenus mais par des capitaux. Telle est en effet la seule hypothèse où, suivant le savant professeur, il y ait lieu à rapport. D'après lui le bénéficiaire doit rapporter la donation indirecte qu'il a reçue, c'est-à-dire la somme versée par la Compagnie d'assurances.

« Cela est d'autant plus équitable, ajoute-t-il, que si le montant des primes était supérieur au capital reçu, on ne pourrait l'obliger qu'au rapport de ce capital. »

Je ne crois pas qu'on doive donner à cette question une réponse unique. Pour plus de clarté, je ferai différentes hypothéses.

364. — Supposons d'abord que l'assurance ait suivi son cours normal :

A. L'assuré a stipulé pour lui-même ou ses ayants-droit ; postérieurement, il a, par un contrat séparé, transporté sur la tête de l'un de ses héritiers le bénéfice de cette assurance.

B. L'assuré a stipulé dans la police que le bénéfice appartiendrait à Primus, et Primus est héritier lors de son décès.

C. L'assuré a stipulé que le bénéfice serait payable soit à ses ayants-droit, soit à Primus suivant la désignation qu'il en ferait dans la suite. Plus tard il s'est décidé en faveur de Primus qui se trouve héritier à sa mort.

Nous étudierons dans ces diverses espèces le cas où la créance est diminuée par le fait de l'assureur.

Enfin nous supposerons qu'il y a eu résiliation par le fait de l'assuré, par exemple, rachat de la police, faculté que les Compagnies accordent en général au contractant après une certaine période écoulée.

365. — A. L'assuré stipule que la Compagnie devra lors de son décès verser telle somme à sa succession ou à ses héritiers. Dans la suite il transporte le bénéfice de cette assurance sur la tête de Primus, en observant du reste les formalités prescrites par la loi. Il paie exactement les primes et meurt. Primus est alors l'un des héritiers de l'assuré ; il touche la somme promise, et accepte soit purement et simplement, soit sous bénéfice d'inventaire la succession ouverte. Ses cohéritiers lui demandent le rapport, que doit-il rapporter ?

Dans cette première hypothèse je me range à l'avis de M. de Caqueray et je crois que Primus devra rapporter toute la somme qu'il a reçue.

Par l'effet du contrat d'assurance, *une créance était*

entrée dans le patrimoine de l'assuré ; cette créance, il l'a donnée à Primus. Nous sommes dans le cas ordinaire de donation de créance. Or cette créance est à terme, et il est inutile d'en faire l'estimation [1], puisqu'elle devient exigible sinon pendant la vie, au moins à l'heure du décès du donateur.

Le bénéficiaire successible devra donc, conformément à l'opinion de M. de Caqueray, rapporter tout ce qu'il a reçu de l'assureur.

366. — Supposons maintenant que la Compagnie ne donne pas toute la somme qu'elle a promise. Elle a par exemple été déclarée en état de faillite, et ne donne à chacun de ses créanciers qu'un dividende. D'après les principes que je viens de rappeler, le bénéficiaire ne doit rapporter à la succession du donateur que le dividende reçu, et non la somme totale qui devait être versée.

367. — B. L'assuré a stipulé que la Compagnie paierait lors de son décès telle somme à Primus, qui du reste a accepté. Les primes sont exactement acquittées, l'assuré meurt, et Primus se trouve être l'un des successibles, la Compagnie lui paie le capital promis.

Les cohéritiers de Primus ont droit de demander le rapport, car il y a eu appauvrissement du patrimoine du *de cujus* au profit de celui de Primus, appauvrissement qui du reste a été volontaire. Nous ne distinguerons pas, ainsi que nous l'avons vu plus haut, si les primes ont été acquittées au moyen de capitaux ou au moyen des revenus.

Mais en quoi le rapport consiste-t-il ? Primus doit-il tenir compte de la somme qu'il a reçue, ou bien doit-il tenir compte du montant des primes versées ?

[1] MM. Aubry et Rau, sur Zach. V. § 634, n° 5.

M. de Caqueray ne distingue pas et pense que Primus doit toujours rapporter la somme reçue. J'ai le regret de me trouver en nouveau désaccord sur ce point avec le savant professeur.

368. — Je ferai remarquer avant tout que cette hypothèse diffère essentiellement de celle qui précède. Dans la première espèce en effet l'assuré avait stipulé pour lui ou pour ses ayants-cause ; *il avait donc acquis un droit de créance qui était venu grossir son patrimoine.* Postérieurement à ce premier contrat, il en transporte le bénéfice sur la tête de Primus ; il y a appauvrissement et donation de ce droit de créance acquise. A l'époque du décès de l'assuré, Primus se trouve être au nombre de ses héritiers, et on lui demande le rapport, il est dès lors obligé de tenir compte de ce qui a fait l'objet même de la donation, c'est-à-dire de la créance qu'il a eue contre la Compagnie ; il doit en conséquence, et d'après ce que nous avons exposé plus haut, rapporter la somme qu'il a touchée.

Dans notre espèce, la situation est tout autre. Par l'effet même du contrat d'assurance, *le de cujus n'a acquis aucune créance contre la Compagnie*, et c'est là un point capital. Cette créance existe, il est vrai, mais, dès le moment même de sa naissance, elle a appartenu à Primus. Rien n'est entré dans le patrimoine de l'assuré; il s'est obligé purement et simplement au versement des primes, et s'il a en retour obligé la Compagnie au paiement d'une certaine somme, ce n'a jamais été à son profit personnel. La créance, et j'insiste sur ce point qui est fondamental, est entrée immédiatement non pas dans le patrimoine de l'assuré, mais dans celui de Primus, le bénéficiaire. Dès lors, nous ne pouvons plus raisonner comme dans l'hypothèse précédente. Il y a eu pour le bénéficiaire enrichissement de ce droit de créance, mais nous ne pouvons plus dire qu'il y ait eu aussi appauvrissement de ce même droit ; car jamais il n'a fait partie du patrimoine du *de cujus* et on ne peut pas perdre ce qu'on n'a jamais possédé.

J'ai appuyé beaucoup sur cette distinction qui peut paraître subtile mais qui me semble évidente. Il est impossible de comprendre comment cette créance aurait pu entrer dans les biens de l'assuré, une pareille supposition est démentie de la façon la plus formelle par l'analyse même de la convention.

Il est tout aussi incontestable qu'il y a eu donation, car il y a appauvrissement du patrimoine du stipulant et cet appauvrissement a eu pour effet immédiat et volontaire l'enrichissement du patrimoine du bénéficiaire, Primus. Il y a donc lieu à rapport, mais que doit-on rapporter ?

369. — Une fois la distinction admise, la réponse à cette question est aisée.

D'une part les cohéritiers ne peuvent jamais exiger que Primus rapporte une somme supérieure au montant des primes versées, car l'appauvrissement du stipulant assuré en faveur de Primus n'a pas dépassé cette limite.

Et d'autre part le bénéficiaire ne peut jamais être tenu de rapporter plus qu'il n'a reçu de la Compagnie, car il est évident que l'assurance dont s'agit n'a rien mis et ne pouvait rien mettre de plus dans son patrimoine.

D'où nous tirerons les conclusions suivantes :

Le rapport auquel le bénéficiaire héritier peut être contraint a deux limites *maxima* :

1° Il ne peut pas dépasser le montant des primes versées :

2° Il ne peut pas dépasser la somme payée par la Compagnie.

Si donc le *de cujus* est mort peu après le contrat d'assurance, le bénéficiaire Primus aura tout intérêt à invoquer la première limite et à ne rapporter que jusqu'à concurrence des primes versées par l'assuré.

Si au contraire le *de cujus* a vécu assez longtemps pour que le total de ces primes soit supérieur au capital touché, il invoquera le second maximum et ne rapportera que la somme à lui payée par la Compagnie.

370. — Supposons maintenant que la Compagnie ne puisse pas exécuter complètement l'obligation qu'elle a contractée. Elle est par exemple en état de faillite et ne donne à ses créanciers qu'un dividende.

Nous appliquerons encore et pour les mêmes motifs la solution que nous venons de donner. Nous dirons donc :

1° Le bénéficiaire ne peut pas être tenu de rapporter au delà des primes versées ;

2° Il ne peut pas être tenu de rapporter au delà du dividende qu'il touche.

371. — C. L'assuré a stipulé que la Compagnie paierait à sa mort telle somme, soit à ses ayants-droit, soit à Primus, suivant la désignation qu'il en ferait dans la suite. Plus tard il s'est décidé en faveur de Primus ; les primes sont régulièrement versées. L'assuré meurt, la Compagnie paie à Primus le capital promis ; or, Primus se trouve être l'un des héritiers de l'assuré, il accepte la succession, et ses cohéritiers réclament le rapport. En quoi doit-il consister ?

Faut-il rapporter la somme versée par la Compagnie, ou bien faut-il tenir compte du total des primes versées par le *de cujus ?*

372. — Cette question est la même que la précédente et doit, à mon avis, recevoir la même solution.

La créance contre la Compagnie n'a jamais fait partie du patrimoine de l'assuré.

Jusqu'à la désignation le droit était en suspens, il existait mais sans qu'on pût dire au profit de qui. — En fixant son choix en faveur de Primus, l'assuré a rempli, pour ainsi dire, le blanc qu'il avait laissé à dessein dans la police, et tout doit se passer *comme si le bénéficiaire avait été désigné d'une façon définitive au moment même du contrat.*

Cette créance n'est donc jamais entrée dans le patrimoine de l'assuré et elle doit être réputée avoir appartenu dès sa naissance au bénéficiaire désigné postérieurement.

Nous nous en tiendrons en conséquence aux deux limites *maxima* précédemment fixées.

373. — Toutefois, pour le décider ainsi, il faut supposer que Primus a eu dès le moment du contrat la capacité nécessaire pour cette institution. Mais si par exemple Primus n'était pas né à cette époque, l'effet rétroactif ne pourrait plus se comprendre, et nous serions dès lors obligés de rentrer dans la première hypothèse. Dans ce cas, Primus devrait être considéré malgré la réserve faite dans la police, *comme véritable donataire de cette créance* ; car cette créance, dans l'intervalle où elle ne peut pas être réputée lui avoir appartenu, devait nécessairement être dans le patrimoine de quelqu'un ; elle appartenait donc à l'assuré.

Dans cette situation exceptionnelle, nous déciderons que Primus ne peut pas rapporter à son choix, soit le montant des primes, soit le capital promis par l'assureur, il n'a pas droit à cette option et peut être contraint à rapporter suivant les principes, que nous avons précédemment exposés, la somme totale versée par la Compagnie.

374. — Enfin nous avons encore à supposer le cas où la Compagnie ne tient pas complètement la promesse qu'elle a faite, où par exemple elle est tombée en faillite. et ne donne à chacun de ses créanciers qu'un dividende proportionnel. Cette situation ne peut pas présenter de difficultés particulières. Nous avons pensé en effet que notre espèce actuelle doit être régie par les principes exposés soit lors de la première, soit lors de la seconde hypothèse ; il n'y a donc qu'à se reporter à ces solutions, et nous nous bornerons à un renvoi sur ce point.

375. — Nous avons supposé jusqu'à présent que l'assuré avait stipulé le paiement d'une somme, *quid* s'il s'agit d'une rente ? Les solutions que nous avons précédemment données ne s'en trouveront pas modifiées. Il y aura lieu seulement à estimer la valeur de cette rente au moment de son exigibilité, c'est-à-dire au moment du décès du donateur. Il faudra alors répéter les mêmes raisonnements et appliquer les mêmes principes en remplaçant la somme fixée par le montant de cette estimation.

376. — Nous sommes arrivé à notre seconde supposition, celle où il y a eu résiliation par le fait de l'assuré, où il y a eu par exemple rachat de police.

La Compagnie a dû verser une certaine somme,

moindre il est vrai que celle primitivement stipulée, mais qui néanmoins a été touchée par le bénéficiaire. Dans la suite le donateur — vient à mourir et le bénéficiaire est un de ses héritiers, que peut-on l'obliger à rapporter ? Les solutions précédentes sont encore applicables. Ainsi :

377. — *Première hypothèse.* — Le défunt avait stipulé pour ses ayants-droit, puis il a fait don de cette créance à Primus, il y a eu rachat de la police, enfin, décès du donateur. Primus devra rapporter non pas évidemment la somme stipulée, mais celle dont la Compagnie s'est reconnue ou a été jugée débitrice.

378. — *Deuxième hypothèse.* — Le défunt avait stipulé dans la police même au profit de Primus. Nous dirons encore que Primus a le choix : — rapporter les primes versées ou la somme qu'il a touchée de la Compagnie. Mais cette alternative est ici purement théorique. Lorsqu'il y a rachat de police, ou résiliation par le fait de l'assuré, il est difficile de comprendre que la Compagnie puisse être en perte, il y a donc lieu de croire que la somme payée par la Compagnie sera toujours inférieure au montant des primes versées, et dès lors le bénéficiaire aura tout intérêt à ne jamais rapporter que la somme par lui touchée.

379. — La *troisième hypothèse* rentrant soit dans la première, soit dans la seconde, il n'y a pas lieu de l'examiner d'une manière spéciale.

380. — Jusqu'à présent nous avons toujours supposé que l'assuré était en même temps le stipulant, c'est là du reste le cas le plus ordinaire ; s'il en est autrement et que l'assuré meure avant le stipulant, les solutions précédentes sont textuellement applicables.

381. — Mais qu'arrivera-t-il si c'est le contractant qui décède avant l'assuré ? Paul a stipulé qu'à la mort de Pierre, telle somme serait payée à lui ou à ses ayants-droit, ensuite il a fait don de cette créance à Primus, et meurt avant Pierre. Primus se trouve donc être créancier à terme incertain d'une somme déterminée, et la succession est chargée du paiement des primes à venir. Comment les choses se passeront-elles ? Quant à l'obligation du paiement des primes, elle se divise entre tous les héritiers proportionnellement à la part héréditaire de chacun d'eux. Il peut en être autrement convenu lors du partage, mais cette convention n'est valable qu'*inter partes*, et ne peut pas être opposée à l'assureur.

Que décider à l'égard du rapport ? Dans l'opinion, soutenue notamment par Marcadé, qui applique le rapport en nature aux meubles incorporels, les choses se passeront d'une façon très-simple. Chacun des héritiers en effet aura droit à une part de cette créance à terme, proportionnelle à sa fraction héréditaire.

Cette opinion a été vivement combattue, et elle me semble en effet difficile à admettre en présence des dispositions légales. La loi ne distingue que deux grandes classes de donations, — les donations mobilières, et les donations immobilières — et leur applique des règles différentes. Or les créances n'étant évidemment pas des immeubles doivent rentrer nécessairement dans la première catégorie. Il y aura lieu à évaluer cette créance, et cette évaluation fixera le chiffre du rapport.

382. — Reprenons notre seconde hypothèse, et supposons qu'au moment même de sa naissance, cette créance ait été attribuée au bénéficiaire, devenu héritier. Il y aura encore lieu à estimation, et le bénéficiaire aura le choix : rapporter le montant soit des primes, soit de cette évaluation.

383. — La troisième hypothèse ne mérite pas un examen particulier.

384. — Les Compagnies sont dans l'usage, afin d'exciter le zèle, de répandre chaque année sur les assurés dont les polices ont déjà un certain âge une portion des bénéfices réalisés. Ces versements peuvent être employés, soit à diminuer le chiffre des primes, soit à augmenter le montant de la somme promise par la Compagnie. Ces combinaisons fréquentes dans la pratique ne peuvent pas évidemment avoir d'influence sur les solutions que nous avons précédemment données. Il y aura lieu d'en tenir compte pour les calculs, mais il n'en résulte aucune modification des principes.

Nous allons maintenant mettre le contrat d'assurance en présence des règles édictées par la loi en matière de réduction.

§ II — *Réduction*

385. — Cette étude est fort importante tant à cause des nombreuses applications pratiques qui s'y rapportent, qu'à cause des difficultés qu'elle soulève.

Le législateur n'a pas voulu qu'une personne pût, aux dépens des parents les plus proches, anéantir ni même diminuer outre mesure son patrimoine par des donations ou des legs. Il a imposé des limites à cette faculté de disposer à titre gratuit.

La portion qu'on doit conserver intacte se nomme réserve, celle dont on peut disposer à titre gratuit se nomme quotité disponible. Cette quotité disponible a varié avec les temps.

Sous l'empire du Code Napoléon, les héritiers de la ligne directe, descendante et ascendante, ont seuls droit à une réserve dont l'importance change du reste suivant le nom re des ayants-droit.

Lorsque la quotité disponible a été dépassée, il y a lieu à réduction. L'action en réduction a donc pour but de rétablir dans son intégrité la portion du patri-moine que la loi garantit aux héritiers réservataires.

Ces réflexions aboutissent nécessairement à ce ré-sultat qu'on peut dispenser du rapport, mais qu'on ne peut jamais dispenser de la réduction. Le cohéritier donataire avec clause de préciput n'est donc pas à l'abri de toute réclamation.

386. — Ces principes fondamentaux une fois rappe-lés, nous abordons l'étude de notre paragraphe. Nous le subdiviserons en plusieurs points :

Premier point. — Le bénéficiaire est-il soumis à la réduction ?

En cas d'affirmative.

Deuxième point. — Qui peut demander la réduction, et quelles personnes y sont astreintes ?

Troisième point. — Dans quels cas y a-t-il lieu à réduction ?

Quatrième point. — Dans quel ordre la réduction s'effectue-t-elle ?

PREMIER POINT. — LE BÉNÉFICIAIRE EST-IL SOUMIS A LA RÉDUCTION ?

387. — M. de Caqueray continuant la doctrine qu'il a exposée au sujet du rapport, distingue suivant que le donateur a versé des capitaux, ou suivant qu'il a alimenté les primes au moyen de ses revenus. Dans la première hypothèse le bénéficiaire peut être soumis à la réduction, il en est autrement dans la seconde. Ainsi en général cet avantage n'est pas assujetti aux règles de la réduction.

Cette solution, dit le savant professeur, s'appuie : 1° sur l'art. 928 qui, à l'instar de l'art. 856, n'assujettit le donataire obligé à restituer les fruits qu'à partir du décès du donateur ; 2° sur l'art. 1527 du Code Nap., qui, prévoyant le cas où des conventions matrimoniales avantageraient un conjoint au détriment d'enfants du premier lit, donne l'action en retranchement, mais ajoute : « Les simples bénéfices résultant des travaux communs et des économies faites sur les revenus respectifs quoique inégaux des deux époux ne sont pas considérés comme un avantage fait au préjudice des enfants du premier lit. »

Enfin on ajoute comme considération grave, que si on soumet sans distinction ces avantages aux règles ordinaires du rapport et de la réduction, on portera un coup mortel aux assurances sur la vie, et on peut leur prédire un échec complet dans notre pays, *car elles ne pourront plus permettre au père de famille d'atteindre le but licite qu'il s'est proposé.*

388. — Je n'admets pas la distinction proposée par M. de Caqueray, et je pense qu'il y a lieu d'appliquer toujours les règles posées par la loi en matière de réduction. Cette solution est du reste commandée par celle que nous avons donnée précédemment au cas de rapport. Si cette première solution a paru bonne et conforme aux vrais principes du droit, il ne faut pas hésiter à repousser encore dans cette espèce la distinction présentée, car les règles de la réduction sont encore plus importantes et plus essentielles que celles relatives au rapport ; elles sont le dernier et suprême soutien de la famille. L'héritier peut par sa renonciation se soustraire à l'obligation du rapport, il ne peut jamais échapper à la réduction.

J'ajouterai du reste que les moyens mis en avant par notre adversaire ne me semblent pas concluants. Il invoque l'art. 928 et l'art. 1527 du Code Napoléon, et il en tire à mon avis des conclusions tout à fait exorbitantes.

389. — L'art. 928 dit, il est vrai, que le donataire soumis à la réduction ne doit les fruits ou intérêts que du jour du décès du testateur ou de la demande en justice. Quel est le motif de cette disposition ? Le législateur n'a pas voulu écraser le donataire en lui imposant l'obligation de rapporter peut-être tous les fruits ou revenus perçus depuis l'époque de la donation. Une pareille charge aurait été presque toujours ruineuse pour lui. La donation, loin de lui être profitable, lui aurait été le plus souvent nuisible. Cette décision était donc commandée ; elle est d'autant plus juste que le donataire ignore presque toujours qu'il sera soumis à un retranchement.

En quoi une pareille disposition peut-elle autoriser à dire que les donations faites aux dépens des revenus sont dispensées de la réduction ?

Supposons qu'une personne prélève chaque année

trois mille francs sur ses revenus au profit du même donataire. Vingt ans se passent, le donateur meurt, et il se trouve alors que la quotité disponible était épuisée avant la première donation annuelle. En vertu de l'art. 928 du Code Nap., le donataire sera dispensé de restituer les trente mille francs d'intérêts qu'il a touchés ; mais cet article ne le dispense pas du tout de rendre les soixante mille francs qui lui ont été donnés directement. — Vouloir en tirer une pareille conséquence, c'est à mon avis abuser de cette disposition légale, et oublier le motif qui l'a dictée.

390. — Passons à l'art. 1527 du Code Nap. Cet article porte que les simples bénéfices résultant des travaux communs *et des économies faites sur les revenus respectifs quoiqu'inégaux des deux époux* ne sont pas considérés comme un avantage fait au préjudice des enfants du premier lit.

Or, dit-on, il y a là cependant une donation évidente, pourquoi est-elle soustraite aux règles de la réduction ? C'est parce qu'elle provient des revenus et non des capitaux.

La réponse est aisée. 1° Le législateur ne considère pas ces résultats avantageux comme le produit d'une donation. Il pense avec raison que le concours de l'époux même dépourvu de fortune personnelle a été fort utile à la réalisation des économies. Si l'un apporte, l'autre conserve ou aide par une sage administration à la conservation et à l'accroissement de la fortune commune. L'art. 1527 *in fine* a consacré une règle générale, celle qui dispense de la réduction les avantages résultant d'un contrat à titre onéreux.

On nous objectera peut-être que, si telle est la pensée de l'art. 1527, cette disposition était inutile. En aucune façon, le législateur a voulu prévenir l'interprétation exagérée qu'on aurait pu donner à l'art. 1496 C. Nap.

2° Les règles touchant la réduction sont l'une des matières les plus importantes du Code Napoléon, parce qu'elles servent à garantir le patrimoine de la famille, et l'une des plus graves parce qu'elles peuvent modifier d'une façon considérable la position, pour ainsi dire, acquise, des donataires attaqués. Or le principe fondamental est écrit dans l'art. 920 qui déclare réductibles sans distinction toutes dispositions soit entre-vifs, soit à cause de mort.

391. — Invoquer une règle qui dispense de la réduction les donations faites au moyen des revenus, c'est évidemment créer à ce principe général une exception dont la portée est considérable. Je n'hésite pas à dire que si cette règle existait, elle serait écrite en toutes lettres dans nos lois ; rien du reste n'était plus facile, et il n'est pas permis de penser que le législateur ait voulu abandonner aux résultats incertains d'un raisonnement pour le moins subtil, la reconnaissance et l'établissement d'une règle contradictoire d'une telle gravité. Si la disposition formelle manque, c'est que la règle n'existe pas.

392. — Appliquons d'ailleurs le même raisonnement à l'art. 1496 du Code Nap. et voyons les résultats auxquels nous serons conduits. Un homme grevé de soixante-dix mille francs de dettes épouse une femme ayant quatre-vingt mille francs d'argent ; le régime adopté est celui de la communauté légale. Le mari paie

ses dettes et la femme meurt. Les père et mère de la défunte peuvent-ils demander la réduction ? L'art. 1496 le leur défend. Faut-il conclure de cette disposition à une règle générale et déclarer que les donations de capitaux sont dispensées de la réduction? Non, car l'art. 920 est formel. Cet exemple nous montre le danger de vouloir sur une disposition spéciale appuyer une règle générale. Il nous rappelle de plus ce principe *que les conventions matrimoniales doivent être traitées non comme des donations pures et simples, mais comme des arrangements à titre onéreux.*

Toutes ces raisons réunies démontrent que l'art. 1527 ne peut pas servir de base au système qu'on prétend y asseoir.

393. — Enfin une pareille doctrine aboutit à mon sens à des résultats tout à fait contraires à l'esprit de la loi. Je reprends l'hypothèse que j'ai déjà présentée plus haut.

Une personne jouissant de 50,000 fr. de rente donne à Primus un immeuble de 10,000 fr. ; plus tard elle constitue une assurance dont le montant devra être payé à Secundus. Comme 5,000 fr. suffisent à ses besoins, elle paie régulièrement 45,000 fr. de primes par an ; vingt, trente ans se passent dans ces conditions, elle meurt, et Secundus touche la somme énorme promise par l'assureur ; mais le *de cujus* ayant outrepassé la quotité disponible, il y a lieu à réduction. Dans le système de M. de Caqueray, Secundus, qui a peut-être touché plus d'un million, échappera à la réduction et Primus au contraire sur sa petite donation de 10,000 fr. devra la subir. Je ne puis pas croire que telle ait été l'intention du législateur ; elle me paraît trop injuste pour pouvoir être supposée, et du reste tout dans le texte de la loi la condamne à mes yeux.

Pour être conséquent avec soi-même il faudrait aller jusqu'à dire que le donataire, qui chaque année a reçu directement le surplus des revenus du donateur, n'est pas assujetti à la réduction. Ce résultat est commandé par le sens qu'on attribue à l'art. 1527, car tout le surplus des revenus tombe en communauté, et vient par conséquent grossir pour partie le patrimoine éventuel du conjoint pauvre.

394. — Je décide donc, comme en matière de rapport, qu'il n'y a pas lieu de distinguer suivant que l'assurance a été constituée au moyen d'une somme prise sur le capital du *de cujus* ou suivant qu'elle a été alimentée par des primes empruntées sur les revenus. Dans tous les cas, la libéralité qui en résulte est soumise à la réduction.

395. — Le savant professeur de Rennes termine par cette considération : « Si on décide sans aucune distinction que toutes ces donations sont assujetties au rapport et à la réduction, qu'elles seront des valeurs de succession, de communauté, on portera une atteinte profonde aux assurances sur la vie, et on peut leur prédire un échec complet dans notre pays, car elles ne pourront plus permettre au père de famille d'atteindre le but *licite* qu'il s'est proposé. »

Je ne crois pas que le résultat de notre opinion soit aussi ruineux, aussi fatal aux assurances sur la vie. Malgré les règles sur le rapport et la réduction, on fait tous les jours des libéralités entre-vifs ou testamentaires ; tous les jours *on place son argent dans l'intérêt de sa femme, de ses enfants, de ses héritiers*, et je ne vois pas pourquoi les assurances qui offrent les mêmes avantages seraient condamnées à disparaître. M. de Caqueray envisage à mon avis la question à un point de vue beaucoup trop spécial et beaucoup trop restreint. Les Compagnies pourront être privées de la clientèle des personnes *qui veulent éluder la loi*, mais le mal ne me semble pas énorme.

Dans tous les cas, si les assurances sur la vie ne peuvent vivre en France *qu'à la condition de violer les lois*, personne ne doit désirer qu'elles prospèrent.

Une fois cette première question résolue d'une façon affirmative, nous abordons l'étude des autres points.

DEUXIÈME POINT. — Qui peut demander la réduction et quelles personnes y sont soumises?

396. — Nous nous bornerons à rappeler les principes généraux.

Tout donataire peut être soumis à la réduction, qu'il soit ou non successible. A la différence du rapport, la renonciation de l'héritier ne le met pas à l'abri de cette voie de recours. Peu importe donc que le bénéficiaire soit successible ou étranger.

397. — Quelles personnes peuvent demander la réduction? Ce sont les héritiers réservataires et leurs ayants-cause.

Les créanciers de la succession ne peuvent pas user de ce moyen exorbitant qui n'a pas été créé pour eux, ils ne peuvent pas non plus en cette qualité profiter de l'accroissement produit par l'exercice de cette action. Si donc les différents cohéritiers ont accepté la succession sous bénéfice d'inventaire, ils pourront faire réduire

les donations trop considérables consenties par leur
auteur, et jouiront seuls des biens ainsi revenus, alors
même que les créanciers ne seraient pas désintéressés
d'une manière complète. Il en est de même des légataires.

398. — Mais les créanciers des cohéritiers réservataires peuvent en vertu de l'art. 1166 du Code Napoléon
exercer l'action en réduction appartenant à leurs débiteurs. En cas d'acceptation pure et simple, les créanciers de la succession devenant créanciers de l'héritier
peuvent faire usage du même droit. S'il s'agit d'une
acceptation bénéficiaire, il en sera autrement.

399. — Si les créanciers de la succession se ren-
ferment dans le bénéfice de la séparation des patrimoines, peuvent-ils profiter des biens ainsi recueillis ?
Il y a sur ce point trois systèmes que nous nous bornerons à rappeler. Les uns admettent les créanciers de la
succession à venir en concours avec ceux de l'héritier
sur les biens propres de ce dernier ; dans cette opinion,
nul doute qu'ils ne profitent des résultats de la réduction. — Les autres ne leur donnent sur ces biens qu'un
droit subsidiaire, droit qu'ils ne peuvent faire valoir
qu'après complète satisfaction accordée aux créanciers
personnels. — Dans un troisième système enfin on décide que les créanciers de la succession, en se renfer-
mant dans le bénéfice de la séparation des patrimoines
ont choisi leur part qu'ils ne peuvent pas dépasser. De
même que les créanciers de l'héritier ne peuvent prétendre à rien sur les biens de la succession (ce qui du
reste n'est pas complétement exact, car une fois les
créanciers de la succession désintéressés, les créanciers
de l'héritier ont sur ces biens le même droit que sur

tous ceux de leur débiteur), de même les créanciers de la succession n'ont aucun droit *même subsidiaire* sur les biens particuliers de l'héritier. De ces trois systèmes, le second me paraît le plus logique, le plus conforme aux droits des parties et à l'origine même de ce bénéfice. Mais ce n'est pas ici le lieu d'entrer dans une discussion aussi spéciale.

Peuvent-ils dans le cas de séparation des patrimoines demander la réduction ? Quelle que soit l'opinion qu'on adopte au sujet de la question précédente, la négative me paraît devoir être admise. La question ne peut pas être douteuse dans les deux derniers systèmes; dans le premier même, la solution ne doit pas changer. En effet, aux termes de l'art. 879 du Code Napoléon, le bénéfice de séparation des patrimoines se perd par l'acceptation de l'héritier comme débiteur : or, pour exercer l'action en réduction, les créanciers sont obligés de s'appuyer sur l'art. 1166 du Code Nap., et de se présenter par conséquent comme créanciers de l'héritier, de la personne dont ils veulent exercer les droits. — Dans le premier système, les créanciers de la succession ne peuvent donc pas, sous peine de perdre le bénéfice de leur position exceptionnelle, demander la réduction ; ils ont seulement le droit d'en profiter lorsqu'elle a été obtenue soit par l'héritier lui-même, soit par ses créanciers personnels.

Il faudra faire à notre matière l'application des principes que nous venons de rappeler.

TROISIÈME POINT. — DANS QUELS CAS Y A-T-IL LIEU A RÉDUCTION ?

400. — Il y a lieu à réduction toutes les fois que

le *de cujus* a épuisé par des libéralités partie de sa fortune supérieure à la quotité disponible.

Cette quotité disponible varie elle-même suivant le nombre et la qualité des héritiers réservataires. Le père qui laisse un enfant a pu donner moitié de sa fortune, s'il en a deux le tiers, trois ou un plus grand nombre le quart. Si, à défaut d'enfants ou descendants, le *de cujus* laisse des ascendants dans les deux lignes, il a pu disposer de la moitié de sa fortune ; s'il ne laisse d'ascendants que dans une ligne, du quart. Enfin le conjoint ayant des enfants d'un autre lit ne peut donner à son nouveau conjoint qu'une part d'enfant moins prenant, sans que cette libéralité puisse jamais dépasser le quart de ses biens.

Nous rappellerons enfin que le conjoint jouit d'une quotité disponible particulière.

401. — Toute cette matière a soulevé des questions fort nombreuses et fort graves. Les héritiers renonçants doivent-ils compter pour le calcul de la réserve ? L'héritier réservataire renonçant peut-il cumuler, et garder la donation à lui faite dans les limites de la quotité disponible et de sa part dans la réserve ? L'époux donataire jouit-il de la quotité disponible ordinaire alors qu'il y a intérêt pour lui de s'en prévaloir ?

Toutes ces questions et beaucoup d'autres ont fait l'objet de nombreuses controverses et d'études remarquables, notamment de la part d'un savant et regretté professeur de la Faculté de Paris, M. Vernet, dont il sera permis à l'un de ses anciens élèves de rappeler ici le souvenir.

Nous ne nous en occuperons pas ; il suffira d'appliquer aux sujets que nous allons examiner, le résultat des systèmes qu'on croit devoir admettre.

Peu importe l'étendue qu'on donne à la quotité disponible, puisque nous la supposerons toujours dépassée.

402. — Comment calcule-t-on si la quotité disponible a été ou non épuisée ?

Il faut faire avant tout quatre opérations : 1° composer la masse des biens laissés par le *de cujus*, — 2° composer celle des biens par lui donnés, — 3° additionner ces deux masses, — 4° en déduire le montant des dettes.

C'est sur ce reste qu'on calcule. Il est aisé de voir quelle est la portion de cette différence dont le *de cujus* a pu disposer à titre gratuit ; une fois cette division faite, on en compare le quotient au chiffre total des donations consenties. Si ce chiffre est supérieur au quotient ainsi déterminé, la réserve est atteinte, et l'action en réduction est ouverte pour la rétablir dans son intégralité.

De toutes ces opérations, la seule qui nous intéresse en ce moment est la seconde : Calcul des biens donnés.

403. — Quelle valeur faut-il attribuer à cette assurance sur la vie ? Il est inutile de faire ressortir la gravité de cette question ; il suffit de se reporter au tableau rapide que nous venons d'esquisser pour sentir immédiatement l'importance capitale de cette seconde opération. Plus cette valeur sera considérable, plus le danger des donataires et du bénéficiaire sera grand.

Nous reprendrons successivement les hypothèses que nous avons posées plus haut dans la matière du rapport. Pour plus de simplicité nous supposerons d'abord

que la créance est restée dans les mains de la personne
à qui le *de cujus* en avait fait don.

404. — *Première hypothèse.* Le *de cujus* a stipulé qu'à sa
mort telle somme serait payée à sa succession. Il a régulièrement effectué le paiement des primes mais il a fait don
de cette créance à Primus. A la mort de l'assuré la Compagnie paie ou est prête à payer la somme promise.

Dans ce premier cas l'évaluation de la donation est
facile à faire. Le *de cujus* a fait don d'une créance qui
faisait partie de son patrimoine, or les donations devant
être estimées sur le pied de leur valeur véritable au moment du décès du donateur (art 922 du C. Nap.), la
valeur véritable est la somme stipulée, et si la Compagnie ne pouvait verser qu'un dividende, ce dividende
seul devrait entrer en ligne de compte.

405. — *Deuxième hypothèse.* Le *de cujus* a stipulé
qu'à sa mort telle somme serait payée à Primus. Il a
régulièrement servi les primes ; son décès arrivant, la
Compagnie doit payer le capital convenu.

Quelle valeur doit-on attribuer à cette donation pour
le calcul de la quotité disponible ? Il faut se reporter
aux principes que nous avons exposés plus haut. La loi
dit qu'en matière de réduction le calcul doit se faire
d'après l'état de l'objet donné, au moment de la donation, et sa valeur lors du décès. Que décider ?

Ce droit de créance n'a jamais appartenu au *de cujus*, qui dès lors n'a pas pu en faire donation à Primus.
Sans doute Primus s'est enrichi par le fait de l'appauvrissement du défunt, et par sa volonté ; il y a eu libéralité, et il y a lieu d'en tenir compte pour le calcul
de la quotité disponible, mais *l'objet* de la donation

n'a pas pu être le droit de créance. Je me borne à renvoyer sur ce point à ce que j'en ai dit précédemment (N° 368).

406 — A mon sens cette évaluation a deux limites *maxima*, — d'une part l'appauvrissement produit par le paiement des primes,— d'autre part l'enrichissement du tiers qui a acquis le droit de créance. Il faudra prendre pour base la moindre de ces sommes. En effet, à supposer que la quotité disponible ait été épuisée, et que le bénéficiaire soit atteint par la réduction, il est évident qu'on ne pourra pas lui réclamer au delà de la somme qu'il a reçue ; — et d'autre part, si le montant des primes est inférieur à cette somme, les réservataires ne peuvent pas être fondés à réclamer davantage, car la créance n'ayant jamais fait partie du patrimoine du *de cujus*, on ne peut pas dire que, par le fait de cette libéralité, la succession se trouve diminuée du capital qu'elle a produit.

Dans cette seconde hypothèse, je persiste donc à croire que les héritiers réservataires devront, pour le calcul de la masse des biens donnés, prendre soit le montant des primes, soit le montant même de l'assurance, sans jamais pouvoir dépasser la moindre de ces deux sommes.

407. — Si la Compagnie, au lieu de verser le capital promis, ne peut payer qu'un dividende, il est bien certain qu'il faudra prendre ce dividende pour base, et non la somme promise

408. — *Troisième hypothèse*. Le *de cujus* avait stipulé que le bénéfice serait payé lors de son décès, soit à ses ayants-cause, soit à Primus, suivant la détermination qu'il prendrait dans la suite. Plus tard il s'est décidé en faveur de Primus.

D'après les principes que j'ai développés plus haut
(N° 371), cette hypothèse rentre en général dans la seconde. Toutefois si Primus n'était pas capable de recevoir au moment où le contrat d'assurance a été conclu,
ce cas rentrerait non dans la seconde, mais dans la première hypothèse, car l'incapacité temporaire de Primus
s'oppose à ce que l'effet rétroactif puisse recevoir son
entier effet, et une créance ne pouvant pas exister sans
créancier, le droit a dû nécessairement entrer dans le patrimoine du *de cujus* avant d'entrer dans celui de Primus.

409, — Supposons que le *de cujus* ait stipulé le
montant de l'assurance exigible à l'époque du décès
d'une tierce personne, les solutions que nous avons précédemment données sont encore applicables.

410. — *Première hypothèse.* Le *de cujus* a stipulé
qu'à la mort de Secundus, telle somme serait payée à
ses ayants-droit ou à sa succession (ce qui pour nous
est la même chose). Plus tard, il a constitué Primus
bénéficiaire. Si Secundus est mort avant le donateur, la
somme totale versée par la Compagnie à Primus devra
être comptée dans la masse des biens donnés. Si au contraire le donateur meurt le premier, il y aura lieu d'estimer la valeur actuelle de la créance.

411. — *Deuxième hypothèse.* Le *de cujus* a stipulé
qu'à la mort de Secundus, la Compagnie devrait payer
telle somme à Primus.

Il faudra prendre pour base du calcul soit le montant
des primes versées, soit la somme payée à Primus en
cas de prédécès de Secundus, ou en cas de prédécès du donateur l'évaluation de la créance à cette
époque.

La moindre de ces deux limites est celle dont il faut tenir compte.

412. — *Troisième hypothèse.* Quant à cette dernière hypothèse nous n'avons pas à y revenir, puisqu'elle rentre nécessairement dans l'une des deux précédentes.

413. — Nous pouvons aussi prévoir le cas où la somme versée par la Compagnie est moindre que la somme promise, et cela par le fait même du *de cujus* ; il y a eu par exemple rachat de la police. Mais cette hypothèse ne mérite pas une étude spéciale, il faut lui appliquer bien évidemment la solution que nous venons d'examiner, en ayant soin toutefois de tenir compte de cette diminution, et de remplacer la somme promise par la somme versée.

Nous sommes arrivés maintenant au dernier point de notre travail relatif à la réduction.

QUATRIÈME POINT. — DANS QUEL ORDRE LA RÉDUCTION S'EFFECTUE-T ELLE ?

414. — Le principe posé par le Code est celui-ci : l'action en réduction s'attaque aux donations par ordre de date ; les plus récentes seules doivent tomber si elles suffisent à reconstituer la réserve.

Cette règle était du reste commandée par les motifs mêmes de l'action. Les premières donations n'ayant porté que sur la quotité disponible, le *de cujus* était en droit de les consentir, et les héritiers réservataires ne peuvent pas s'en plaindre, puisqu'elles ont laissé intacte la portion que la loi leur garantit.

Les donations testamentaires tombent donc devant les donations entre-vifs, et les donations entre-vifs ne peuvent être attaquées que par ordre de date.

Il faut appliquer ces règles à la donation contenue dans le contrat d'assurance.

415. — Cette donation ne peut certainement pas être assimilée au legs. Ce caractère a été refusé à juste titre même aux institutions contractuelles, la question ne saurait faire doute à notre sujet, car le dépouillement résultant d'une assurance sur la vie est bien plus irrévocable que celui résultant d'une institution contractuelle. La date qu'il faut prendre en considération est, soit celle du contrat d'assurance lui-même, comme dans la seconde hypothèse que nous avons précédemment étudiée, soit celle de la donation spéciale comme dans la première hypothèse.

416. — Nous avons plus haut réservé une question qui nous reste à examiner ; elle se présente lorsque le donataire a lui-même aliéné le bénéfice de la créance. A la mort du donateur il y a lieu à réduction, et cette donation est atteinte en totalité ou en partie.

Sans doute, si le bénéficiaire primitif est solvable, la question ne présente pas de difficulté : il paiera, d'après les principes ci-dessus exposés, tout ou partie, soit du montant de l'assurance ou de l'estimation de la créance contre la Compagnie, soit de la somme totale des primes versées.

417. — Mais supposons que le bénéficiaire primitif soit insolvable, les héritiers réservataires pourront-ils faire tomber le poids de cette insolvabilité sur les donataires antérieurs, ou bien devront-ils s'attaquer au cessionnaire ? En un mot, l'art. 930 du Code Napoléon est-il ou non applicable à notre espèce ? On sera peut-être tenté d'appliquer cette disposition et de dire que telle est la

16

règle générale, et qu'il n'y a d'exception que pour les meubles *corporels*, exception fondée sur la prescription instantanée de l'art. 2279 du Code Napoléon.

Je préfère l'opinion contraire. L'art. 930 ne parle en effet que d'immeubles et laisse par conséquent en dehors tous les meubles, aussi bien incorporels que corporels.

Enfin c'est là une règle exorbitante et si le doute était possible, il serait plus logique de faire tomber la réduction sur des donataires, antérieurs il est vrai, mais acquéreurs à titre gratuit que sur des sous—cessionnaires peut-être à titre onéreux.

CHAPITRE NEUVIÈME

JURIDICTION ET COMPÉTENCE

Le contractant ne faisant pas un acte de commerce, c'est devant la Juridiction civile qu'il faut l'assigner. — Il en est de même de l'assureur qui n'est pas assureur de profession. — Les Compagnies d'assurances font-elles des actes de commerce? Distinction entre les Compagnies à primes et les sociétés d assurances mutuelles. — L'incompétence civile est-elle une incompétence *ratione materiæ* ou seulement une incompétence *ratione personæ* ? Influence de cette question sur une clause fréquente dans les polices, relative au choix d'un tribunal. — Quel est le tribunal de commerce compétent ? — Peut-on assigner les Compagnies devant le Tribunal du domicile de leurs agents principaux ? — Examen de la compétence des juges de paix relativement au stipulant. — Application de l'art 8 de la loi du 25 mai 1838. — Le juge de paix doit-il statuer sur la demande en paiement des primes, alors même que la validité ou l'existence du contrat d'assurance lui-même est sérieusement contestée ?

418. — Le contractant qui stipule une assurance ne fait pas évidemment un acte de commerce, mais un acte d'administration, de conservation. Si dès lors des difficultés s'élè-

vent, difficultés dans lesquelles il joue le rôle de défendeur, c'est devant les tribunaux civils qu'il faudra l'assigner.

419. — De même si l'assureur n'est pas assureur de profession, l'assurance qu'il a consentie d'une façon exceptionnelle n'est pas non plus à son égard un acte de commerce, et c'est devant la juridiction civile qu'il faudra le faire comparaître.

420. — Quel est en cas pareil le tribunal civil compétent pour connaître de ces difficultés ? Les principes généraux nous donnent cette règle qui devra recevoir son application : *Actor sequitur forum rei.*

Cette première situation ne soulève pas de question sérieuse, mais il faut reconnaître qu'elle ne se présentera presque jamais.

Le rôle d'assureur est en effet toujours tenu dans la pratique par des Compagnies constituées dans ce but unique.

421. — La situation du stipulant défendeur n'est pas modifiée, mais en est-il de même de celle de l'assureur ? En d'autres termes la Compagnie d'assurance fait-elle des actes de commerce ?

Nous distinguerons les Compagnies d'assurances à primes et les sociétés d'assurances mutuelles.

422. — Parlons d'abord des Compagnies d'assurances à primes.

Il est admis d'une façon à peu près universelle que les Compagnies d'assurances terrestres à primes font des actes de commerce [1]. En effet, le but de ces sociétés est

---

[1] MM. Quesnault, *Traité des assurances terrestres,* n°⁵ 396 et suiv. — Persil, *Traité des assurances terrestres,* n°⁵ 345, etc. — Boudousquié n° 384. — Vincens, *Lég. comm.,* p. 238 — Grun et Joliat, n° 346. — Troplong, *Sociétés,* 1, n° 345. — Coin Delisle, *Contrainte par corps,* p. 82. — Delangle, *des Sociétés,* I, p. 32.

de faire *une suite de spéculations*, leur objet unique est *l'entreprise d'opérations présentant des chances de gain*. L'article 632 du Code du Commerce est donc applicable.

On a fait remarquer de plus qu'il existe une similitude parfaite entre les assurances maritimes et les assurances contre l'incendie, la grêle, etc. Or, le Code de Commerce range d'une façon expresse et formelle les assurances maritimes dans la classe des actes commerciaux. « La parfaite conformité de spéculations entre l'assurance des risques de mer et celle des risques de feu moyennant une prime, dit M. Vincens, a fait pencher le Conseil d'État, comité de l'Intérieur et du Commerce, à décider par analogie que la dernière est aussi commerciale. »

Il y a une grande analogie entre l'assurance contre l'incendie et l'assurance temporaire sur la vie, ainsi que j'ai déjà eu occasion de le faire plusieurs fois remarquer ; l'assurance temporaire constitue donc sans nul doute un acte commercial. Il en est de même de l'assurance ordinaire ; car si l'analogie entre cette assurance et l'assurance contre l'incendie est moins frappante, *la conformité de spéculations*, *la même nature des actes émanés des Compagnies* ne permettent pas qu'on fasse de distinction.

423. — Toutefois des jurisconsultes fort autorisés, MM. Dalloz et Carré [1] pensent que les assurances terrestres à primes ne constituent pas des actes de commerce. Ils s'appuient pour le décider ainsi sur ce qu'elles ne sont pas comprises d'une façon textuelle dans l'énu-

---

[1] M. Dalloz, *Recueil de jurisprudence générale. — V° Actes de commerce*, t. II, 2ᵉ partie, p. 740 — M. Dalloz a renoncé à cette opinion (Voir MM. Grun et Joliat, p. 395). — M. Carré, *Traité de la compétence*, II, p. 560.

mération du Code de Commerce. La réponse est aisée, et elle a été faite depuis longtemps. Le silence du législateur a une cause toute naturelle, c'est qu'au moment où le Code de Commerce a été rédigé, les assurances maritimes étaient seules pratiquées. Nous ne sommes donc pas forcés de mettre la loi en contradiction avec elle-même en classant dans deux catégories différentes des actes aussi identiques.

On tire enfin un dernier argument de la forme des Compagnies d'assurances. Ne se constituent-elles pas comme toutes les autres sociétés commerciales ?

La jurisprudence n'a pas hésité à suivre cette doctrine ; les différents jugements ou arrêts que j'ai eu occasion de citer en font preuve [1].

424. — Il en est autrement quand il s'agit d'assurances mutuelles. Dans ce cas, en effet, on ne traite pas avec des tiers ; chacun des stipulants apporte son écu dans la masse à partager, et joue le rôle d'assureur à l'égard des autres. Il n'y a dans ces sociétés aucune idée de spéculation. On ne peut donc pas y voir un acte de commerce.

Laissons de côté ces sociétés d'assurances mutuelles qui, au point de vue qui nous occupe actuellement, ne présentent aucun intérêt particulier, et revenons aux assurances à primes.

Les Compagnies d'assurances à primes fixes font donc des actes commerciaux, et c'est devant les tribunaux de commerce qu'elles devront être assignées.

425. — *Quid* si le demandeur a porté son action

---

[1] Voir notamment *Arr. de la C. de Cass.* — 8 avril 1828. — 30 décembre 1846.

devant les tribunaux civils? Y a-t-il là une incompétence *ratione personæ*, permettant au juge de statuer à défaut d'opposition de la part du défendeur, ou bien y a-t-il là une incompétence absolue, incompétence *ratione materiæ*.

Cette question n'est pas spéciale à notre étude, et elle est tranchée depuis longtemps par la jurisprudence. Il a été décidé que cette incompétence n'est qu'une incompétence *ratione personæ*. Cette discussion n'offre donc aucun intérêt pratique.

426. — Toutefois il est permis de rappeler l'opinion contraire soutenue par la grande majorité des auteurs, et qui est à mon avis la seule conforme aux principes. Les tribunaux civils ne peuvent pas évidemment prononcer sur les matières administratives ; il y a là une incompétence *ratione materiæ* qu'on prend pour type. Or les limites des compétences respectives sont souvent fort obscures, et je dirai même assez difficiles à justifier. Je n'en veux pas d'autre exemple que la compétence compliquée et multiple en matière d'impôts. La limite des compétences civile et commerciale au contraire est nettement tracée, en théorie du moins, elle est rationnelle et utile, elle existait longtemps avant le Code, et cette limite, on l'impose aux tribunaux consulaires sans la respecter en réalité à leur égard. C'est placer ces deux juridictions sur un pied d'inégalité choquante.

On invoque, il est vrai, une prétendue théorie de plénitude de juridiction, théorie contredite par la loi d'organisation judiciaire du 24 août 1790, et par notre ancienne jurisprudence, attestée notamment par Pothier (*Traité de la procédure*, part. 1re, chap. 2, sect. iv, § 2).

Il semble que les tribunaux civils privés de la juridiction administrative aient voulu trouver une compensation aux dépens des tribunaux commerciaux. Il en résulte à mon sens un empiétement illégal, et souvent fâcheux aux justiciables.

427. — Je n'insiste pas sur ce point qui ne fait plus question dans la pratique. Toutefois il était de mon devoir de rappeler cette controverse, car si la discussion était encore possible d'une façon réelle et utile, elle aurait une grande influence sur la validité d'une clause fréquente dans les polices.

Il est dit souvent en effet que la Compagnie fait élection de domicile à Paris, et que le *Tribunal civil* de la Seine sera seul compétent à son égard. Si les Tribunaux civils sont incompétents *ratione materiæ*, cette clause, du moins en ce qui concerne le choix du Tribunal, ne peut produire aucun résultat, car les parties même d'accord ne peuvent pas imposer à un Tribunal de statuer sur une question dont la loi lui défend de connaître. La juridiction ainsi saisie doit d'office se déclarer incompétente, et c'est un moyen que la partie intéressée pourrait faire valoir.

428. — Dans l'opinion universellement suivie en jurisprudence, et qui déclare qu'il n'y a là qu'une incompétence *ratione personæ*, la solution contraire doit être nécessairement admise. La Compagnie ayant renoncé d'avance à soulever ce moyen n'est plus recevable à décliner la compétence du Tribunal dont elle a fait choix.

429. — Supposons que cette clause n'ait pas été insérée dans la police, le contractant ou le bénéficiaire veulent assigner la Compagnie devant un Tribunal de

commerce. Quel est le Tribunal de commerce compétent pour connaître de cette demande ?

L'article 420 du Code de procédure civile parlant des actions commerciales porte : « Le demandeur pourra assigner à son choix, devant le Tribunal du domicile du défendeur, devant celui dans l'arrondissement duquel la promesse a été faite et la marchandise livrée, devant celui dans l'arrondissement duquel le paiement devait être effectué. »

Ainsi le Tribunal de commerce compétent est, ou bien celui dans l'arrondissement duquel la Compagnie a son siége (art. 69, C. de proc. civ.), ou bien celui dans l'arrondissement duquel le paiement devait être effectué.

430. — Ces deux tribunaux seront en général confondus. En effet, quand la police est muette, il est de principe que le paiement se fasse au domicile du débiteur, c'est-à-dire dans les bureaux de la Compagnie. Et quand la police s'exprime sur ce point, c'est en général pour confirmer ce principe de droit. Toutefois s'il en était autrement, le demandeur aurait le choix entre les deux tribunaux. Si par exemple il avait été stipulé que le paiement se ferait au domicile du bénéficiaire, celui-ci aurait la faculté de saisir soit le Tribunal du domicile de la Compagnie, soit celui de son propre domicile.

Ainsi que nous l'avons dit plus haut, il arrive fréquemment que les polices contiennent désignation d'un Tribunal qui devra connaître des contestations, c'est ordinairement le Tribunal du domicile de la Compagnie; en pareil cas, c'est devant lui que l'action doit être intentée, alors même que le montant de l'assurance a été stipulé payable dans un autre endroit.

431. — Si le Tribunal convenu avait été celui du domicile du bénéficiaire, on devrait supposer que cette désignation a été faite dans l'intérêt exclusif de ce dernier, et il resterait libre, sauf preuve contraire, de porter son action devant le Tribunal du domicile de la Compagnie. De même l'élection de tribunal, faite ordinairement dans les polices, a lieu dans l'intérêt exclusif de la Compagnie, qui reste par conséqueut maîtresse d'intenter les actions qu'elle peut avoir à diriger devant le tribunal du domicile du défendeur.

432. — Nous avons dit que l'un des tribunaux compétent est celui de l'arrondissement dans lequel la Compagnie a son siége. Toutefois s'il résulte des statuts de la Compagnie que les agents principaux établis dans différentes villes ont reçu des pouvoirs suffisants pour traiter avec les assurés, et faire ce que la Compagnie elle-même serait en droit de faire, ces agents peuvent être considérés comme les représentants suffisamment autorisés de la Compagnie, et le demandeur peut s'adresser à eux, leur donner assignation, et porter son action devant les Tribunaux des villes ou arrondissements où ils ont établi leur domicile. C'est ce qu'a décidé la Cour de Cassation par un arrêt du 11 juin 1845 [1], et en cela elle n'a fait qu'appliquer une jurisprudence constante aujourd'hui, notamment en ce qui concerne les Compagnies de chemins de fer.

En pareil cas il n'y a pas lieu non plus d'observer les délais de distance entre le lieu où réside le tribunal et celui où la Compagnie a son siége social.

---

[1] *Journal du Palais,* ann. 1845, t. II, p. 77. Voir aussi les arrêts cités en note.

433. — Nous rappellerons en terminant qu'aux termes de l'article 639 du Code de Commerce, les tribunaux de commerce prononcent en dernier ressort sur les demandes dont le principal n'excède pas quinze cents francs.

434. — L'acte résultant de l'assurance sur la vie n'est commerciale qu'à l'égard de la Compagnie, ainsi que nous l'avons fait remarquer plus haut. Si donc l'assureur veut réclamer le paiement des primes, c'est devant la juridiction civile qu'il devra porter son action.

435. — Quelle sera la juridiction civile compétente?

Aux termes de l'article premier de la loi du 25 mai 1838 : « Les juges de paix connaissent de toutes actions purement personnelles ou mobilières en dernier ressort jusqu'à la valeur de cent francs, et à charge d'appel jusqu'à la valeur de deux cents francs. »

Si donc le montant des primes réclamées est inférieur à deux cents francs, c'est devant le juge de paix du domicile du défendeur qu'il faudra introduire l'action. Si au contraire le montant des primes réclamées est supérieur à ce chiffre, l'action devra être portée après préliminaire de conciliation devant le tribunal civil qui statuera en dernier ressort jusqu'à la somme de quinze cents francs.

436. — Toutefois, l'article 8 de cette même loi de 1838 apporte à la compétence du juge de paix un tempérament qu'il faut rappeler. Si le défendeur forme une demande reconventionnelle dont le chiffre soit supérieur à cent francs, le juge de paix ne prononce sur les deux demandes qu'en premier ressort. Et si cette demande reconventionnelle est supérieure à deux cents francs, le juge de paix doit, ou retenir le jugement de

la demande principale, ou renvoyer sur le tout les parties à se pourvoir devant le tribunal de première instance sans préliminaire de conciliation.

Il faut avoir soin de distinguer entre les demandes reconventionnelles et les exceptions ou moyens de défense. Le juge de paix peut en effet apprécier ces exceptions et moyens, encore bien qu'ils nécessitent l'examen d'un titre dont la valeur échappe à sa compétence [1].

437. — Supposons que le contractant, à qui la police confère le droit de rachat, ait signifié à la Compagnie son intention de résilier le traité. La Compagnie, sans avoir égard à cette signification, l'assigne devant le juge de paix en paiement d'une prime de deux cents francs. Le débat s'engage devant ce magistrat. Le défendeur produit l'original de la signification, conclut à ce que la Compagnie soit déboutée de sa demande et forme une demande reconventionnelle ayant pour but de lui faire donner acte de la résiliation qu'il invoque. La Compagnie de son côté répond que le stipulant par exemple n'avait pas le droit de proposer le rachat, que la police n'avait pas duré le temps nécessaire pour autoriser l'exercice de cette faculté. C'est là une contestation qui peut être très-sérieuse. L'art. 8 est applicable. Le juge de paix pourra ou bien statuer sur la demande en paiement, ou bien renvoyer les parties à se pourvoir sur le tout devant le tribunal de première instance. La Cour de cassation a rendu un arrêt conforme à cette doctrine le 25 février 1867.

438. — Enfin que dirons-nous s'il s'élève un débat

---

1 C. de Cas. 27 juin 1860. *Journ. du Pal.* ann. 1861, p. 887 — C. de Cas. 22 juillet 1861. *Journ du Pal.* ann. 1862 p. 307.

sérieux au sujet de l'existence ou de la validité du contrat d'assurance en lui-même ? M. Bourbeau [1] décide que même dans ce cas le juge de paix est compétent. Cette opinion malgré l'autorité que lui prête son défenseur ne me paraît pas admissible. Et en effet le juge de paix ne peut pas évidemment prononcer sur cette question d'existence ou de validité d'une convention dont le chiffre échappe à sa compétence. Or il est possible qu'il décide, je ne dirai pas d'une façon certaine, mais d'une façon sensée, sur une difficulté qui découle tout entière d'une convention *sérieusement* mise en doute. Ce serait condamner le juge à prononcer en aveugle, ou plutôt l'opinion de M. Bourbeau devra toujours aboutir au même résultat, résultat injuste. Il est impossible en effet que le juge de paix statuant dans ces circonstances se trouve suffisamment éclairé, qu'en adviendra-t-il ? C'est que le demandeur étant à défaut de titre valablement établi ou reconnu dans l'impossibilité de faire preuve complète devra infailliblement perdre toujours son procès.

Dans notre hypothèse le juge de paix me paraît être dans une situation analogue à celle des tribunaux civils placés en présence d'un acte administratif dont le sens est véritablement douteux. En pareil cas les tribunaux s'abstiennent et renvoient les parties devant la juridiction compétente pour déterminer le sens de l'acte en question. Ils s'abstiennent parce qu'ils sont privés de l'élément essentiel pour éclairer leur religion, que le juge de paix fasse de même et renvoie les parties devant les tribunaux civils [2].

---

[1] *Traité de la Justice de Paix*, n°° 45 et 46, p. 77.

[2] MM. Carou. *Jurid. des jug. de p.* n° 105 — Curasson, *Comp. du jug. de paix* 2°° édit. t. 1. p. 229.

On peut aussi consulter un arrêt de la Cour de Cassation du 26 janvier 1863, *Journal du Pal.* ann. 1863, p. 1145.

CHAPITRE DIXIÈME

TIMBRE ET ENREGISTREMENT.

Division du chapitre en deux paragraphes. — § 1er. *Timbre.* Les polices d'assurances terrestres étaient-elles soumises au timbre avant la loi de 1850 ? — Loi du 5 juin 1850. Les polices d'assurances sur la vie sont assujetties au timbre de dimension. — Exposé des dispositions principales de cette loi. Calcul de l'abonnement. Faut-il y comprendre les assurances souscrites en pays étranger par des Compagnies françaises ? *Quid* des réassurances ? *Quid* des versements provenant d'assurances antérieures, des frais de gestion réclamés en sus des primes, des arrérages versés aux Compagnies en raison du placement de leurs capitaux en rentes sur l'État ? — Le double des polices antérieures, au 1er octobre 1850, et qui se trouve en la possession des assurés est-il assujetti au timbre ? En cas d'abonnement les Compagnies peuvent-elles répartir l'impôt du timbre sur les assurés au moyen d'un droit proportionnel de 2 par 1,000. — Caractère limitatif de la faculté d'abonnement. — Loi des 23-27 juin 1857.

§ 2 *Enregistrement.* Les assurances sur la vie sont elles soumises au droit proportionnel de 1 p. 100 ? Distinction entre les assurances à primes et les assurances mutuelles. — Il n'y a pas de délai fixé pour l'enregistrement et dès lors pas lieu à la perception d'un double droit — Sur quelle base se calcule le droit proportionnel d'enregistrement ? Assurance ordinaire, assurance temporaire. — La clause fréquente qui autorise le rachat, et d'après laquelle la police est résiliée de plein droit faute de paiement à l'échéance a-t-elle quelque influence sur la perception du droit ? — Cession du bénéfice de l'assurance. — La donation contenue d'ordinaire dans le contrat d'assurance donne-t-elle lieu à la perception d'un droit proportionnel distinct ? — Dans quels cas y a-t-il lieu à un droit de mutation par décès ?

439. — Nous diviserons l'étude de ce chapitre en deux paragraphes indiqués du reste par notre titre :

§ I. Timbre.

§ II. Enregistrement.

§ 1er. — *Timbre.*

440. — L'article 56 de la loi du 9 vendémiaire an VI porte : « Les lettres de voiture, les connaissements,

chartes-parties et polices d'assurances, les cartes etc. seront assujetties au timbre fixe ou de dimension. »

La loi du 6 prairial an VII (art. 5) portait également : « Les lettres de voiture, connaissements, chartes-parties et polices d'assurances seront inscrites à l'avenir sur du papier du timbre d'un franc. »

Enfin l'article 1er du Décret du 3 janvier 1809 dit : « Les lettres de voiture, connaissements, chartes-parties et polices d'assurances continueront d'être assujetties au timbre de dimension. »

441. — Ces dispositions légales devaient-elles être strictement appliquées aux polices d'assurances maritimes ou bien fallait-il soumettre aussi au droit du timbre de dimension les polices d'assurances terrestres ?

Cette discussion n'offre aujourd'hui aucun intérêt pratique, car la question a été tranchée par une loi récente du 5 juin 1850.

442. — Nous ferons remarquer toutefois que l'administration du fisc ne crut pas devoir étendre ou plutôt appliquer aux assurances terrestres les dispositions légales que nous venons de citer.

Le rapporteur de la loi de 1850, M. E. Leroux, lui adressait à ce sujet un reproche sévère : « La vigilance de l'administration, dit l'honorable député, n'a pas été plus active à l'égard des Compagnies d'assurances que pour les sociétés de commerce. Cependant il n'y avait pas incertitude sur le texte de la loi. Ce texte est très-positif ; les polices d'assurances sont formellement astreintes à la formalité du timbre de dimension par la loi du 9 vendémiaire an VI et le décret du 3 janvier 1809. »

Il serait superflu, ainsi que nous l'avons fait remarquer plus haut, d'examiner si cette critique est bien ou mal fondée. Mais il était important de rappeler quelle interprétation avaient reçue dans la pratique les lois précitées, elle a une grande influence sur une question que nous allons avoir à étudier (N° 464).

443. — Je commencerai par analyser rapidement les dispositions de cette loi nouvelle ayant trait aux assurances sur la vie ; j'examinerai ensuite certaines questions qu'elles peuvent faire naître.

L'article 33 porte qu'à partir du premier octobre 1850 tout contrat d'assurance terrestre ainsi que toute convention postérieure portant prolongation, augmentation dans la prime ou le capital doit sous peine de cinquante francs d'amende contre l'assureur, être rédigé sur papier d'un timbre de dimension. Lorsque la police contient une clause de tacite reconduction, elle est en outre, sous la même peine de cinquante francs, soumise au visa pour timbre, dans les cinq jours de sa date.

444. — Les sociétés d'assurances mutuelles, les Compagnies d'assurances à primes ou autres, doivent, sous peine d'une amende de mille francs, déclarer avant de commencer leurs opérations au bureau d'enregistrement où elles ont leur siége la nature de leurs opérations, ainsi que le nom de leur directeur ou du chef de l'établissement (art. 34).

445. — Les assureurs doivent tenir un répertoire sommaire qui n'est pas assujetti au timbre, mais doit être coté, paraphé et visé par un juge du tribunal de commerce ou un juge de paix, portant par ordre de numéro, et dans les six mois de leur date toutes les assurances faites soit directement, soit par ses agents, ainsi que les

conventions prolongeant l'assurance ou bien augmentant les primes ou le capital assuré.

Ces registres doivent être présentés tous les trois mois au receveur de l'enregistrement qui les vise. En dehors de ce contrôle périodique, les préposés de l'administration peuvent en exiger la communication, quand bon leur semble (art. 35 de la loi du 5 juin 1850, — art. 51 et 52 de la loi du 22 frimaire an VII).

446. — Ces dispositions légales s'expliquent d'elles-mêmes. Pour percevoir l'impôt d'une façon certaine et complète, il est nécessaire que l'administration se rende un compte exact des opérations de chacune des Compagnies, qu'elle vérifie la sincérité des déclarations à elle faites. Il faut donc qu'elle puisse prendre communication des registres et des répertoires.

Cela n'est pas encore suffisant, car les répertoires sont peut-être tenus d'une façon irrégulière ou frauduleuse. Aussi est-il permis aux préposés d'exiger au siége de l'établissement la représentation: — 1° des polices en cours d'exécution ou renouvelées par tacite reconduction depuis au moins six mois: — 2° de celles expirées depuis moins de deux mois (même art. 35 de la loi du 5 juin 1850).

447. — L'article 36 prononce une amende de dix francs pour chaque contravention aux dispositions de l'article 35.

448. — L'article 37 est fort important ; il ouvre la voie de l'abonnement. Les Compagnies d'assurances sur la vie peuvent s'affranchir de l'obligation du timbre en contractant avec l'État un abonnement annuel de deux francs par mille du total des versements faits chaque année aux Compagnies et assureurs.

L'abonnement de l'année courante se calcule sur le chiffre total des opérations de l'année précédente.

Le paiement du droit s'effectue par moitié et par semestre au bureau de l'enregistrement du lieu où se trouve le siége de l'Établissement.

L'importance et l'étendue qu'il faut donner à cet article soulèvent des questions graves et intéressantes dont nous nous occuperons dans un instant.

449 — En cas de renonciation à un abonnement contracté, les assureurs doivent payer 35 centimes par chaque police en cours d'exécution, quels que soient du reste la dimension du papier et le nombre des doubles (art. 36).

450. — Les articles 40 et 41 contiennent des dispositions transitoires auxquelles nous renvoyons sans y insister, car elles ont perdu aujourd'hui beaucoup de leur intérêt. Nous aurons du reste occasion d'y revenir.

451. — Enfin l'article 49 contient une disposition générale ainsi conçue :

« Lorsqu'un effet, certificat d'action, titre, livre, bordereau, police d'assurance ou tout autre acte sujet au timbre et non enregistré, sera mentionné dans un acte public, judiciaire ou extra judiciaire, il ne devra pas être représenté au receveur lors de l'enregistrement de cet acte, l'officier public ou officier ministériel sera tenu de déclarer expressément dans l'acte si le titre est revêtu du timbre prescrit et d'énoncer le montant du droit de timbre payé. — En cas d'omission, les notaires, avoués, greffiers, huissiers et autres officiers publics, seront passibles d'une amende de dix francs par chaque contravention. »

452. — Après cette analyse des dispositions principales de la loi du 5 juin 1850 relatives aux assurances

terrestres et spécialement aux assurances sur la vie, nous allons étudier plusieurs questions qu'elles ont fait naître.

453. — Faut-il assujettir au timbre, et par suite compter pour le calcul de l'abonnement, les assurances souscrites en pays étranger par des Compagnies dont le siége est en France ? Une décision du ministre des finances du 29 août 1851 [1] a tranché la question dans le sens de l'affirmative, à supposer même que la police ne puisse recevoir son exécution qu'à l'étranger. Cette solution me semble tout à fait juste.

Et d'abord la généralité des termes de l'article 37 me paraît commander cette solution : « Les Compagnies... pourront s'affranchir..... en contractant avec l'État un abonnement annuel de deux francs par mille *du total des versements* faits chaque année aux Compagnies ou assureurs. » — Ainsi donc la loi ne distingue pas. Or les étrangers assurés paient eux aussi chaque année les primes, dès lors leurs versements entrent nécessairement dans la base du calcul sur lequel repose le tarif de l'abonnement.

454. — Le ministre fait valoir du reste la discussion qui a eu lieu lors de la loi. La question a été soulevée et tranchée en ce sens. « M. Sauteyra demandait que la loi ne fut applicable qu'aux assurances souscrites en France, mais un membre de la Commission fit observer *que l'on avait dû comprendre dans la loi tous les contrats d'assurances,* par analogie avec les effets de commerce qui sont assujettis au timbre, soit qu'ils aient été souscrits à l'étranger, soit qu'ils l'aient été en France pour être payés à l'étranger; et comme l'exécution des contrats d'assurance passés à l'étranger ne peut être poursuivie

---

[1] *Bulletin de l'enregistrement* art. 70.

contre les Compagnies qu'au lieu où elles ont le siége de leur établissement, c'est-à-dire en France, il s'ensuit que ces assurances sont assujetties au timbre comme celles qui sont souscrites en France. »

455. — La même décision ministérielle porte qu'on doit également y comprendre le capital des réassurances reçues ou cédées par diverses Compagnies.

456. — Lorsqu'une Compagnie ne peut ou ne veut pas assurer la même personne au delà d'une certaine somme, elle s'arrange avec une autre Compagnie pour lui passer le surplus de l'assurance. La seconde Compagnie s'engage vis-à-vis de la première à prendre pour son propre compte cette assurance au delà des limites convenues. Ce sont ces arrangements qu'on nomme réassurances. Ils constituent, comme on le voit, des assurances véritables, et il n'y a aucune raison de les soustraire à l'application de la loi générale,

C'est ce que dit du reste un membre de la commission : « Il n'est pas possible de distinguer les contrats de réassurance des contrats d'assurance ; car c'est une véritable assurance ; seulement les Compagnies qui, dans le premier cas, étaient assureurs, deviennent assurées dans le second contrat. C'est un second contrat semblable au premier mais entre d'autres parties. Il n'y a donc aucun motif de la dispenser d'être rédigée sur du papier timbré et de payer l'abonnement. »

457. — En pareil cas c'est la Compagnie réassurante qui doit seule payer le droit de 2 par 1000. Il est évident tout d'abord que les deux Compagnies ne peuvent pas être assujetties à ce droit, car nous n'aurions plus sur ces fonds un droit de 2 par 1000, mais

bien un droit de 4 par 1000. Il ne doit donc être payé qu'une fois, et c'est la Compagnie réassurante qui doit en être chargée, car c'est elle qui profite du contrat.

458. — Le calcul de l'abonnement doit porter sur tous les versements, non seulement ceux faits en raison des assurances souscrites dans l'année précédente, mais aussi en vertu des assurances antérieures.

459. — Il doit porter également sur les frais de gestion que les Compagnies réclament chaque année en sus des primes.

Cette décision a été sanctionnée par un arrêt de la Cour de cassation en date du 23 mai 1853 [1], confirmant un jugement du tribunal de la Seine rendu dans une espèce d'autant plus intéressante qu'elle mettait en jeu les dispositions transitoires de la loi du 5 juin 1850.

460. — Un sieur Demontry, directeur d'une compagnie dite Caisse des Écoles, prétendait ne pas avoir à payer non-seulement l'abonnement calculé sur les versements provenant des assurances antérieures, et sur les frais de gestion, mais même le trimestre écoulé du 1er octobre 1850 au 1er janvier 1851. Débouté de son opposition par jugement du Tribunal de la Seine en date du 16 mai 1852, il s'est pourvu en cassation pour : 1° violation de l'art. 2 du Code Nap. et fausse application des articles 30, 37, 40 et 41 de la loi du 5 juin 1850 ; 2° fausse interprétation de l'art. 37 § 3 de cette même loi. Son pourvoi a été rejeté, et il me paraît utile de reproduire le texte même de cette décision dont les motifs peuvent jeter sur la loi de 1850 une lumière utile.

[1] *Journ. du Pal*. 1853. I. p. 710. — On peut aussi consulter un jugement du tribunal de la Seine du 4 février 1852 (*Bull. de l'enreg.* art 115)

461. — « La Cour : — Attendu que, sur le premier moyen, l'art. 40 de la loi du 5 juin 1850 impose aux Compagnies d'assurances l'obligation de faire timbrer à l'extraordinaire les polices d'assurances en cours d'exécution antérieures au 1er octobre 1850 ; que l'art. 41 leur accorde la faculté de s'affranchir de cette obligation au moyen d'un abonnement pris dans les trois mois de la promulgation de la loi, et que le jugement attaqué s'étant borné à appliquer les dispositions de ces articles aux faits de la cause, c'est à tort que le demandeur prétend trouver dans ce jugement le vice de la rétroactivité ;

« Attendu, toujours sur le premier moyen, que les expressions employées dans l'art. 37 de la loi du 5 juin 1850 ne laissent aucun doute sur la volonté du législateur de comprendre dans le calcul des bases de l'abonnement tous les actes quelconques faits par la Compagnie, et que le mot générique — les opérations de l'année précédente — ne peut recevoir aucune autre interprétation ;

« Attendu sur le deuxième moyen que le même art. 37, en disposant que le prix de l'abonnement sera calculé sur le total des versements faits chaque année aux Compagnies ou aux assureurs, a voulu atteindre toutes les sommes payées par les assurés, sans distinguer entre la portion de ces sommes qui est accordée par les Compagnies à leurs agents pour les frais de gestion et les autres portions tombant dans la caisse de la Compagnie ou des assureurs ; que ces diverses sommes, étant versées par les assurés comme prix de l'assurance, doivent être également atteintes par l'impôt ; — Qu'en le décidant ainsi le jugement attaqué a fait une juste interprétation de la loi ;

« Rejette, etc. »

462.—La même décision du ministre des finances du 29 août 1851 porte enfin que le calcul de l'abonnement ne doit pas comprendre les arrérages de rentes sur l'État perçus par les Compagnies en raison des placements qu'elles ont faits des fonds versés par les assurés ou associés.

Il faut savoir avant tout que les statuts des Compagnies, statuts qui doivent être en général soumis à l'approbation du góuvernement, les obligent à placer en rentes sur l'État les fonds qu'elles reçoivent de leurs assurés ou associés.

463. — Ceci posé, la solution qui précède découle des principes par voie de conséquence forcée. Elle était commandée, comme le fait remarquer cette décision ministérielle, par la maxime : *Non bis in idem*. Ces fonds étant entrés dans la caisse de l'assureur et *provenant des opérations faites par lui*, ont déjà par cela même subi une fois l'impôt du timbre. Ils ne peuvent donc pas y être assujettis une seconde fois.

464. — Une délibération du Conseil d'administration, en date des 15 octobre et 8 novembre 1850 [1], décide qu'on doit considérer comme affranchi de la formalité du timbre le double des polices antérieures au 1er octobre 1850 dont les assurés sont en possession et peuvent avoir à faire usage.

En effet l'art. 40 n'impose qu'aux assureurs l'obligation de faire timbrer les polices antérieures au 1er octobre ; cette mesure fiscale doit donc rester étrangère aux assurés.

465. — La délibération précitée en tire cette conséquence évidente : « Il n'y a pas lieu d'appliquer quant aux doubles des polices d'assurances non maritimes anté-

---

[1] Bull. de l'Enreg. art 130.

rieures au 1er octobre 1850, et dont la production est faite par les assurés :

« 1° L'obligation imposée aux officiers publics ou ministériels par l'article 49 de mentionner dans leurs actes si le titre y énoncé est revêtu du timbre prescrit ;

« 2° La défense faite par l'art. 25 de la loi du 13 brumaire an vii aux receveurs d'enregistrement d'enregistrer un acte qui ne serait pas sur du papier timbré du timbre prescrit, ou qui n'aurait pas été visé pour timbre. »

466. — Une instruction ministérielle du 1er avril 1853 décide que les Compagnies ne peuvent pas faire supporter aux assurés ce droit proportionnel de **2** par **1000**, et qu'il n'y a lieu de leur réclamer que le droit fixe déterminé par la dimension du papier. On ne peut pas leur imposer une somme supérieure à ce chiffre.

Cette instruction est-elle ou non conforme au texte et à l'esprit de la loi ? C'est là un point discuté.

467. — M. Merger[1] critique cette doctrine, et s'appuie pour le faire sur un passage du rapport de M. E. Leroux ainsi conçu : « Le principe de l'abonnement que vous avez admis à l'égard des actions dans les Sociétés de commerce semble à votre commission devoir aussi recevoir son application pour les Compagnies d'assurances. Il aura le double avantage de leur faciliter le paiement du droit, et de leur donner le moyen d'en faire une *répartition plus équitable entre les assurés, de telle sorte que la petite propriété ne supporte pas une charge aussi forte que la grande.* »

« Or, dit M. Merger, si l'on a admis en principe que l'abonnement devait avoir pour conséquence d'établir

[1] *Op. citato,* n° **383**.

une répartition plus équitable entre les assurés, et de faire payer en raison du chiffre de la police, c'est-à-dire des primes versées, il est évident que l'on a entendu que l'abonnement se réaliserait non pas seulement de la Compagnie assureur au gouvernement, mais encore de la Compagnie à l'assuré... »

468. — Faut-il se ranger à cette opinion, ou ne vaut-il pas mieux dire avec le Conseil d'État sous l'inspiration duquel cette instruction a été rédigée, que cette faculté d'abonnement n'existe que dans les rapports de la Compagnie avec l'État ?

469. — Pour moi, et malgré le passage du rapport précité, passage dont il est impossible de méconnaître la haute gravité, je n'hésite pas à me ranger à l'avis de M. le Ministre. Je pense que le texte de la loi, son esprit, et aussi l'équité, quoiqu'on en dise, se réunissent en faveur de ce système.

470. — Parlons d'abord du texte. L'article 33 de la loi de 1850 commence ainsi : « A partir du 1er octobre 1850, *tout contrat d'assurance .. sera rédigé sur timbre de dimension.* »

La première règle est donc que tout contrat d'assurance est assujetti à la formalité du timbre, *et cela sans distinction entre l'assureur et l'assuré.* La seconde est que le timbre est fixe et non proportionnel.

Quand il s'agit de l'abonnement, comment s'exprime la loi? « *Les Compagnies et tous assureurs* sur la vie *pourront également s'affranchir de l'obligation imposée par l'art. 33 en contractant chaque année avec l'État un abonnement de 2 francs par 1000 du total des versements faits chaque année aux Compagnies ou assureurs.* » (art. 37 *in fine*).

Ainsi, règle générale, *assureurs et assurés* sont soumis à l'impôt du timbre ; et, règle spéciale de l'art. 37, les *assureurs* peuvent s'en affranchir par l'abonnement, il n'est point question des assurés.

471. — Qu'il y ait ou non abonnement de la part de la Compagnie, c'est là un fait qui leur est étranger, et qui ne peut porter aucune atteinte à leur droit.

472. — Ce sont au surplus ces principes qui ont dicté l'Instruction ministérielle précitée des 15 octobre et 8 novembre 1850. Le ministre a vu dans l'article 33 une disposition générale et dans l'article 40 une disposition spéciale et intentionnelle. Or, cette Instruction ministérielle, on ne la critique pas parce qu'elle dispense certaines polices de la formalité du timbre. Si dans ce cas la distinction est juste et légale, il faut aussi la faire dans notre espèce, car la loi s'est exprimée d'une façon identique. Dans l'art. 37 comme dans l'art. 40 il n'est question que des assureurs. On ne peut pas sans se mettre en contradiction avec soi-même critiquer l'une de ces Instructions ministérielles sans critiquer également l'autre. Et je crois que **M.** Merger est tombé dans cette contradiction.

Dans mon opinion, cette décision a donc pour elle le texte de la loi, voyons maintenant si elle est conforme à son esprit.

473. — On est forcé de reconnaître que l'abonnement a été établi non pas dans une pensée de répartition plus équitable, mais afin d'arriver d'une manière plus facile et plus sûre au recouvrement de l'impôt. C'est donc une faculté laissée aux Compagnies et qui n'intéresse que les rapports de l'assureur avec l'État.

Enfin j'ajoute que la décision ministérielle a pour elle l'équité. **M.** E. Leroux, dans la partie du rapport que nous avons cité, s'est placé à mon avis à un faux point de vue, et **M.** Merger se trompe grandement lorsqu'il croit avoir pour lui la justice et le bon droit.

474. — La loi déclare-t-elle en effet les polices soumises au timbre fixe ou au timbre proportionnel ? La réponse n'est pas douteuse. La loi dit positivement (art. 33) qu'il s'agit du timbre de dimension. Dès lors l'opinion contraire fait fausse route, car elle tend tout simplement à substituer le timbre proportionnel au timbre fixe. Sous prétexte d'équité, on renverse la loi. Je comprends qu'on critique les impôts fixes, qu'on préfère les impôts proportionnels, mais c'est sortir du rôle d'interprète, et prendre celui de légiste. Quand on veut connaître l'esprit d'une loi il faut avant tout la laisser telle qu'elle est. Or il y a deux sortes de timbre, le législateur de 1850 pouvait soumettre les polices au timbre proportionnel, il ne l'a pas fait ; à ce point de vue, je comprends la critique ; mais une fois admis, et il ne saurait y avoir de doute sur ce point, qu'il s'agit du timbre de dimension, l'interprétation de **M.** Merger ne peut pas se soutenir.

Est-ce qu'une vente de cent mille francs ne se constate pas sur du papier frappé au même timbre qu'une vente de cinq cents francs ? Pourquoi en serait-il autrement en matière d'assurances ? Ce système d'impôt peut paraître mauvais aux yeux de certains auteurs, mais ce système existe, et à coup sûr les effets n'en sont pas plus iniques en matière d'assurance qu'en matière de vente.

Notre opinion n'est donc pas injuste, et la décision ministérielle n'a fait que consacrer un résultat ordinaire et commun aux différents contrats assujettis au timbre fixe.

475. — Je vais plus loin, je prétends que l'objection

doit être retournée, et que ce sont nos adversaires qui émettent une opinion tout à la fois injuste et illégale.

En effet les assurés ne sont pas consultés sur le point de savoir s'il est ou non utile de contracter un abonnement. Tout se passe entre l'assureur et l'État. Et l'assuré serait obligé de subir la loi de l'autre partie ! N'y a-t-il pas là un résultat qui blesse ? Et que devient le principe : *Res inter alios acta aliis neque nocet neque prodest.* L'abonnement étant une convention qui intervient entre l'assureur et l'État doit donc demeurer renfermé dans le cercle de ces rapports et ne peut pas sans injustice être imposé à une personne qui y est restée étrangère. En effet, non-seulement les assurances, mais la prolongation, les augmentations ou diminutions de primes, les augmentations ou diminutions de capital promis, et toutes les autres conventions sont également soumises au timbre ; d'un autre côté, l'assureur peut seul et de son plein gré contracter et rompre des abonnements avec l'État, sous les conditions posées par l'art. 38 de la loi de 1850, et l'assuré qui est resté en dehors de toutes ces tergiversations, de toutes ces variations périodiques, serait obligé de se soumettre dans ces diverses circonstances aux conséquences de ces changements continuels ! Il serait obligé de subir ces fluctuations involontaires de sa part, où peut et disparaître et reparaître à intervalles rapprochés la situation existante lors du contrat primitif ! Je n'hésite pas à dire qu'un pareil système est contraire non-seulement aux principes mais aussi à l'équité.

476. — J'ajouterai enfin une dernière considération qui me parait tout à fait décisive. A quel résultat abou-

tit-on dans le système de M. Merger ? A faire payer à certains assurés le timbre au delà de sa valeur telle qu'elle est déterminée par la loi. Or, c'est là une impossibilité légale.

On comprend parfaitement l'abonnement dans les rapports des Compagnies avec l'État ; les deux parties peuvent y gagner. L'État économise ainsi une foule de recherches longues, difficiles et onéreuses, et la Compagnie, qui seule du reste a le droit de provoquer cette convention, échappe, tout en dégageant sa responsabilité, aux embarras que crée nécessairement une immixtion étrangère et continue. Si d'ailleurs elle trouve que cet arrangement soit trop lourd pour elle, elle est libre de le rompre quand bon lui semble, et de rentrer sous l'empire de la loi commune.

477. — Mais comment admettre qu'une Compagnie puisse dire à un assuré : « La loi exige que les contrats d'assurance soient rédigés sur du timbre de dimension ; une feuille d'un franc suffirait, mais j'ai contracté un abonnement avec l'État, et « *il faut du reste que la petite propriété ne supporte pas une charge aussi forte que la grande ;* » comme vous êtes riche et que vous contractez une assurance importante, je vous vends le timbre de l'État dix, vingt, cent fois sa valeur réelle. »

Or c'est à ce résultat qu'aboutit l'opinion contraire. Je crois qu'il suffit de le mettre au jour pour renverser le système qui le produit.

Je pense donc que la décision ministérielle est conforme au texte et à l'esprit de la loi de 1850, et qu'elle a aussi pour elle l'équité. — L'assuré ne peut être assujetti qu'au droit du timbre fixe qui est le même pour tous, quelque soit du reste le montant particulier de chaque assurance.

478. — Une autre décision du Ministre des finances en date du 17 juin 1851, rendue après délibération conforme de la Régie des 20-26 décembre 1850 [1], porte que si les articles 33, 34, 35 et 36 de la loi du 5 juin 1850, relatifs au timbre des polices, à la déclaration préalable et à la tenue du répertoire, s'étant servis de dénominations générales, doivent être appliqués aux différents genres d'assurances, il en est autrement de l'article 37 relatif à l'abonnement, qui doit être strictement appliqué aux trois genres d'assurances prévues, sur la vie, contre l'incendie et contre la grêle, La discussion prouve que tel doit être le sens étroit qu'il faut attribuer à l'article 37, car ces mots *contre la grêle* ont été ajoutés sur la proposition d'un député qui proclamait, tout en le regrettant, le principe posé dans cette décision ministérielle.

Ainsi il faut dire notamment que le bénéfice de l'abonnement n'existe pas au profit des assureurs contre les chances du tirage au sort.

479. — Nous terminerons l'étude de ce paragraphe par l'examen d'une question minime en apparence, mais dont les applications pratiques sont très fréquentes. Aucune controverse n'est du reste possible il s'agit d'un simple renvoi à une loi récente.

Un jugement du tribunal civil de la Seine du 28 mars 1855. [2] a déclaré soumis au timbre les imprimés qui font connaître au public l'existence d'une Compagnie d'assurances mutuelles ou à primes fixes, ses con-

[1] La délibération et la décision se trouvent au *Bull. de l'enreg.* art. 89.

[2] *Bulletin de l'enreg.* art. 319. Dans l'espèce jugée il s'agissait d'assurance contre les faillites, mais les principes, sur lesquels s'est

ditions, ses avantages et les garanties qu'elle présente.

Il a décidé de plus que le fait de la distribution de tels imprimés résultait suffisamment de la mise à la poste d'un exemplaire adressé sous bande à une personne [1].

Dans l'espèce dont s'agit, l'avis ainsi envoyé n'ayant pas été imprimé sur papier timbré, le tribunal a déclaré que la contravention prévue par l'article 4 de la loi du 6 prairial an VII, avait été commise. Le motif de cette décision était dans l'art 1er de la loi du 6 prairial an VII, ainsi conçu :

« Les avis imprimés, quel qu'en soit l'objet, qui se crient et distribuent dans les rues et lieux publics, ou que l'on fait circuler de toute autre manière, seront assujettis au droit de timbre, à l'exception des adresses contenant la simple indication du domicile, ou le simple avis de changement. »

En cas de contravention, outre la restitution du droit fraudé, une amende était encourue. (art 4 de la même loi).

480. — Cette disposition de l'article 1er de la loi du 6 prairial an VII a été abrogée par l'art. 12 de la loi du 23-27 juin 1857 portant fixation du budget pour l'exercice de 1858.

Cet article porte :

« Est abrogé l'art. 1er de la loi du 6 prairial an VII qui asujettit au timbre spécial les avis imprimés qui se crient et se distribuent dans les rues et lieux publics, ou que l'on fait circuler de toute autre manière. »

481. — Aujourd'hui donc les Compagnies peuvent faire distribuer des avis et prospectus imprimés, soit de

appuyé le tribunal, étant les mêmes pour les assurances sur la vie, la décision leur était sans aucun doute applicable.

[1] Il a même été jugé par le tribunal de la Seine le 11 novembre 1852 (*Bull. de l'enreg.* art 201) que la contravention résultait du fait seul de l'impression, indépendamment de toute publication ou distribution,

la main à la main, soit par la voie de la poste, sans être pour cela assujetties à la formalité du timbre, et sans avoir à craindre de contrainte de la part de l'administration.

Nous allons aborder maintenant l'étude de notre second paragraphe relatif à l'enregistrement.

§ 2. — *Enregistrement.*

482. — L'article 69 n° 2 de la loi du 22 frimaire an VII porte ;

« Seront sujets au droit de cinquante centimes par cent francs : — ..... 2° Les actes et contrats d'assurances ; — Le droit sera perçu sur la valeur de la prime — En temps de guerre..... »

Ce droit a été doublé par l'article 51 n° 2 de la loi du 28 avril 1819.

Ces dispositions fiscales sont-elles applicables aux assurances terrestres, et en particulier aux assurances sur la vie ? Ce point est discuté.

484. — MM. Grun et Joliat disent (n° 202). : « A l'époque où ces dispositions furent établies, les assurances terrestres n'étaient point encore pratiquées en France, et il est de principe, *en matière d'impôt,* que l'on ne peut, sous prétexte d'analogie, faire peser un droit sur un acte que le législateur n'a pas eu en vue ; les termes mêmes des articles démontrent qu'ils ne sauraient s'appliquer aux assurances terrestres. Nous savons néanmoins que le droit proportionnel a été perçu sur des polices d'assurances contre l'incendie. nous pensons que c'est à tort et que les assureurs auraient pu contester.

« Les actes et polices d'assurances terrestres ne sont passibles que du droit fixe d'un franc, applicable aux termes de l'article 68 § 1er n° 51 de la loi du 22 frimaire à tous actes dénommés dans cette loi et qui ne peuvent donner lieu au droit proportionnel.... »

Cette opinion est reproduite par M. Merger [1].

484. — Je crois que cette interprétation par trop américaine ne doit pas être admise. Les lois de l'an VII et de 1816 ont posé un principe général dont elles ont fait l'application aux assurances maritimes qui étaient alors presque exclusivement connues. Les assurances terrestres *rentrant dans la classe des actes* spécialement soumis par ces lois au droit proportionnel doivent être évidemment assujetties au même impôt.

Il n'y a pas là du reste analogie mais identité de motifs. On ne concevrait pas que les assurances maritimes fussent frappées d'un droit proportionnel alors que les assurances contre l'incendie seraient frappées seulement d'un droit fixe. La nature, le but de ces contrats, leur dénomination, ne sont-ils pas absolument les mêmes [2] ?

Ces principes sont suivis par l'administration de l'Enregistrement et sont contenus dans une Instruction ministérielle du 14 juin 1821.

485. — Toutefois nous ferons remarquer que l'assurance mutuelle n'est jamais assujettie qu'au droit fixe de cinq francs. Il est reconnu que les conventions de cette nature constituent des sociétés ou des actes d'adhésion à une société (Instructions ministérielles, 21 décembre 1821, 22 mai 1822).

---

[1] *Opere citato*, n° 394 et suiv.

MM. Boudousquié, n° 215. — Persil, n° 82. — Dalloz, V° *Assurance*, n° 154. — Garnier, art. 1862, n° 6.

486. — Les assurances sur la vie ne rentrent pas dans la classe des actes énumérés par l'article 23 de la loi de frimaire an VII, il n'y a donc pas lieu de leur appliquer l'article 20 et de les assujettir à l'enregistrement dans le délai de vingt jours (art. 20 de la même loi). Elles ne sont soumises à l'enregistrement qu'en cas de contestation judiciaire, et il suffit que la police soit enregistrée soit avant le jugement, soit avec le jugement lui-même.

Pour la même raison il n'y a pas à craindre de double droit.

487. — Sur quelle base se calcule le droit proportionnel d'enregistrement? Sur les primes, dit la loi, mais sur quelle quantité de primes? Si la difficulté s'élève alors que le contrat d'assurance est épuisé, la réponse est facile, le nombre des primes, et par suite leur chiffre total étant parfaitement connus. Il en est encore de même au cas où le débiteur se libère par un paiement unique, où il n'y a qu'une seule prime.

488. — Supposons qu'il s'agisse d'une assurance sur la vie ordinaire, et que la police soit présentée à l'enregistrement avant le décès de l'assuré, le nombre des primes à payer est tout à fait inconnu, comment créer la masse divisible par cent?

Dirons-nous comme en matière de rentes viagères : il faut calculer sur un capital formé de la réunion de dix primes annuelles? (art. 14-9ᵉ de la loi de frimaire an VII).

489. — M. Garnier [1] pense que cette évaluation ne doit pas être admise parce qu'il n'est pas permis d'étendre par raison d'analogie les tarifications fiscales.

Cette opinion me paraît devoir être suivie sans diffi-

[1] *Répertoire,* art. 1862, nᵒ 10.

culté. En effet, la somme des primes sur lesquelles le droit se calcule est indéterminée ; or, aux termes de l'article 16 de la loi de frimaire an VII : « Si les sommes ou valeurs ne sont pas déterminées dans un acte ou un jugement donnant lieu au droit proportionnel, les parties seront tenues d'y suppléer avant l'enregistrement par une *déclaration estimative* certifiée et signée au pied de l'acte. »

Telle est la règle générale à laquelle il faut revenir en l'absence de toute disposition dérogatoire spéciale et formelle. L'article 14–9° y fait, il est vrai, exception pour le cas de rente viagère, mais dire que cette disposition est exceptionnelle, c'est dire en même temps qu'elle doit être restreinte au cas particulier qu'elle a en vue.

Nous dirons donc qu'au cas d'assurance ordinaire sur la vie, le droit de un pour cent de la valeur des primes se calcule d'après une déclaration estimative faite par les parties.

490. — Supposons que l'assurance ait été faite pour un temps déterminé ; si la police est présentée à l'enregistrement après le décès de l'assuré survenu dans le laps de temps fixé, le nombre et le chiffre des primes étant connus, la perception du droit ne peut soulever aucune espèce de difficulté.

491. — *Quid* si la police est présentée à l'enregistrement avant cette époque ; dirons-nous : le chiffre des primes est indéterminé, car bien que les chances soient restreintes dans un certain délai, le nombre des primes à verser n'en est pas moins incertain, dès lors il y a lieu à l'évaluation prescrite par l'article 16 de la loi de frimaire ?

Je ne le pense pas. L'assuré contracte en effet l'obligation de payer un nombre *déterminé* de primes.

Sans doute cette obligation peut venir à cesser dans un cas prévu, mais cette cause éventuelle de décharge ne peut pas à mon sens soumettre la perception du droit proportionnel à la déclaration estimative de l'article 16.

492. — M. Merger soulève une objection tirée de la rédaction ordinaire des polices d'assurances. En effet lorsque l'assurance a plusieurs années de date, le contractant peut en général en exiger le rachat d'après des tarifs fixés ; d'ordinaire aussi il est convenu entre les parties que le défaut de paiement des primes à l'échéance entraînera la résiliation de plein droit du contrat, et le rachat de la police sur les bases arrêtées.

« Or, dit M. Merger, tant que la condition casuelle ou suspensive n'est pas accomplie, et tant qu'il pourra dépendre, comme cela a lieu en matière d'assurance sur la vie, de l'une des parties de résilier ou d'annuler le contrat, il n'y a pas d'obligation *effective* et exécutoire ; il y a le principe, le commencement d'une obligation, mais sa réalisation étant soumise à plusieurs conditions, dont dépend son existence (le décès ou la survie de l'assuré, le paiement des primes, l'exécution de certaines clauses), on ne peut dire qu'il y ait pour l'assuré ou ses ayants-droit un titre complet. Le droit proportionnel ne saurait donc être perçu puisqu'il ne s'applique qu'aux obligations qui imposent la nécessité de donner ou de faire une chose et qui créent une dette certaine et exigible, à une époque plus ou moins éloignée ; c'est donc le droit fixe de 2 fr. qui seul est dû lorsqu'il y a une discussion sur une clause du contrat d'assurance sur la vie non encore arrivé à terme [1]. »

[1] *Opere citato*, n° 399.

493. — Il y a dans ce raisonnement, à mon avis, une erreur évidente. Malgré cette clause, le contrat d'assurance n'en fait pas moins naître des obligations réciproques, et ce qui le prouve, c'est que si l'assuré néglige de payer *la première prime*, la Compagnie pourra parfaitement bien le contraindre à ce paiement, ou le faire condamner à des dommages–intérêts. L'obligation de l'assureur n'est pas moins incontestable, la clause même du *rachat* de la police en contient la preuve la pl is formelle.

De plus cette condition est une condition résolutoire, et nullement une condition suspensive ; or la condition suspensive seule met obstacle à la perception actuelle du droit proportionnel.

494. — Enfin quelle est au fond la valeur de cette clause de la police ? C'est en réalité une clause pénale. La Compagnie prévoit le cas où l'autre partie ne pourra pas ou bien ne voudra pas continuer l'exécution de son engagement et elle fixe d'avance les dommages intérêts qui lui seront dus. C'est ainsi qu'il est dit d'ordinaire que, faute de paiement dans tes trois premières années, le contrat sera résilié, et les primes versées seront acquises à la Compagnie sans indemnité pour le contractant.

Or, je le demande, si un bail était conçu dans ces termes : — Le présent bail est fait pour une durée de neuf ans ; toutefois le preneur aura droit, en prévenant le bailleur aux époques d'usage, de rompre le présent engagement, à la condition de payer en plus une année de loyer, s'il prend cette détermination dans les quatre premières années, et six mois seulement, s'il renonce dans les cinq dernières. — Cette faculté de résiliation mettrait-elle obstacle à la perception du droit proportionnel aux termes de l'art. 69 § 3, n° 2 de|la loi de frimaire ? Evidemment non.

En conséquence, je crois que ces clauses, très-fréquentes dans les polices, sont sans influence sur le droit d'enregistrement.

495. — Supposons maintenant qu'il y ait eu cession de la police ; si ce contrat intervient alors que l'assurance est expirée par suite du décès de l'assuré, il y a lieu au droit proportionnel de un pour cent.

La même décision est encore applicable sans aucun doute pour le cas où cette cession est antérieure à l'époque d'exigibilité. Il s'agit alors du transport d'une créance à terme que l'article 69 § 3, n° 3, frappe également du droit de un pour cent.

496. — Sur quelle base se calcule ce droit de un pour cent ? Est-ce encore sur les primes, ou bien est-ce sur le montant même de l'assurance ?

Il serait peut-être plus équitable de calculer ce droit sur les primes comme le droit d'enregistrement de l'assurance elle-même ; mais rien dans la loi fiscale ne justifie une pareille perception.

Il s'agit ici de la cession d'une créance à terme, or la règle générale à ce sujet est écrite dans les articles 14-2° et 69-III, 3°, de la loi de frimaire qui déclarent que le droit proportionnel sera de un pour cent calculé sur le capital *qui en fait l'objet.*

497. — Mais la dette de la Compagnie peut n'être que conditionnelle. Il s'agit d'une assurance temporaire ; dans le cours du délai fixé, le bénéficiaire moyennant un prix stipulé cède son droit éventuel. MM. Dalloz (V° enregistrement, 1738) et Championnière (1131 suppl. 165) décident qu'il n'y a lieu qu'à

un droit fixe tant que la condition ne s'est pas réalisée.

M. Garnier au contraire (Répertoire art. 1862, n°18) pense qu'il y a toujours lieu au droit proportionnel de 1 p. 100, et son opinion me semble encore fort logique. Ce qui est conditionnel en effet, ce n'est pas le prix de la cession, nous le supposons au contraire parfaitement fixé et dû quoiqu'il arrive. Dès lors il n'y a aucune espèce de condition dans le contrat même soumis à l'enregistrement. On comprend que la perception du droit proportionnel soit suspendue lorsque le contrat lui–même est conditionnel; car, suivant que la condition se réalisera ou sera défaillie, le contrat existera ou sera réputé n'avoir jamais vécu. Dans notre espèce, que la condition se réalise ou non, que la Compagnie paie la somme promise, ou soit libérée de son obligation sans bourse délier, sans doute le résultat ne sera pas le même pour le cessionnaire, mais quelle influence ces   événements auront-ils sur la cession en elle-même ? L'influence est absolument nulle, et si la créance s'éteint, la cession n'en aura pas moins existé, car elle avait pour objet une chance, une valeur aléatoire.

Je crois donc que même dans ce cas le droit proportionnel de un pour cent est légitimement perçu.

498. — Il nous reste encore à examiner quelques questions fort importantes, mais les principes que nous avons étudiés et développés dans le cours de ce traité nous rendront les solutions faciles.

499. — Dans quels cas le contrat d'assurance, envisagé au point de vue du bénéfice qu'il contient, donne-t-il lieu à des droits de mutation par décès ou à des droits particuliers de donation ?

500. — Pour qu'il y ait lieu à droit de mutation par décès, il faut que la créance fasse partie du patrimoine du *de cujus* au moment de sa mort. Si par exemple le bénéficiaire meurt avant l'assuré, le droit de mutation sur cette créance est dû par ses héritiers.

Pour la même raison, si le contractant a stipulé pour lui-même, pour sa succession, ou de toute autre manière qui fasse entrer la créance dans son patrimoine, si de plus cette créance y est restée, les héritiers devront encore sans nul doute payer sur cette valeur les droits de mutation.

Mais supposons que le contractant ait stipulé au profit de Primus, Primus devra-t-il à la mort de l'assuré payer soit des droits de mutation, soit des droits de donation, suivant qu'il est ou n'est pas héritier ?

En aucune façon ; la mort de l'assuré en effet n'a rien fait passer dans le patrimoine de Primus, elle a rendu exigible son droit de créance, et voilà tout, il n'y a pas eu mutation.

501. — Mais n'y a-t-il pas lieu à un droit proportionnel de donation ? M. Garnier [1] pense qu'il n'y a pas lieu au droit proportionnel de donation calculé sur le capital, et cela parce que cette créance n'est jamais entrée dans le patrimoine du stipulant. Toutefois, comme il y a libéralité évidente, il est d'avis qu'il y a lieu de percevoir un droit proportionnel de donation calculé sur les primes.

502. — Je ne puis pas admettre cette doctrine restrictive de M. Garnier. Qu'on ne puisse pas exiger de droit proportionnel calculé sur la valeur du capital

[1] *Répertoire* art. 1921 n°ˢ 6 et 7.

promis, c'est un point qui, d'après les principes que j'ai exposés plus haut, ne me paraît pas devoir faire doute. Mais je vais plus loin et je pense que l'administration ne peut pas réclamer davantage de droit proportionnel de donation calculé sur les primes.

Il était en effet admis par la jurisprudence jusqu'en 1863 que les donations contenues dans les contrats à titre onéreux aux termes de l'article 1124 du Code Napoléon ne sont pas assujetties à un droit proportionnel particulier [1]. Le motif de cette doctrine est dans cette règle que : lorsqu'un acte contient plusieurs dispositions *dépendantes ou dérivant les unes des autres*, il n'est perçu qu'un droit unique. Cette règle est induite de l'article 11 de la loi du 22 frimaire an VII. Ainsi notamment lorsqu'une rente viagère est constituée au profit d'un tiers, quoique le prix en soit fourni par une autre personne, cette libéralité ne donne pas ouverture à la perception d'un droit particulier, on ne paie l'impôt que sur la constitution même de rente.

503. — Ces principes doivent évidemment recevoir application dans notre matière. Lorsqu'un mari stipule une assurance dont le montant devra lors de sa mort être payé à sa femme, à ses enfants, n'existe-t-il pas une dépendance certaine entre la constitution de l'assurance et la libéralité ? La donation n'est-elle pas tout à la fois le motif et le but de l'assurance ? Cette union intime ne se rencontre-t-elle pas à un aussi haut degré que lorsqu'il s'agit d'une rente viagère constituée au profit d'autrui ?

Je crois donc qu'en pareille hypothèse il n'y a lieu

1 Voir notamment arr. Cour de Cass. 21 juin 1843 — 29 janvier 1850 — 12 avril, 10 mai 1854 — 19 août 1857 — M. G. Demante. *Exposition raisonnée des pr. de l'Enreg.* n⁰ˢ 72, 598 et 599.

de percevoir aucun droit particulier de donation [1].

504. — J'en dirai autant du cas où le contractant a stipulé — pour lui-même ou pour Primus, suivant la détermination qu'il se réserve de prendre dans la suite — et où il s'est décidé en faveur de cette personne.

Toutefois, et d'après les principes que j'ai exposés plus haut, (N° 373), si quelque obstacle s'opposait à l'effet rétroactif de cette déclaration, comme la créance a dû nécessairement appartenir toujours à une personne, qu'elle ne peut exister qu'à cette condition, elle a dû entrer dans l'intervalle dans le patrimoine du stipulant. Dans cette espèce particulière il y aurait lieu de percevoir un droit proportionnel de donation.

505. — Il est inutile d'insister beaucoup sur ces points après les études que nous en avons déjà faites. Je me borne à résumer les conditions essentielles pour qu'il y ait lieu à la perception du droit de mutation par décès ou du droit proportionnel de donation.

1° Pour qu'il y ait lieu au droit de mutation par décès, il faut que la créance se trouve dans le patrimoine du *de cujus* lors de sa mort. L'interprétation des clauses a sous ce rapport une grande importance, mais nous nous en sommes déjà occupé.

2° Pour qu'il y ait lieu au droit de donation, il ne faut pas seulement qu'il y ait eu libéralité, *il faut de plus que la créance soit entrée d'abord dans le patrimoine du donateur*, et qu'elle en soit sortie ensuite au profit du donataire.

[1] La jurisprudence de la Cour de cassation a changé depuis un arrêt rendu (chambres réunies) le 23 décembre 1862. (*J. du Pal.* ann. 1863 p. 243) Je viens de donner les raisons principales qui dans notre espèce particulière me font tenir pour la jurisprudence antérieure.

TABLE DES MATIÈRES

(Les chiffres hors ligne renvoient aux pages, les autres aux numéros.)

CHAPITRE CINQUIÈME.

Caractères principaux qui distinguent la nullité absolue de la nullité relative. 208. — Éléments nécessaires à la validité des conventions. 209. — *Nullité absolue — Absence de consentement*. 211. — *Objets*, défaut d'objet, erreur sur l'objet 212. — *Cause*. 220. — Défaut de cause. 221. — Cause illicite immorale. 222. — Effets de la nullité absolue. 223.

Nullité relative. 224. — *Incapacité*. 225 — *Vices de consentement*. 226. — Lésion. 227. — Erreur. 228. — Violence 231. — Dol : examen spécial de ses caractères essentiels et application au contrat d'assurance. 232. — Effets de la nullité relative. 238.

Résiliation conventionnelle, 247. — Rachat de la police, 249. — Résolution pour cause d'inexécution des conditions. 250. — Faillite, déconfiture, 260. — Action Paulienne, ses effets. 272. — Prescription, 283.

CHAPITRE SIXIÈME

Principes généraux sur la cession. — Différents modes de cession, mode ordinaire, 296. — Application de l'art. 1690 du Code Napoléon. 297. — Saisie-arrêt, 299. — Endossement, 300. — Perte de la police, 302 et 305 Importance de cette perte suivant les différents modes de cession.

CHAPITRE SEPTIÈME

Absence du stipulant, de l'assureur, du bénéficiaire, 307 — Absence de l'assuré, 308. — Le bénéficiaire peut-il réclamer le montant de l'assurance? 309. — Présomption d'absence, envoi provisoire, envoi définitif, 310. — Le stipulant, le bénéficiaire peuvent-ils poursuivre la déclaration d'absence? 315 — Examen des articles 710 et suivants du Code Napoléon. 318.

CHAPITRE HUITIÈME

La forme authentique n'est pas nécessaire. — Acceptation, 321.

DIVISION DU CHAPITRE

§ I. *Rapport*, 343.

1° Le bénéficiaire héritier doit-il rapporter à ses cohéritiers? 345.

2° En cas d'affirmative. — Qui doit rapporter et à qui le rapport est-il dû. 353

3° Qui doit rapporter, et comment s'effectue le rapport? 360.

§ II. *Réduction*, 385.

1° Cet avantage est-il soumis à la réduction? 387.—En cas d'affirmative.

CHAPITRE NEUVIÈME

Le contractant ne faisant pas un acte de commerce, c'est devant la juridiction civile qu'il faut l'assigner, 418. — Il en est de même de l'assureur qui n'est pas un assureur de profession, 419 — Les compagnies d'assurances font-elles des actes de commerce? 421. — Distinction entre les compagnies à primes et les sociétés d'assurances mutuelles. 422. — L'incompétence civile est-elle une incompétence *ratione materiæ* ou seulement *ratione personæ* ? 425. — Influence de cette question sur une clause fréquente dans les polices relative au choix d'un tribunal, 427 — Quel est le tribunal de commerce compétent ? 429. — Peut-on assigner les compagnies devant le tribunal du domicile de leurs agents principaux? 432. — Examen de la compétence des juges de paix relativement au stipulant, 435. — Application de l'art. 8 de la loi du 25 mai 1838. 436. — Le juge de paix doit-il statuer sur la demande en paiement des primes, alors même que la validité ou l'existence du contrat d'assurance lui-même est sérieusement contestée? 438.

CHAPITRE DIXIÈME

DIVISION DU CHAPITRE EN DEUX PARAGRAPHES, 439.

§ I. *Timbre.*

Les polices d'assurances terrestres étaient-elles soumises au timbre avant la loi de 1850? 440. — Loi du 5 juin 1850. — Les polices d'assurances sur la vie sont assujetties au timbre de dimension. — Exposé des dispositions principales de cette loi, 443. — Calcul de l'abonnement, 448. — Faut-il comprendre les assurances souscrites en pays étranger par des compagnies françaises? 453. — *Quid* des réassurances? 455. — *Quid* des versements provenant d'assurances antérieures, des frais de gestion réclamés en sus des primes? 459, — des arrérages versés aux compagnies en raison du placement de leurs capitaux en rentes sur l'État? 462. — Le double des polices antérieures au 1er octobre 1850 et qui se trouve en possession des assurés, est-il assujetti au timbre? 464. — En cas d'abonnement les compagnies peuvent-elles répartir l'impôt du timbre sur les assurés au moyen d'un timbre proportionnel de 2 par 1000? 466 — Caractère limitatif de la faculté d'abonnement, 478 — Lois des 23 et 27 juin 1857, 479.

§ II. *Enregistrement.*

Les assurances sur la vie sont-elles soumises au droit proportionnel de 1 0/0? 482. — Distinction entre les assurances à primes et les assurances mutuelles, 485. — Il n'y a pas de délai fixe, pour l'enregistrement et dès lors pas lieu à la perception d'un double droit, 486. — Sur quelle base se calcule le droit proportionnel d'enregistrement? 487. — Assurance ordinaire, 488. — Assurance temporaire, 490. — La clause fréquente qui autorise le rachat, et d'après laquelle la police est résiliée de plein droit faute de paiement à l'échéance a-t-elle quelque influence sur la perception du droit? 492. — Cession du bénéfice de l'assurance, 495. — La donation contenue d'ordinaire dans le contrat d'assurance donne-t-elle lieu à la perception d'un droit proportionnel distinct? Dans quels cas y a-t-il lieu à un droit de mutation par décès ? 499.

www.ingramcontent.com/pod-product-compliance
Lightning Source LLC
LaVergne TN
LVHW051106060726
842525LV00003B/805